Limberg · Mehr- und Weniger-Rechnung

NWB-Trainingsprogramm · Steuern

Fälle mit Lösungen zur Mehr- und Weniger-Rechnung

Bilanzberichtigungen, Bilanzänderungen
Mit einer systematischen Einführung

Von Manfred Limberg, Dipl. Finanzwirt
Dozent an der Fachhochschule für Finanzen
Nordrhein-Westfalen

3., erweiterte Auflage

VERLAG NEUE WIRTSCHAFTS-BRIEFE
HERNE/BERLIN

CIP-Kurztitelaufnahme der Deutschen Bibliothek

Limberg, Manfred:
Fälle mit Lösungen zur Mehr- und Weniger-Rechnung: Bilanzberichtigungen, Bilanzänderungen ; mit einer systematischen Einführung / von Manfred Limberg. – 3., erw. Aufl. – Herne ; Berlin : Verl. Neue Wirtschafts-Briefe, 1989
(NWB-Trainingsprogramm Steuern)
2. Aufl. u.d.T.: Limberg, Manfred: Mehr- und Weniger-Rechnung, Bilanzberichtigungen, Bilanzänderungen
ISBN 3-482-41873-X

Verlag Neue Wirtschafts-Briefe GmbH & Co., Herne/Berlin
ISBN 3-482-**41873**-X — 3., erweiterte Auflage 1989
© Verlag Neue Wirtschafts-Briefe GmbH, Herne/Berlin, 1978
Alle Rechte vorbehalten.

Dieses Buch und alle in ihm enthaltenen Beiträge und Abbildungen sind urheberrechtlich geschützt. Mit Ausnahme der gesetzlich zugelassenen Fälle ist eine Verwertung ohne Einwilligung des Verlages strafbar.

Satz und Umbruch: Satz+Layout Werkstatt Kluth GmbH, Erftstadt
Druck: Rheinhessische Druckwerkstätte, Alzey

Berichtigung zu:
NWB-Trainingsprogramm Steuern;
Limberg, Fälle mit Lösungen zur Mehr- und Weniger-Rechnung, 3. Auflage 1989 · ISBN 3-482-41873-X

Bedauerlicherweise hat sich in dieser Fallsammlung — und zwar in der Lösung zu Fall 54 auf den Seiten 251/252 — ein Rechenfehler von 10 000 DM eingeschlichen.

Die Lösung zu Fall 54 (Seiten 250 ff.) lautet richtig wie folgt:

▶ Lösung

1. Ermittlung der Gewerbesteuer-Rückstellung:

	Wj 01	Wj 02
vorl. Bilanzgewinn	95 000,-	115 000,-
+ Einstellung Gewinnrücklage	10 000,-	25 000,-
+ Körperschaftsteuer-VZ	60 000,-	80 000,-
+ Vermögensteuer-VZ	2 800,-	2 800,-
+ Gewerbesteuer-VZ	16 000,-	30 000,-
	183 800,-	252 800,-
5 v. H. Meßbetrag	9 190,-	12 640,-
Einheitswert	400 000,-	420 000,-
./. Freibetrag	120 000,-	120 000,-
	280 000,-	300 000,-
2 ‰ Meßbetrag	560,-	600,-
	9 190,-	12 640,-
	+ 560,-	+ 600,-
	9 750,-	13 240,-
Hebesatz 400 %	39 000,-	52 960,-
davon 9/10 (Abschn. 22 Abs. 2 EStR)	35 100,-	47 664,-
./. Vorauszahlungen	16 000,-	30 000,-
= Rückstellung	19 100,-	17 664,-

2. Ermittlung der Körperschaftsteuer-Rückstellung:

	Wj 01	Wj 02
vorl. Bilanzgewinn	95 000,-	115 000,-
+ n. abzf. Ausgaben	72 800,-	107 800,-
./. GewSt.-Rückstellung	19 100,-	17 664,-
steuerpfl. Einkommen	148 700,-	205 136,-
abgerundet auf volle DM	148 700,-	205 136,-

Tarifbelastung 56 %	83 272,-	114 876,-
./. Tarifentlastung $^5/_{16}$ von 110 000,-	-	34 375,-
= Körperschaftsteuer	83 272,-	80 501,-
./. KSt-Vorauszahlung	60 000,-	80 000,-
= Körperschaftsteuerrückstellung	23 272,-	501,-

3. Endgültige Bilanzen:

	31. 12. 01	31. 12. 02
Aktiva	705 000,-	922 000,-
Passiva		
Gezeichnetes Kapital	300 000,-	300 000,-
Andere Gewinnrücklagen	10 000,-	35 000,-
Bilanzgewinn	52 628,-	96 835,-
Gewinnvortrag	-	52 628,-
Rückstellungen: KSt	23 272,-	23 773,-
GewSt	19 100,-	36 764,-
Verbindlichkeiten	300 000,-	377 000,-
	705 000,-	922 000,-

4. Gliederung des verwendbaren Eigenkapitals:

		Gesamt	EK 56	EK 02
Stand 5. 1. 01		-	-	-
Zugang 01		-	-	-
kstpfl. Einkommen 01	148 700,-			
./. tarifl. KSt 01	83 272,-			
./. VSt	2 800,-	62 628,-	62 628,-	-
Zugang 02		-	-	-
kstpfl. Einkommen 02	205 136,-			
./. tarifl. KSt 02	114 876,-			
./. VSt	2 800,-	+ 87 460,-	87 460,-	-
Stand 31. 12. 02/1. 1. 03		150 088,-	150 088,-	-
+ KSt-Minderung $^5/_{16}$ von 110 000,-		+ 34 375,-	+ 34 375,-	-
Stand vor Gewinnausschüttung		184 463,-	184 463,-	-
./. Gewinnausschüttung		110 000,-	110 000,-	-
Stand 30. 6. 03 nach Gewinnausschüttung		74 463,-	74 463,-	-

Vorwort

Vorwort zur 3. Auflage

Die vorliegende 3. Auflage erscheint in erweiterter und völlig neu überarbeiteter Form. Sie stellt die Auswirkungen von Bilanzberichtigungen und Bilanzänderungen systematisch dar und bietet Lehr- und Übungsmaterial für die Fachausbildung zum Dipl.-Finanzwirt, Steuerberater und Bilanzbuchhalter. Insbesondere aber soll sie der gezielten Klausur- und Prüfungsvorbereitung dienen.

Zur Einführung in das Gebiet werden die Auswirkungen bei Bilanzberichtigungen der Anfangs- und Schlußbilanz eines bzw. mehrerer Wirtschaftsjahre systematisch unterschieden und an 22 Beispielen erläutert. Die Technik der Mehr- und Weniger-Rechnung ist so dargestellt, daß sich jede Auswirkung von der Entstehung bis zur Erfassung in einer berichtigten Bilanz zahlenmäßig und argumentativ verfolgen läßt.

Die 3. Auflage wurde von 50 auf 55 »klausurtypische Fälle« mit ca. 300 Einzelproblemen erweitert, die jeweils unter Verwendung von Zahlen eine konkrete Lösung verlangen.

Eine vollständige Erfassung des gesamten Stoffes des Bilanzsteuerrechts ist nicht angestrebt, jedoch ist mit der systematischen Auswahl der Aufgabengebiete beabsichtigt, grundsätzliche Möglichkeiten der Bilanzberichtigung und Bilanzänderung in den gegliederten Bereichen aufzuzeigen.

Die Lösungen basieren auf dem Rechtsstand des Jahres 1988, d. h. unter Beachtung des BiRiLiG, des WohneigFG und den wichtigsten BFH-Entscheidungen sowie Verwaltungsanweisungen nach dem Stand vom Oktober 1988. Aus lösungstechnischen Erwägungen wurde ein Umsatzsteuersatz von 14 v. H. bzw. 7 v. H. zugrunde gelegt.

Ich hoffe, daß diese Broschüre auch dem Praktiker eine Hilfe ist, da die aus der Praxis ausgesuchten Fälle in gleicher und ähnlicher Form täglich im Bereich der Außenprüfung der Finanzverwaltung vorkommen.

Für Anregungen und Kritik bin ich dankbar.

Münster, im Januar 1989

Manfred Limberg

Inhaltsverzeichnis

Vorwort 5
Abkürzungsverzeichnis 12
Literaturverzeichnis 12
I. **Systematische Darstellung der Mehr- und Weniger-Rechnung** 13
1. *Vorbemerkung* 13
2. *Bilanz* 14
   a) Handelsbilanz 14
   b) Steuerbilanz 14
3. *Bilanzänderung, Bilanzberichtigung, Bilanzenzusammenhang*
   a) Bilanzänderung 15
   b) Bilanzberichtigung 15
   c) Bilanzenzusammenhang 17
   d) Durchbrechung des Bilanzenzusammenhangs 17
4. *Berichtigung der Anfangsbilanz* 17
   a) Verschiedenartige Anfangsbilanzen 17
   b) Unterschiedliche Gewinnauswirkungen 18
5. *Berichtigung der Schlußbilanz* 19
   a) Verschiedenartige Berichtigungsgründe 19
   b) Unterschiedliche Gewinnauswirkungen 19
   c) Sonderfall der Gewinnauswirkung 21
   d) Berichtigung der Schlußbilanz eines Wirtschaftsjahres
      (dargestellt an einem Grundfall) 21
      aa) Gewinnbegriff 21
      bb) Ableitung der Gewinnauswirkung 21
      cc) Bilanzpostenmethode 22
      dd) Gewinn- und Verlust-Methode 26
      ee) Gewinnauswirkungen nach beiden Methoden 27
      ff) Zweischneidigkeit der Bilanz 30
      gg) Vergleich Bilanzpostenmethode – Gewinn- und
          Verlust-Methode 30

6. Technik der Mehr- und Weniger-Rechnung bei Bilanzberichtigungen mehrerer Jahre 31
   a) Methodische Einteilung der Technik 31
   b) Vier unterschiedliche Fallgruppen 32
      1. Fallgruppe: Anlagevermögen: (nicht abnutzbares, abnutzbares, unbewegliches, bewegliches Anlagevermögen). 32
      2. Fallgruppe: Umlaufvermögen, Rechnungsabgrenzungsposten, Verbindlichkeiten, Rückstellungen, Wertberichtigungsposten 38
      3. Fallgruppe: Abgrenzungen von Aufwand und Ertrag zu Entnahmen, Einlagen und nicht abzugsfähigen Ausgaben nach § 4 Abs. 5 EStG 44
      4. Fallgruppe: Behandlung von Bilanzposten, die sowohl die private als auch die betriebliche Sphäre berühren 47
7. Abschlußtechnik und Kontrollmöglichkeiten 52
   a) Wiederholte Änderungen bei Entnahmen, Einlagen, Vorsteuer und Umsatzsteuer 52
   b) Berichtigungen im Bereich der Umsatzsteuer 53
   c) Mehr- und Weniger-Rechnung nach dem Bruttoprinzip 53
   d) Überprüfung durch Aufstellen eines Bilanzkontos (Bilanzkreuz). 53
   e) Erstellen der berichtigten Bilanz, Mehr- und Weniger-Rechnung, Umsatzsteuer- und Privatkonten 54
   f) Amtliche Vordrucke für Prüfungsbilanz, Mehr- und Weniger-Rechnung und Kapitalentwicklung 54
8. Außenprüfung 55
   a) Allgemeines 55
   b) Abgekürzte Außenprüfung 56
   c) Verbindliche Zusage als Verwaltungsakt 56

II. Einzelfälle zur Mehr- und Weniger-Rechnung mit Lösungen 57
Vorbemerkungen 57
1. Änderung der Eröffnungs- oder Anfangsbilanz 57
   a) Unterschiedliche Fallgruppen 57
   b) Methodische Darstellung 58
      Fall 1: Berichtigung einer Betriebseröffnungsbilanz 58
      Fall 2: Nichtangleichung der Anfangsbilanz an die Prüfungsbilanz einer Außenprüfung 60
      Fall 3: Vorgenommene Angleichungsbuchungen im Anschluß an eine Außenprüfung 62

Fall 4: Angleichung an eine Prüferbilanz eines
Einzelunternehmens 65
Fall 5: Angleichung an die Prüferbilanz einer
Personengesellschaft 69
Fall 6: Eröffnungsbilanz bei Erwerb des gesamten Betriebes. 70
Fall 7: Durchbrechung des Bilanzenzusammenhanges 76
Fall 8: Berichtigung der Anfangs- und Schlußbilanz eines
Wirtschaftsjahres 81

2. Berichtigung der Schlußbilanz 91

Vorbemerkungen 91

a) Anlagevermögen 91
Fall 9: Bilanzänderung – Bilanzberichtigung 91
Fall 10: Bebautes Grundstück 93
Fall 11: Bebautes Grundstück 98
Fall 12: Bebautes Grundstück 102
Fall 13: Selbständige und unselbständige Gebäudeteile 107
Fall 14: Mietereinbauten und Mieterumbauten 112
Fall 15: Einbauten in ein gepachtetes Grundstück 115
Fall 16: Gebäude auf fremdem Grund und Boden 119
Fall 17: Nutzungsrecht am Ehegattengrundstück 122
Fall 18: Maschinen 125
Fall 19: Maschinelle Anlagen 128
Fall 20: Maschinen (Mietkauf) 131
Fall 21: Fuhrpark 134
Fall 22: Festwert für Anlagevermögen 137
Fall 23: Leasing (Anmietung) 139
Fall 24: Leasing (Vermietung) 144
Fall 25: Wertpapiere (Aktien) 147
Fall 26: Wertpapiere (festverzinslich) 149
Fall 27: Beteiligung an einer Kapitalgesellschaft 151
Fall 28: Beteiligung an einer Personengesellschaft 153

b) Umlaufvermögen 156
Fall 29: Roh-, Hilfs- und Betriebsstoffe 156
Fall 30: Teilfertige Arbeiten 158
Fall 31: Fertige Erzeugnisse 160
Fall 32: Handelswaren 163
Fall 33: Handelswaren 166
Fall 34: Wertpapiere 169
Fall 35: Sonstige Forderungen 171

c) Verbindlichkeiten, Wertberichtigungen, Rückstellungen,
   Rücklagen 173
   Fall 36: Verbindlichkeiten (Valuta) 173
   Fall 37: Diverse Rückstellungen 174
   Fall 38: Rückstellung für Pensionsverpflichtung 177
   Fall 39: Rückstellung für Garantieverpflichtung 180
   Fall 40: Rentenverpflichtung 182
   Fall 41: Wertberichtigungen für Forderungen 184
   Fall 42: Rücklage für Ersatzbeschaffung 186
   Fall 43: Rücklage gemäß § 6b EStG 189

3. *Personengesellschaften/Betriebsvermögen und Gewinnermittlung* 195
   a) Allgemeine Vorbemerkung 195
   b) Voraussetzungen der Mitunternehmerschaft 195
   c) Umfang des steuerlichen Betriebsvermögens 195
   d) Verträge zwischen Gesellschaft und Gesellschaftern 196
   e) Gesetzliche Gewinn- und Verlustverteilung 198
   Fall 44: Dienstvertrag zwischen Gesellschafter
            und Personengesellschaft 199
   Fall 45: Gewinnverteilung bei einer offenen Handelsgesellschaft 201
   Fall 46: Gewinn-, Verlustverteilung bei einer offenen
            Handelsgesellschaft 204
   Fall 47: Gewinnverteilung bei einer Familien-
            personengesellschaft 209
   Fall 48: Sonderbetriebsvermögen eines Gesellschafters 212
   Fall 49: Gründung einer offenen Handelsgesellschaft 216
   Fall 50: Ausscheiden aus einer offenen Handelsgesellschaft ... 221
   Fall 51: Ausscheiden eines lästigen Gesellschafters 226
   Fall 52: Atypisch stiller Gesellschafter an einem
            Handelsgewerbe 229
   Fall 53: Berichtigung der Anfangs- und Schlußbilanz einer
            Personengesellschaft................................ 241

4. *Kapitalgesellschaften/Betriebsvermögen und Gewinnermittlung* 248
   a) Vorbemerkung 248
   b) Jahresabschluß 248
   c) Jahresergebnis 249
   d) Steuerlicher Ausgleichsposten 249
   Fall 54: Endgültige Bilanz einer GmbH (Gewerbe- und
            Körperschaftsteuerrückstellung, Gewinnausschüttung) . 249

Fall 55: Berichtigung der Bilanz einer GmbH für zwei
Wirtschaftsjahre durch die Außenprüfung
(steuerlicher Ausgleichsposten) 252

III. Anlagen: Formulare 257
Anlage 1: Mehr- und Weniger-Rechnung 257
Anlage 2: Steuer- und Prüferbilanz zum 31.12.19 258
Anlage 3: Kapitalentwicklung 260

Stichwortverzeichnis 261

Abkürzungsverzeichnis

BdF/BMF	Bundesminister der Finanzen
BFH	Bundesfinanzhof
BGB	Bürgerliches Gesetzbuch
BStBl	Bundessteuerblatt (Teile I u. II)
DB	Der Betrieb (Zeitschrift)
DStR	Deutsches Steuerrecht (Zeitschrift)
Erl. Fin Min	Erlaß Finanzminister
EStG	Einkommensteuergesetz
EStR	Einkommensteuerrichtlinien
FR	Finanzrundschau (Zeitschrift)
GewStG	Gewerbesteuergesetz
GewStR	Gewerbesteuerrichtlinien
GmbHG	GmbH-Gesetz
HGB	Handelsgesetzbuch
StBp	Die steuerliche Betriebsprüfung (Zeitschrift)
Stpfl.	Steuerpflichtiger
UStG	Umsatzsteuergesetz
UStR	Umsatzsteuerrichtlinien
Wj	Wirtschaftsjahr

Literaturverzeichnis

Blödtner/Bilke/Weiss, Lehrbuch der Buchführung und des Bilanzsteuerrechts, Herne 1986

Buchner, Buchführung und Jahresabschluß, München 1988

Eisele, Technik des betrieblichen Rechnungswesens, München, 3. Aufl. 1988

Knobbe-Keuk, Bilanz- und Unternehmenssteuerrecht, Köln, 6. Aufl. 1987

Wöhe, Bilanzierung und Bilanzpolitik, München, 7. Aufl. 1987

I. Systematische Darstellung der Mehr- und Weniger-Rechnung

1. Vorbemerkung

Das Ergebnis einer steuerlichen Außenprüfung bei einem buchführenden Steuerpflichtigen (Stpfl.) wird regelmäßig darin bestehen, daß einzelne Bilanzposten, Entnahmen und Einlagen berichtigt oder geändert werden mußten.

Zur Darstellung der Korrekturen stellt der Außenprüfer zu den vom Stpfl. aufgestellten Handels- (HB) bzw. Steuerbilanzen (StB) sog. Prüferbilanzen (PB) auf. Diese PB sind die neue Grundlage für die steuerliche Gewinnermittlung gemäß § 4 Abs. 1 bzw. § 5 Abs. 1 EStG.

Können bei wenigen Berichtigungen bzw. Änderungen die erfolgsmäßigen Auswirkungen mühelos verfolgt werden, so ist dies bei Berichtigungen und Änderungen in großer Anzahl, die sich über mehrere Jahre erstrecken, nicht ohne weiteres möglich. Eine Kontrollrechnung in Form der **Mehr- und Weniger-Rechnung** ist deshalb angezeigt.

In der Mehr- und Weniger-Rechnung werden die einzelnen Gewinnauswirkungen, die sich aus den Berichtigungen bzw. Änderungen im Bereich der Bilanzposten, Entnahmen und Einlagen ergeben, dargestellt. Jedoch wird mit der Mehr- und Weniger-Rechnung ein mehrfaches Ergebnis erzielt:

- Rechnerische Richtigkeit der Prüferbilanzgewinne
- Richtigkeit der aus HB und StB entwickelten Prüferbilanzen
- Beachtung des Bilanzenzusammenhanges
- Einzelnachweis der Mehr- und Weniger-Gewinne in tabellarischer Übersicht

Die Mehr- und Weniger-Rechnung erfüllt damit eine echte Kontrollfunktion, die dem Wesen der doppelten Buchführung, nämlich zweifache Gewinnermittlung (durch Betriebsvermögensvergleich § 4 Abs. 1 und § 5 Abs. 1 EStG und durch Gegenüberstellung von Aufwendungen zu Erträgen), gerecht wird.

2. Bilanz

Rechtlich wird zwischen **Handelsbilanz** und **Steuerbilanz** unterschieden.

a) Handelsbilanz

Handelsbilanz ist die nach den handelsrechtlichen Vorschriften erstellte Bilanz (§ 238 ff. HGB). Nach § 242 Abs. 1 HGB hat jeder Kaufmann für den Schluß eines jeden Geschäftsjahrs eine Bilanz zu erstellen. Dies hat innerhalb der einem ordnungsgemäßen Geschäftsgang entsprechenden Zeit zu geschehen (§ 243 Abs. 3 HGB – bis zu sechs Monaten).

b) Steuerbilanz

Steuerbilanz ist die nach zwingenden steuerrechtlichen Vorschriften korrigierte Handelsbilanz (§§ 4, 5 ff. EStG) eines Wirtschaftsjahres (BFH, BStBl 1957 III S. 376). Die Steuerbilanz ist innerhalb von sechs bis sieben Monaten nach dem Bilanzstichtag (BFH, BStBl 1965 III S. 409) aufzustellen; sie **muß** innerhalb eines Jahres nach Ablauf des Wirtschaftsjahres aufgestellt werden (BFH, BStBl 1982 II S. 485, BFH, BStBl 1984 II S. 227). Die spezielle Frist des § 264 Abs. 1 S. 2 HGB gilt nur für Kapitalgesellschaften und kann nicht auf andere Unternehmen übertragen werden.

Bei der Mehrzahl der Unternehmen, die nicht in der Rechtsform der Kapitalgesellschaft ihren Geschäftsbetrieb ausüben, wird nur eine Schlußbilanz erstellt. Sie ist sowohl Handels- als auch Steuerbilanz.

3. Bilanzänderung, Bilanzberichtigung, Bilanzenzusammenhang

Für die steuerliche Gewinnermittlung durch Betriebsvermögensvergleich stellt die Bilanz die entscheidende Grundlage dar. Darum sieht § 60 Abs. 2–4 EStDV vor, daß der Stpfl. bei Gewinnermittlung nach § 4 Abs. 1 und § 5 Abs. 1 EStG zusammen mit der Steuererklärung eine Bilanz, Gewinn- und Verlustrechnung und ggf. Jahres- oder Prüfungsberichte dem Finanzamt einzureichen hat.

Nachdem die Bilanz dem Finanzamt eingereicht worden ist, muß für eine evtl. Änderung bzw. Berichtigung die Vorschrift des § 4 Abs. 2 EStG beachtet werden.

a) Bilanzänderung (§ 4 Abs. 2 S. 2 EStG)

Eine Bilanzänderung setzt ein steuerliches Bilanzierungswahlrecht voraus. Dieses Wahlrecht, das mannigfach sein kann, muß im Gesetz ausdrücklich vorgesehen sein, z. B. § 6 Abs. 1 Nr. 1 und 2, § 6 Abs. 2, § 7, § 6b EStG. Hat sich der Stpfl. bei Aufstellung der Bilanz für einen von mehreren handels- und steuerrechtlich zulässigen Wertansätzen durch die Einreichung der Steuererklärung und der Bilanz an das Finanzamt entschieden, so ist eine spätere Bilanzänderung ohne gewichtige Gründe nicht zulässig (BFH HFR 1982 S. 160, BFH, BStBl 1981 II S. 620). Nur mit **Zustimmung** des Finanzamts kann er den ursprünglich gewählten Bilanzansatz durch einen anderen zulässigen Bilanzansatz ersetzen (**Bilanzänderung**) – Abschn. 15 Abs. 2 EStR). Der Antrag muß **vor** Rechtskraft der Veranlagung gestellt werden (vgl. auch BFH, BStBl 1976 II S. 212). Der Antrag kann auch im Rahmen einer Außenprüfung gestellt werden, wenn durch Prüfungsfeststellungen Steuerbescheide berichtigt werden müssen.

Eine Bilanzänderung bezieht sich nur auf die Bewertung von Wirtschaftsgütern. Es können dadurch nicht betriebliche Vorgänge rückgängig gemacht oder rückwirkend Sachverhalte umgestaltet werden (BFH, BStBl 1967 II S. 724; BStBl 1954 III S. 4, BStBl 1981 II S. 620).

Eine Änderung der Steuerbilanz setzt wegen der Maßgeblichkeit der Handelsbilanz (§ 5 EStG) bei Betrieben, die nach HGB eine solche aufstellen müssen, regelmäßig die entsprechende Änderung der Handelsbilanz voraus (BFH, BStBl 1983 II S. 512). Es besteht nur insofern eine Ausnahme, als die Zustimmung des Finanzamts zur Änderung der Handelsbilanz nicht erforderlich ist, wenn sich die Änderung nicht auf das steuerliche Ergebnis auswirkt (BFH, BStBl 1973 II S. 195).

Die Zustimmung des Finanzamts erfolgt nur, wenn der Stpfl. triftige Gründe vorträgt (BFH, BStBl 1976 II S. 212; BFH, BStBl 1976 II S. 417). Soll lediglich die Wirkung einer Außenprüfung ausgeglichen oder gemildert werden, wird keine Zustimmung erteilt (BFH, BStBl 1955 III S. 262). Bei irrtümlichen Bilanzierungen und bei reinen Bewertungsfragen stimmt im allgemeinen das Finanzamt zu, dagegen wird eine Zustimmung bei vorsätzlichen Steuerverkürzungen nicht erwartet werden können.

b) Bilanzberichtigung (§ 4 Abs. 2 S. 1 EStG)

Ein Bilanzansatz ist unrichtig, wenn er gegen zwingende Vorschriften des Einkommensteuerrechts oder des Handelsrechts oder gegen die einkommensteuerrechtlich zu beachtenden handelsrechtlichen Grundsätze ordnungsmäßiger Buchführung verstößt. Er muß durch einen richtigen Bilanzansatz ersetzt werden (**Bilanzberichtigung** – Abschn. 15 Abs. 1 EStR).

Eine Bilanzberichtigung kann jederzeit vorgenommen werden. Sie hängt nicht davon ab, daß auch die Handelsbilanz berichtigt wird. Allerdings ist eine Bilanzberichtigung nach Rechtskraft der Veranlagung nur insoweit möglich, als die Veranlagung nach den Vorschriften der AO (§ 173, 175, 164 Abs. 2) noch berichtigt werden kann oder die Bilanzberichtigung sich auf die Höhe der Steuer nicht auswirken würde (BFH BStBl 1962 III S. 273). Nach dem Beschluß des BFH vom 29.11.1965 – BStBl 1966 III S. 142 ist die Berichtigung eines unrichtigen Bilanzansatzes in einer Anfangsbilanz nicht zulässig, wenn diese Bilanz als Schlußbilanz der Veranlagung eines früheren Jahres zugrunde gelegen hat, die nach den Vorschriften der AO nicht mehr berichtigt werden kann, oder wenn der sich bei einer Berichtigung dieser Veranlagung ergebende höhere Steueranspruch wegen Verjährung erloschen wäre. Ist eine Berichtigung der Anfangsbilanz nicht möglich, so ist der falsche Bilanzansatz grundsätzlich in der Schlußbilanz des ersten Jahres, dessen Veranlagung geändert werden kann, erfolgswirksam richtigzustellen (BFH, BStBl 1980 II S. 125; BStBl 1985 II S. 308; BStBl 1984 II S. 695).

Die Bilanzberichtigung liegt nicht im Ermessen des Finanzamts. Sind die Voraussetzungen einer Bilanzberichtigung gegeben, ist das Finanzamt verpflichtet, den unzulässigen Bilanzansatz richtigzustellen. Die Berichtigung der Bilanz muß aber in erster Linie vom Stpfl. ausgehen. Er ist nach § 149 ff. AO verpflichtet, seine Angaben nach bestem Wissen und Gewissen richtig und vollständig zu machen.

Entnahmen sind Geschäftsvorfälle des Wirtschaftsjahres, in dem sie getätigt werden. Ist die Entnahme nicht erfaßt worden und kann die Veranlagung des Jahres der Entnahme nicht mehr berichtigt werden, ist das entnommene Wirtschaftsgut in der Bilanz des ersten Wirtschaftsjahres, dem noch keine bestandskräftige Veranlagung zugrunde liegt, erfolgsneutral auszubuchen (BFH BStBl 1972 II S. 874, BStBL 1973 II S. 706, BStBl 1976 II S. 180 und BStBl 1977 II S. 148).

Wirtschaftsgüter des notwendigen Privatvermögens, die zu Unrecht als Betriebsvermögen bilanziert worden sind, sind mit dem Buchwert auszubuchen (BFH BStBl 1972 II S. 874 und BStBl 1976 II S. 378).

Wirtschaftsgüter des notwendigen Betriebsvermögens, die zu Unrecht nicht als solche bilanziert wurden, sind mit dem Wert einzubuchen, mit dem sie bei von Anfang an richtiger Bilanzierung zu Buche stehen würden (BFH BStBl 1978 II S. 191).

c) Bilanzenzusammenhang

Der Bilanzenzusammenhang besteht darin, daß die Anfangsbilanz eines Jahres und die Schlußbilanz des Vorjahres identisch sind. Diese Zweischneidigkeit der Bilanz dient in der Regel gleichermaßen dem Stpfl. und dem Fiskus. Wird z. B. ein zunächst nicht erfaßtes Wirtschaftsgut nachträglich in die Anfangs- und Schlußbilanz des gleichen Wirtschaftsjahres aufgenommen, so kann dann ein Steuerausfall entstehen, wenn die Berichtigung der Schlußbilanz des Vorjahres infolge der Rechtskraft der Vorjahresveranlagung unzulässig wäre und damit keine steuerliche Auswirkung hätte. Eine Bilanzberichtigung der Anfangsbilanz ist nur insoweit möglich, als sich der falsche Bilanzansatz bei der früheren Veranlagung nicht ausgewirkt hat oder die Veranlagung des Vorjahres berichtigt werden darf und berichtigt wird.

d) Durchbrechung des Bilanzenzusammenhangs

Eine Berichtigung der Anfangsbilanz ohne gleichzeitige Berichtigung der Vorjahresschlußbilanz kann ausnahmsweise in Betracht kommen, wenn zur Erlangung ungerechtfertigter Steuervorteile bewußt ein Bilanzposten falsch angesetzt wurde, ohne daß die Möglichkeit gegeben ist, die Veranlagung des Jahres zu berichtigen, bei der sich der unrichtige Bilanzansatz ausgewirkt hat (BFH BStBl III S. 250). Dies bedeutet eine bewußte Verfälschung des Totalgewinns zum Nachteil des Stpfl. Die Begründung liegt im Grundsatz von Treu und Glauben (BFH, BStBl 1981 II, S. 255).

4. Berichtigung der Anfangsbilanz

a) Verschiedenartige Anfangsbilanzen

Verschiedenartige Anfangsbilanzen können zur Berichtigung anstehen:

aa) Anfangsbilanz bei Eröffnung eines Unternehmens mit Gewinnermittlung durch Bestandsvergleich,

bb) Anfangsbilanz bei Wechsel der Gewinnermittlungsart (Übergang von Gewinnermittlung nach § 4 Abs. 3 EStG zur Gewinnermittlung nach § 4 Abs. 1 bzw. § 5 Abs. 1 EStG),

cc) Anfangsbilanz eines Wj eines bereits bestehenden Unternehmens mit Gewinnermittlung durch Bestandsvergleich.

Es können sich dabei Fehler ergeben durch:

- unzutreffenden Umfang des Betriebsvermögens (zuwenig bzw. zuviel)

- Verstoß gegen die Bewertungsvorschriften der § 5, 6 ff. EStG (falsche AK, HK, Teilwert oder AfA)

Keine Zweischneidigkeit: Verstößt die Anfangsbilanz gegen zwingende steuerliche Bilanzierungsvorschriften, so müssen fehlerhafte Bilanzansätze berichtigt werden. Dabei ist zu berücksichtigen, daß die **Zweischneidigkeit** bei solchen Anfangsbilanzen entfällt.

b) Unterschiedliche Gewinnauswirkungen

Berichtigungen der Anfangsbilanz wirken sich auf verschiedene Weise auf den Totalgewinn aus. Folgende Fallgruppen sind zu unterscheiden:

Auswirkung nur auf den Erfolg des ersten Wirtschaftsjahres
(Berichtigungen im Bereich des Vorratsvermögens, Rechnungsabgrenzungsposten, Wertberichtigungen, Rückstellungen)

Beispiel 1:
Der Anfangsinventurwert ist zu hoch oder zu niedrig angesetzt worden; die entsprechenden Inventurwerte zum Ende des Wj sind bestandsmäßig richtig erfaßt und zutreffend bewertet.

Auswirkung auf den Erfolg mehrerer Wirtschaftsjahre
(Berichtigungen im Bereich des abnutzbaren Anlagevermögens)

Beispiel 2:
Der Anfangsbestand einer Maschine ist zu hoch bzw. zu niedrig bilanziert worden; dadurch ändert sich die Bemessungsgrundlage für die AfA für das laufende und die folgenden Wj entsprechend der betriebsgewöhnlichen Nutzungsdauer.

Auswirkung auf den Erfolg in einem späteren Wirtschaftsjahr
(Berichtigungen im Bereich des nicht abnutzbaren Anlagevermögens)

Beispiel 3:
Der Anfangsbestand eines unbebauten Grundstücks ist zu hoch bzw. zu niedrig bilanziert; im Jahr des Abganges bzw. bei einer evtl. später vorzunehmenden Teilwertabschreibung ergibt sich eine entsprechende Gewinnauswirkung.

Keine Auswirkung auf den Erfolg
(Zu Unrecht ausgewiesenes, nicht abnutzbares Privatvermögen; kein Ansatz des notwendigen Betriebsvermögens)

Beispiel 4:
Ein zum notwendigen Privatvermögen gehörendes Wirtschaftsgut wird als Betriebsvermögen bilanziert; nicht bilanzierungsfähige Wirtschaftsgüter, z. B. originär geschaffene immaterielle WG, werden ausgewiesen.

5. Berichtigung der Schlußbilanz

a) Verschiedenartige Berichtigungsgründe

Aus verschiedenen Gründen kann die Schlußbilanz eines Wj zu berichtigen sein. Im wesentlichen sind folgende Grundfälle denkbar:

aa) Vorzunehmende Abgrenzungen von Betriebsvermögen zu Privatvermögen; Umfang des Betriebsvermögens.
bb) Unrichtige Anwendung der Bewertungsvorschriften des § 6 ff. EStG bei Wirtschaftsgütern des Betriebsvermögens, bei Entnahmen und Einlagen.
cc) Unrichtige oder unterbliebene Abgrenzungen von Betriebsausgaben zu Entnahmen bzw. Betriebseinnahmen zu Einlagen.

Es können sich dabei Fehler ergeben durch:

- Ausweis notwendigen Privatvermögens als Betriebsvermögen
- Nichterfassung von Betriebsvermögen
- falsche Wertansätze von AK, HK oder Teilwert bei Wirtschaftsgütern, Entnahmen und Einlagen
- Buchung von Entnahmen als Aufwand, Einlagen als Ertrag und umgekehrt.

Zweischneidigkeit: Verstößt die Schlußbilanz eines Wj gegen zwingende steuerliche Bilanzierungs- und Bewertungsvorschriften, müssen fehlerhafte Bilanzierungen berichtigt werden. Es ist hier im Gegensatz zu Berichtigungen in der Anfangsbilanz die **Zweischneidigkeit** der Schlußbilanz zu beachten, die sich aus § 4 Abs. 1 EStG (Gewinnermittlungsformel) ergibt.

b) Unterschiedliche Gewinnauswirkungen

Berichtigungen der Schlußbilanz können sich auf verschiedene Weise auf den Gewinn auswirken. Sie können sowohl den Gewinn nur eines Wj beeinflussen als auch gleichzeitig eine Gewinnbeeinflussung für das folgende Wj herbeiführen. Folgende Fallgruppen müssen dabei unterschieden werden:

Auswirkung auf den Erfolg für das abgelaufene Wirtschaftsjahr
(Abgrenzung von Betriebsausgaben zu Entnahmen bzw. Betriebseinnahmen zu Einlagen und umgekehrt; keine gleichzeitige Änderung von Vermögens- bzw. Schuldposten, nur Richtigstellung von Aufwendungen und Erträgen)

Beispiel 5:
Die Gesamtkosten eines auch teilweise privat genutzten Wirtschaftsgutes (Kraftfahrzeug, Telefon) sind in voller Höhe als Aufwand behandelt worden; Bonuszahlungen wurden als Einlagen und nicht wie zutreffend als Ertrag behandelt.

Auswirkung auf den Erfolg für das abgelaufene und das folgende Wirtschaftsjahr
(Berichtigungen im Bereich des abnutzbaren Anlagevermögens: unvollständige Erfassung der AK oder HK und nachfolgende Berichtigung der AfA; Berichtigungen im Bereich des Umlaufvermögens und der Verbindlichkeiten: ein höherer Gewinn des abgelaufenen Wj führt über den Bilanzenzusammenhang zu einem in gleicher Höhe niedrigeren Gewinn des nachfolgenden Wj und umgekehrt)

Beispiel 6:
Anschaffungsnebenkosten bzw. Herstellungsgemeinkosten wurden im Jahr der Anschaffung bzw. Herstellung als Aufwand behandelt; der Gewinn ist durch die vorzunehmenden Nachaktivierungen und die Änderung der AfA des abgelaufenen Wj und durch die falsche AfA der folgenden Wj unzutreffend.

Beispiel 7:
Der Warenbestand wurde zu niedrig erfaßt bzw. zu gering bewertet; die Richtigstellung führt im abgelaufenen Wj zu einem niedrigeren Wareneinsatz und damit zu einem höheren Gewinn; durch den höheren Warenanfangsbestand des folgenden Wj ergibt sich ein höherer Wareneinsatz und damit ein niedrigerer Gewinn.

Beispiel 8:
Die Rückstellung für Prozeßkosten ist im abgelaufenen Wj zu niedrig bewertet worden; die Richtigstellung führt zum zusätzlichen Aufwand, der den Gewinn im abgelaufenen Wj mindert. Im nachfolgenden Wj ist eine höhere Rückstellung über Ertrag auszulösen, wodurch der Gewinn sich erhöht.

Auswirkung auf den Erfolg für das abgelaufene Wirtschaftsjahr und irgendein späteres Wirtschaftsjahr
(Berichtigungen im Bereich des nicht abnutzbaren Anlagevermögens durch Nachaktivierungen von zu Lasten des Gewinns gebuchten Erwerbsnebenkosten; in späteren Jahren wird entweder durch Teilwertabschreibungen oder durch Ausscheiden der Gewinn beeinflußt)

Beispiel 9:
Bei der Anschaffung eines unbebauten Grundstücks wurden teilweise die Erwerbsnebenkosten, wie Grunderwerbsteuer und Notargebühren, als Aufwand behandelt.
Die Erwerbsnebenkosten sind bei der Anschaffung von Wertpapieren als Aufwand gebucht worden.

Keine Auswirkung auf den Erfolg eines Wirtschaftsjahres
(Berichtigungen auf der Aktivseite der Bilanz werden durch entsprechend hohe auf der Passivseite wieder ausgeglichen, bzw. es erfolgen gleichhohe Umschichtungen nur auf Aktiv- oder Passivseite)

Beispiel 10:
Ein am Bilanzstichtag noch nicht bezahlter Warenposten ist weder im Warenbestand noch im Bestand der Verbindlichkeiten erfaßt worden. Ein bisher zum Privatvermögen gehörendes unbebautes Grundstück wird als betrieblicher Lagerplatz genutzt.

c) Sonderfall der Gewinnauswirkung

Neben diesen vier dargestellten Möglichkeiten zur Berichtigung der Schlußbilanz ist noch der Sonderfall denkbar, daß nur der Erfolg eines späteren Wj beeinflußt wird, z. B. durch die unzutreffend gebildete Rücklage nach § 6b EStG bzw. Rücklage für Ersatzbeschaffung nach Abschn. 35 EStR. Im Jahr der Rücklagenbildung ergibt sich keine Auswirkung, erst bei Auflösung bzw. bei Übertragung auf ein anderes Wirtschaftsgut ergeben sich in diesem Jahr bzw. in nachfolgenden Jahren Gewinnauswirkungen.

Auswirkung nur auf den Erfolg eines späteren Wirtschaftsjahres

Beispiel 11:
Durch die Veräußerung von Grund und Boden werden stille Reserven aufgedeckt, die erfolgsneutral in eine Rücklage nach § 6b EStG eingestellt werden. In den nachfolgenden Wj ergibt sich mangels Anschaffungen von Wirtschaftsgütern nicht die volle Übertragungsmöglichkeit, oder durch Zeitablauf ist eine Übertragung nicht mehr möglich.
In ähnlicher Weise läßt sich die gleiche Problematik auf Fälle der RfE nach Abschn. 35 EStR und Rücklage für Preissteigerung nach § 74 EStDV anwenden.

d) Berichtigung der Schlußbilanz eines Wirtschaftsjahres (dargestellt an einem Grundfall)

aa) Gewinnbegriff

Nach § 4 Abs. 1 S. 1 iVm § 5 Abs. 1 EStG ist steuerlicher Gewinn der Unterschiedbetrag zwischen dem Betriebsvermögen am Schluß des Wirtschaftsjahres und dem Betriebsvermögen am Schluß des vorangegangenen Wirtschaftsjahres vermehrt um den Wert der Entnahmen, vermindert um den Wert der Einlagen.

bb) Ableitung der Gewinnauswirkung aus der Gewinnermittlungsformel des § 4 Abs. 1 S. 1 EStG

Aus dieser Formel lassen sich für mögliche Gewinnauswirkungen folgende vier Grundsätze ableiten:
- **Erhöhung des Betriebsvermögens (Kapital) am Schluß des Wj:**
  durch Erhöhung der Aktiva oder Verminderung der Passiva **ohne** gleichzeitige Erhöhung bzw. Verminderung von Entnahmen oder Einlagen
  Ergebnis:
  Der Betrag wirkt sich **gewinnerhöhend** aus.
- **Minderung des Betriebsvermögens (Kapital) am Schluß des Wj:**
  durch Verminderung der Aktiva oder Erhöhung der Passiva **ohne** gleichzeitige Erhöhung bzw. Verminderung von Entnahmen oder Einlagen

Ergebnis:
Der Betrag wirkt sich **gewinnmindernd** aus.
- **Keine Erhöhung bzw. Minderung des Betriebsvermögens (Kapital) am Schluß des Wj:**
  jedoch Erhöhung bzw. Verminderung von Entnahmen bzw. Einlagen

Ergebnis:
Der Betrag wirkt sich wie folgt aus:

$$\left.\begin{array}{l}\text{Erhöhung der Entnahmen}\\ \text{Minderung der Einlagen}\end{array}\right\} = \textbf{gewinnerhöhend}$$

$$\left.\begin{array}{l}\text{Minderung der Entnahmen}\\ \text{Erhöhung der Einlagen}\end{array}\right\} = \textbf{gewinnmindernd}$$

- **Erhöhung bzw. Minderung des Betriebsvermögens (Kapital) am Schluß des Wj:**
  durch Erhöhung bzw. Verminderung der Aktiva bzw. Passiva **und** gleichzeitige Erhöhung bzw. Minderung von Entnahmen bzw. Einlagen.

Ergebnis:
Eine **Gewinnauswirkung** ergibt sich **nicht**.

cc) Bilanzpostenmethode

Die vorstehenden Überlegungen beruhen auf dem Prinzip der Gewinnermittlung durch Betriebsvermögensvergleich (§ 4 Abs. 1 iVm § 5 Abs. 1 EStG). Es wird in Theorie und Praxis zusammengefaßt als **Bilanzpostenmethode** verstanden.

Der richtige Gewinn ergibt sich danach im Detail und en bloc aus der **Differenz** des Steuerbilanzansatzes und des Prüferbilanzansatzes bei der jeweiligen Bilanzposition bzw. darüber hinaus durch die Summe der einzelnen Differenzen zwischen Steuerbilanz und Prüferbilanz. Berücksichtigt werden muß in diesem Vergleich die etwaige Korrektur von Entnahmen und Einlagen. Die tatsächliche erfolgsmäßige Auswirkung durch Veränderung von Aufwand und Ertrag wird bei dieser Methode **nicht ersichtlich**.

Zusammenfassend lassen sich folgende **Kurzformeln** zur Darstellung der Gewinnauswirkungen nach der Bilanzpostenmethode für die Bilanzberichtigung **eines** Wirtschaftsjahres aufstellen:

Berichtigung der Schlußbilanz

aa)		bb)		cc)		dd)	
BVE	+	BVE	./.	BVE	o	BVE	(+/./.)
BVEvJ	o	BVEvJ	o	BVEvJ	o	BVEvJ	o
U	+	U	./.	U o	U o	U	(+/./.)
PE	o	PE	o	PE +	PE ./.	PE	(+/./.)
NE	o	NE	o	oder	oder	NE	(+/./.)
G	+	G	./.	NE ./.	NE +	G	o
				G +	G ./.		

(Erläuterung: BVE = Betriebsvermögen am Schluß des Wj; BVEvJ = Betriebsvermögen am Schluß des vorangegangenen Wj; PE = Entnahmen; NE = Einlagen; G = Gewinnauswirkung)

Beispiel 12:
Dem Finanzamt lag folgende Steuerbilanz zum 31.12.02 zur Beurteilung vor:

Aktiva	31.12.02		Passiva
Grund- und Boden	30 000,-	Kapital 1.1.02 250 000,-	
Betriebsgebäude	200 000,-	./. PE 100 000,-	
Betriebs- und Geschäftsausstattung	100 000,-	+ NE 10 000,-	
		+ Gewinn 40 000,-	
Handelswaren	60 000,-	Kapital 31.12.02	200 000,-
		Rückstellungen	90 000,-
		Verbindlichkeiten	100 000,-
	390 000,-		390 000,-

Folgende Feststellungen wurden getroffen:

Tz 1: Konto Grund und Boden
Die Anschaffungskosten des Grund und Bodens waren um 15 000,- DM zu niedrig angesetzt. Im Wj 02 wurden 5000,- DM als Grundstücksaufwendungen gebucht; 10 000,-DM waren nicht gebucht, da sie privat getragen waren.

Tz 2: Konto Betriebsgebäude
Die Gebäude-AfA wurde mit 2 v. H. gem. § 7 Abs. 4 EStG vorgenommen. Unberücksichtigt blieb eine im Wj 02 eingetretene Beschädigung, die eine ständige Beeinträchtigung bedeutet. Der Teilwert des Betriebsgebäudes betrug am 31.12.02 186 000,-DM.

Tz 3: Konto Betriebs- und Geschäftsausstattung
Der Verkauf eines Computers war versehentlich nur in Höhe von 3000,-DM zzgl. 14% Umsatzsteuer buchtechnisch durch die Buchung: Bank 3420,-DM an sonst. betriebl.

Ertrag 3000,-DM und Umsatzsteuer 420,- DM erfaßt worden. Der Buchwert im Zeitpunkt der Veräußerung von 4000,- DM wurde weiterhin bilanziert. Der Restbetrag des Kaufpreises wurde privat vereinnahmt und nicht gebucht.

Tz 4: Konto Handelswaren

Infolge eines Rechenfehlers in der Inventur wurde der Warenendbestand am 31.12.02 um 20 000,- DM zu niedrig ausgewiesen.

Tz 5: Konto Verbindlichkeiten

Von einer am 31.12.02 eingekauften Ware in Höhe von 6000,- DM zzgl. 14 v. H. Umsatzsteuer wurde die Rechnung erst am 5.1.03 ausgestellt. In der Inventur zum 31.12.02 ist nur diese Ware mit 6000,- DM erfaßt worden. Die Lieferantenrechnung wurde erst bei Rechnungseingang im Wj 03 ordnungsgemäß gebucht.

Tz 6: Konto Rückstellungen

In der Bilanzposition ist ein Rückstellungsbetrag von 10 000,- DM für einen Schadensprozeß enthalten. Ende Dezember 02 hat der Stpfl. den Prozeß in letzter Instanz gewonnen; Kosten wurden ihm nicht auferlegt.

Tz 7: Sonstiges

Die private Telefon- und Pkw-Nutzung mußte um 1500,- DM zzgl. 14 v. H. erhöht werden.

Im Betriebsgebäude befindet sich die Privatwohnung des Stpfl. Aufgrund vergleichbarer Mieten wurde der Mietwert für das Wj 02 um insgesamt 6000,-DM erhöht. (Die Wohnung ist weiterhin Betriebsvermögen - BMF-Schreiben v. 12.11.1986, BStBl I S. 528).

Hinweis:

Auf die Änderung der Gewerbesteuerrückstellung soll aus Darstellungsgründen nicht eingegangen werden.

Lösung:

Zu Tz 1: Nach § 6 Abs. 1 Nr. 2 EStG ist der Grund und Boden mit den Anschaffungskosten von 45 000,- DM zu bilanzieren. In Höhe der privat getragenen Anschaffungskosten von 10 000,- DM liegen Einlagen gem. § 4 Abs. 1 S. 5 EStG vor.

Zu Tz 2: Zum 31.12.02 ist das Betriebsgebäude zwingend zum niedrigeren Teilwert von 186 000,- DM anzusetzen (§ 253 Abs. 2 HGB iVm § 5 Abs. 1 und § 6 Abs. 1 Nr. 1 EStG).

Zu Tz 3: Die Bilanzposition ist um 4000,- DM zu kürzen, denn der Buchwert des veräußerten Computers kann inventurmäßig nicht mehr erfaßt werden. Ferner ist eine Umsatzsteuerverpflichtung in Höhe von (VP = 7000,- DM x 14 v. H. USt = 980,- DM ./. 420,- DM) = 560,- DM zu passivieren. Der nicht gebuchte Restbetrag von 4560,- DM stellt Entnahmen gem. § 4 Abs. 1 S. 2 EStG dar.

Berichtigung der Schlußbilanz 25

Zu Tz 4: Der Bilanzposten Handelswaren muß um 20 000,- DM erhöht werden (§ 238, 239 HGB iVm § 5 Abs. 1 und § 6 Abs. 1 Nr. 2 EStG).

Zu Tz 5: Der Bilanzwert Verbindlichkeiten muß um 6840,- DM erhöht werden; gleichzeitig ist eine noch nicht verrechenbare Vorsteuer (§ 15 Abs. 1 UStG iVm § 9b Abs. 1 EStG) als Forderung gegenüber dem Fiskus zu aktivieren.

Zu Tz 6: Der Grund für die Prozeßrückstellung ist im Dezember des Wj 02 weggefallen. Die Bilanzposition kann nur noch mit 80 000,- DM ausgewiesen werden.

Zu Tz 7: Die Entnahmen sind um (1500,- zzgl. 14 v. H. USt) = 1710,-DM für private Telefon- und Pkw-Nutzung zu erhöhen; die USt-Schuld muß um 210,- DM erhöht werden.

Der Mietwert der eigenen Wohnung im Betriebsgebäude muß als Entnahme gem. § 4 Abs. 1 S. 2 EStG behandelt werden; deshalb sind die Entnahmen um 6000,-DM zu erhöhen. Der Vorgang ist gem. § 4 Nr. 12a UStG als Eigenverbrauch umsatzsteuerfrei.

Somit ergibt sich folgende StB bzw. PB zum 31.12.02:

Aktiva	StB	PB	Differenz
Grund und Boden	30 000,-	45 000,-	+ 15 000,-
Betriebsgebäude	200 000,-	186 000,-	./. 14 000,-
Betriebs- und Geschäftsausstattung	100 000,-	96 000,-	./. 4 000,-
Handelswaren	60 000,-	80 000,-	+ 20 000,-
So. Forderungen	-	840,-	+ 840,-
	390 000,-	407 840,-	Aktiva + 17 840,-

Passiva			
Kapital	200 000,-	220 230,-	
Verbindlichkeiten	100 000,-	106 840,-	+ 6 840,-
Rückstellungen	90 000,-	80 000,-	./. 10 000,-
USt-Schuld	-	770,-	+ 770,-
	390 000,-	407 840,-	Passiva ./. 2 390,-

Erhöhung BV = 20 230,-
+ Entnahmen   12 270,-
              32 500,-
./. Einlagen 10 000,-
Mehrgewinn   22 500,-

Kapitalkontenentwicklung zum 31.12.02:

	StB	PB
Kapital 1.1.02	250 000,-	250 000,-
./. Entnahmen	100 000,-	112 270,-
	150 000,-	137 730,-
+ Einlagen	10 000,-	20 000,-
+ Gewinn	40 000,-	62 500,-
Kapital 31.12.02	200 000,-	220 230,-

Entwicklung der Entnahmen und Einlagen:

	PE	NE
lt StB	100 000,-	10 000,-
+ Tz 1	–	10 000,-
+ Tz 3	4 560,-	–
+ Tz 7	7 710,-	–
lt PB	112 270,-	20 000,-

Gewinnverprobung durch Betriebsvermögensvergleich:

	StB	PB
BV am Schluß d. Wj	200 000,-	220 230,-
BV am Schluß d. vorangegangenen Wj	250 000,-	250 000,-
Unterschiedsbetrag	./. 50 000,-	./. 29 770,-
+ Entnahmen	100 000,-	112 270,-
./. Einlagen	10 000,-	20 000,-
= Gewinn	40 000,-	62 500,-

Mehrgewinn 22 500,-

dd) Gewinn- und Verlust-Methode

Die vorstehend erläuterte »Bilanzpostenmethode« stimmt zwar die rechnerische Richtigkeit der Differenz zwischen Steuer- und Prüferbilanz ab, verhindert aber nicht, daß die Prüferbilanz selbst unrichtig aufgestellt wurde. Es gibt mannigfache Möglichkeiten, daß sich in der Kontenentwicklung Fehler einschleichen, die sich durch die Bilanzpostenmethode nicht kontrollieren lassen, weil ein und dasselbe Zahlenwerk durch sich selbst kontrolliert wird.

Berichtigung der Schlußbilanz 27

Die echte Kontrolle ist daher letztlich nur gegeben, wenn die erfolgsmäßigen Auswirkungen (Veränderung von Aufwand und Ertrag) ermittelt und in einer **Mehr- und Weniger-Rechnung** festgehalten werden.

Ergibt sich nach Einsetzen dieses »Mehr« oder »Weniger« an Bilanzgewinn in die Kapitalkontenentwicklung und nach Übernahme des berichtigten Kapitals zur Erreichung der Summengleichheit in der Prüferbilanz die Übereinstimmung, so ist damit die rechnerische Richtigkeit ihrer einzelnen Ansätze mit einer korrigierten Gewinn- und Verlustrechnung erfolgt. Damit sind die Berichtigungen entsprechend der gedanklichen Anwendung der doppelten Buchführung erreicht.

Die Mehr- und Weniger-Rechnung würde sich für das vorstehende Beispiel wie folgt ergeben:

Tz	Vorgang	Erfolgskonto	+	./.
1	Grund u. Boden	Grundstücksaufwand	5 000,-	-
2	Betriebsgebäude	Teilwertabschreibung	-	14 000,-
4	Handelswaren	Wareneinkauf	20 000,-	-
5	Verbindlichkeiten	Wareneinkauf	-	6 000,-
6	Rückstellungen	sonst. betriebl. Ertrag	10 000,-	-
7	Sonstiges	Erlöse aus Eigenverbrauch	7 500,-	-
			42 500,-	20 000,-
		./.	20 000,-	
		Mehrgewinn	22 500,-	
		+ StB-Gewinn	40 000,-	
		= PB-Gewinn	62 500,-	

ee) Gewinnauswirkungen nach beiden Methoden zum 31.12.02
Die unterschiedliche Verfahrenstechnik und die verschiedenen Denkvorgänge ergeben sich für das vorstehend erläuterte Beispiel wie folgt:
Konto Grund und Boden
aa) Bilanzpostenmethode **StB** **PB** **Auswirkung auf BV**

	StB	PB	Auswirkung auf BV
	30 000,-	45 000,-	+ 15 000,-
		BV-Änderung	+ 15 000,-
		./. Einlagen	10 000,-
		= Gewinnauswirkung	+ 5 000,-

bb) G u. V.-Methode
Minderung Grundstücksaufwendungen   5 000,-
= Gewinnauswirkung + 5 000,-

Konto Betriebsgebäude
aa) Bilanzpostenmethode   StB   PB   **Auswirkung auf BV**
                           200 000,-   186 000,-   ./. 14 000,-
                        BV-Änderung   ./. 14 000,-
                     = Gewinnauswirkung   ./. 14 000,-

bb) G u. V.-Methode
Teilwertabschreibung   14 000,-
= Gewinnauswirkung   ./. 14 000,-

Konto Betriebs- und Geschäftsausstattung
aa) Bilanzpostenmethode   StB   PB   **Auswirkung auf BV**
     BGA   100 000,-   96 000,-   ./. 4 000,-
     USt-Schuldkonto   -   560,-   ./. 560,-
                        BV-Änderung   ./. 4 560,-
                      + Entnahmen   4 560,-
                 = Gewinnauswirkung   0,-

bb) G u. V.-Methode
Keine Änderung von Aufwands- bzw.
Ertragskonten
                 = Gewinnauswirkung   0,-

Konto Handelswaren
aa) Bilanzpostenmethode   StB   PB   **Auswirkung auf BV**
                           60 000,-   80 000,-   20 000,-
                      BV-Änderung   + 20 000,-
                 = Gewinnauswirkung   + 20 000,-

bb) G u. V.-Methode
Verminderung des Wareneinsatzes   20 000,-
        = Gewinnauswirkung   + 20 000,-

Konto Verbindlichkeiten

aa) Bilanzpostenmethode   StB   PB   Auswirkung auf BV
    Verbindlichkeiten   100 000,-   106 840,-   6 840,-
    so. Forderungen   -   840,-   840,-
                          BV-Änderung   ./. 6 000,-
                        = Gewinnauswirkung   ./. 6 000,-

bb) G u. V.-Methode
    Erhöhung des Wareneinsatzes   6 000,-
                        = Gewinnauswirkung   ./. 6 000,-

Konto Rückstellungen

aa) Bilanzpostenmethode   StB   PB   Auswirkung auf BV
                          90 000,-   80 000,-   10 000,-
                          BV-Änderung   + 10 000,-
                        = Gewinnauswirkung   + 10 000,-

bb) G u. V.-Methode
    Erhöhung des sonst. betriebl. Ertrags   10 000,-
                          Gewinnauswirkung   + 10 000,-

Sonstiges

aa) Bilanzpostenmethode   StB   PB   Auswirkung auf BV
    USt-Schuldkonto   -   210,-   210,-
                          BV-Änderung   ./. 210,-
                        + Entnahmen   7 710,-
                        = Gewinnauswirkung   + 7 500,-

bb) G u. V.-Methode

Erhöhung Konto Erlöse aus Eigenverbrauch	1 500,-
Erhöhung Konto Mieterträge	6 000,-
= Gewinnauswirkung	+ 7 500,-

ff) Zweischneidigkeit der Bilanz

Ausgehend vom Gewinnbegriff des § 4 Abs. 1 S. 1 EStG wird das Betriebsvermögen **zweimal** der Gewinnermittlung zugrunde gelegt. Einmal erfolgt sein Ansatz als Betriebsvermögen am Ende des Wirtschaftsjahres, und gleichzeitig wird es für die Gewinnermittlung des nachfolgenden Wirtschaftsjahres als Betriebsvermögen am Ende des vorangegangenen Wirtschaftsjahres angesetzt. Dadurch gelangt in die Korrektur von Bilanzansätzen eine zweischneidige Wirkung (in der Schlußbilanz des Wirtschaftsjahres und in der Eröffnungsbilanz des nächsten Wirtschaftsjahres), was insbesondere bei Wirtschaftsgütern des Umlaufvermögens und der Verbindlichkeiten ersichtlich wird (z. B. mindert eine Erhöhung des Wertansatzes der Warenvorräte den Wareneinsatz und damit den Gewinn des folgenden Jahres). Das bedeutet, daß regelmäßig Gewinnkorrekturen sich mit umgekehrten Vorzeichen gegenüber der Änderung der Schlußbilanz ergeben, es sei denn, mehrere Bilanzposten müssen geändert werden, und diese Änderungen heben sich gegenseitig auf.

gg) Vergleich Bilanzpostenmethode – Gewinn- und Verlust-Methode

Gegenüber der Bilanzpostenmethode ist die Ermittlung der Gewinnauswirkungen nach der Gewinn- und Verlust-Methode nicht nur einfacher, sie hat darüber hinaus den Vorteil, schon während der Korrekturphase immer die entsprechende Auswirkung ersichtlich werden zu lassen, unabhängig von der abschließenden Aufstellung der Prüferbilanz.

Darüber hinaus stellt die Gewinn- und Verlust-Methode, im Gegensatz zur Bilanzpostenmethode, eine echte Kontrolle dar, denn durch die doppelte Überlegung (wie ist der richtige Bilanzposten einschließlich der zutreffenden Höhe der Entnahmen/Einlage zu finden?) muß darüber hinaus gedanklich entwickelt werden, welche Auswirkungen sich auf Gewinn/Verlust durch Veränderung von Aufwand/Ertrag ergeben, um durch die Entwicklung des Kapitalkontos zur Summengleichheit in der Prüferbilanz zu gelangen.

Außerdem erleichtert die G. u. V.-Methode die Errechnung der in der Prüferbilanz einzustellenden Gewerbesteuer- und Körperschaftsteuerrückstellung für etwaige Gewerbesteuer- und Körperschaftsteuernachzahlungen.

6. Technik der Mehr- und Weniger-Rechnung bei Bilanzberichtigungen mehrerer Jahre

Nicht nur die Beherrschung des Handels- und Steuerrechts führt zum Prüfungserfolg. Wesentlich ist dieser von der technischen Darstellung abhängig. Insbesondere auch deshalb, weil auf Grund von Rationalisierungsmaßnahmen der Außenprüfung Prüfungsberichte in der Amtsbetriebsprüfung in Kurzfassung eingeführt wurden (vgl. FinMin-Erlaß NW vom 20.11.1972, S. 1510 – 1 VA 1). Es wird lediglich für das letzte geprüfte Wj eine Prüferbilanz aufgestellt; die Gewinnermittlung für den gesamten Prüfungszeitraum erfolgt mittels der Mehr- und Weniger-Rechnung. Nur sie weist noch die Abweichungen gegenüber den eingereichten Steuerbilanzen aus. Dem Prüfungsbericht wird außerdem eine berichtigte Kapitalentwicklung für den gesamten Prüfungszeitraum beigegeben.

Deshalb erlangt die Mehr- und Weniger-Rechnung zukünftig eine noch größere Bedeutung als bisher. Die nachfolgend erläuterte Technik und die Hinweise zur zweckmäßigen Erledigung der mit Prüfungshandlungen verbundenen Arbeiten sollen der Erleichterung dienen.

Das methodische Vorgehen kann entweder den Regeln folgen, die für den Betriebsvermögensvergleich (§ 4 Abs. 1 S. 1 EStG) gelten (**sog. Bilanzpostenmethode**) oder sich auf die (gedanklichen) Änderungen der Erfolgskonten, exemplarisch anhand des Gewinn- und Verlustkontos verdeutlicht, stützen (**sog. GuV-Methode**).

Grundsätzlich ist **das Bruttoprinzip** (jede Änderung wird dargestellt, keine Saldierung) zu bevorzugen, denn durch den Einzelausweis in jedem Wj werden Auswirkungen einfacher, überschaubarer, und die Gefahr von Rechen- oder Saldierungsfehlern wird vermieden.

a) Methodische Einteilung der Technik

Entsprechend der Einteilung der Bewertungsgegenstände nach § 6 EStG kann die Technik methodisch am

aa) nicht abnutzbaren Anlagevermögen,
bb) abnutzbaren Anlagevermögen,
cc) Umlaufvermögen,
dd) an Verbindlichkeiten,
ee) an Entnahmen und Einlagen

dargestellt werden.

b) Vier unterschiedliche Fallgruppen

Vier Fallgruppen sind hinsichtlich ihrer Lösungsmöglichkeiten systematisch zu unterscheiden:

1. Fallgruppe:
Anlagevermögen: Nicht abnutzbares, abnutzbares, unbewegliches, bewegliches Anlagevermögen
Die Entwicklung des Anlagekontos erfolgt sowohl für die StB und die PB **nebeneinander** in **Staffelform.**
Durch den Vergleich der Zahlen auf den einzelnen Zeilen lassen sich evtl. Differenzen feststellen.

Diese sind rechtlich zu werten und in einzurichtende »Gewinn-, Umsatzsteuer-, Privat- und andere Bilanzposten-Spalten« einzugruppieren.

Nach jeder vorgenommenen Berichtigung kann die rechnerische Richtigkeit durch die sogenannte **Querprobe** überprüft werden. Das Ergebnis der Auswirkungen in den Spalten »Gewinn, Privat, USt und anderer Bilanzposten« muß mit der Differenz zwischen Bilanzansatz lt. StB zu Bilanzansatz lt. PB übereinstimmen. Die Querprobe kann auf jeder Zeile, aber auch insgesamt vorgenommen werden.

Beispiel 13:
Unbewegliches, nicht abnutzbares Anlagevermögen
Grund und Boden wurde im Wj 01 für 60 000,- DM Kaufpreis ausschließlich für eigengewerbliche Zwecke erworben; Erwerbsnebenkosten: Grunderwerbsteuer 1200,- DM, Notargebühren 684,- DM, Gerichtskosten 200,- DM; im Wj 02 erhebt die Stadtverwaltung Erschließungskosten von 4600,- DM, die im Wj 03 bezahlt wurden; gebucht wurde:

Im Wj 01	Grund und Boden an Geldkonto	60 000,- DM
	Grundstücksaufwendungen	2 084,- DM
	an Privat	884,- DM
	an Geldkonto	1 200,- DM
Im Wj 03	Grundstücksaufwendungen	
	an Geldkonto	4 600,- DM

Lösung:
1. Der Grund und Boden ist als notwendiges Betriebsvermögen (Abschn. 14 Abs. 1 EStR) mit den AK (§ 6 Abs. 1 Nr. 2 EStG) zu bilanzieren.
2. Zu den AK gehören neben dem Kaufpreis die Grunderwerbsteuer, die Notargebühren (netto), die Gerichtskosten; nach § 9b Abs. 1 EStG rechnet verrechenbare Vorsteuer nicht zu den AK (Abschn. 32a EStR).
3. Die im Wj 02 erhobenen Erschließungskosten sind nachträgliche AK des Grund und Bodens (Abschn. 33 Abs. 4 Nr. 1 EStR).

Technik der Mehr- und Weniger-Rechnung

Entwicklung der Bilanzposten				Auswirkungen			
	StB	PB	Differenz	Gewinn	Privat	USt	anderer Bilanzposten
GruBo (AK)	60 000	60 000					
	−	+ 2 000	2 000	+ 2 084	−	./. 84	−
31.12.01	60 000	62 000				(Fortführung ./. 84)	so. Verbindlichkeiten + 4 600
	−	4 600	4 600	−	−		
31.12.02	60 600	66 600				(Fortführung ./. 84)	Wegfall so. Verbindlichkeiten ./. 4 600
	−			+ 4 600	−		
31.12.03	60 000	66 600					

Querprobe: Differenz 6 600,− ←——→ Ergebnis 6 600,−

Bilanzübersicht

	StB	PB	StB	PB	StB	PB
Bilanzposten:	31.12.01		31.12.02		31.12.03	
Grund und Boden	60 000	62 000	60 000	66 600	60 000	66 600
sonstige Aktiva	100 000	100 000	100 000	100 000	100 000	100 000
	160 000	162 000	160 000	166 600	160 000	166 600
Kapital	60 000	62 084	60 000	62 084	60 000	66 684
sonstige Passiva	100 000	99 916	100 000	104 516	100 000	99 916
	160 000	162 000	160 000	166 600	160 000	166 600

Kapitalentwicklung	StB	PB
Kapital 31.12.01	60 000	60 000
+ Gewinn	-	2 084
ber. Kapital 31.12.01	60 000	62 084
Kapital 31.12.02	60 000	62 084
+ Gewinn	-	4 600
Kapital 31.12.03	60 000	66 684

Beispiel 14:
Unbewegliches nicht abnutzbares und abnutzbares Anlagevermögen
Ein 20 Jahre altes bebautes Grundstück wird zum Kaufpreis von 100 000,- DM im November des Wj 01 erworben. Der Anteil für den Grund und Boden beträgt 20 v. H. vom Gesamtkaufpreis. Die Erwerbsnebenkosten: Grunderwerbsteuer 2000,- DM, Gerichtskosten 1000,- DM, Notargebühren 2280,- DM (incl. USt) sind im Wj 01 und auch später nicht gebucht, da sie privat getragen wurden. Das Grundstück wird zu 55 v. H. eigenbetrieblich genutzt, der Rest ist zu fremden Wohnzwecken vermietet. (Anm.: die 3%ige Grenze nach § 9 b Abs. 1 EStG ist nicht überschritten.) Die betriebsgewöhnliche Nutzungsdauer beträgt ab Anschaffungszeitpunkt 50 Jahre. Gebucht wurde:

im Wj 01 Grund und Boden 20 000,- DM
            Gebäude 80 000,- DM an Geldkonto 100 000,- DM
            AfA (5% degr.) 5 000,- DM an Gebäude 5 000,- DM
im Wj 02 AfA (5% degr.) 5 000,- DM an Gebäude 5 000,- DM

Lösung:
1. Das Grundstück ist in vollem Umfang Betriebsvermögen, weil ein entsprechendes Wahlrecht (Abschn. 14 Abs. 3 EStR iVm Abschn. 13b Abs. 2 EStR) ausgeübt wurde (Abschn. 14 Abs. 4 EStR).
2. Zu den AK des Grund und Bodens und des Gebäudes gehören neben dem Kaufpreis alle privat getragenen Nebenkosten ohne die in Rechnung gestellte Vorsteuer.
3. Die Vorsteuer ist nach § 15 Abs. 4 Nr. 2 UStG nur in Höhe von 55% von 280,- DM verrechenbar; der nicht verrechenbare Teil ist nach § 9b Abs. 1 und Nr. 2 EStG als Aufwand zu behandeln.
4. AfA nach § 7 Abs. 5 EStG ist nicht möglich; die AfA ist zeitanteilig nach § 7 Abs. 4 Nr. 1 EStG mit 2% (§ 11c Abs. 1 Nr. 3 EStDV) vorzunehmen.

Hinweis: Es empfiehlt sich, zunächst die steuerlichen AK für beide Wirtschaftsgüter insgesamt zu ermitteln und danach die Aufteilung vorzunehmen.

Technik der Mehr- und Weniger-Rechnung 35

Kaufpreis	100 000,- DM
Grunderwerbsteuer	2 000,- DM
Gerichtskosten	1 000,- DM
Notargebühren	2 000,- DM
AK	105 000,- DM
davon 20% = Grund u. Boden	21 000,- DM
80% = Gebäude	84 000,- DM

Entwicklung der Bilanzposten				Auswirkungen			
	StB	PB	Differenz	Gewinn	Privat	USt	anderer Bilanzposten
a) **Grund und Boden**	20 000	20 000			NE		
	−	+ 1 000	1 000	−	+ 1 000	−	−
31.12. Wj. 01–02	20 000	21 000					
b) **Gebäude**	80 000	80 000	−	./. 126	NE + 280	./. 154	
	−	+ 4 000	4 000	−	+ 4 000	−	−
	80 000	84 000					
./. AfA	5 000	280	4 720	+ 4 720	−	−	−
31.12.01	75 000	83 720				(Fortführung	
./. AfA	5 000	1 680	3 320	+ 3 320	−	./. 154)	−
31.12.02	70 000	82 040					

Querprobe

Differenz
a) 1 000
b) 12 040
13 040 ⟵⟶ Ergebnis 13 040

Bilanzübersicht

Bilanzposten	StB	PB	StB	PB
	31.12.01		31.12.02	
Grund und Boden	20 000	21 000	20 000	21 000
Gebäude	75 000	83 720	70 000	82 040
Sonstige Aktiva	100 000	100 000	100 000	100 000
	195 000	204 720	190 000	203 040
Kapital	45 000	54 874	45 000	58 194
Sonstige Passiva	150 000	149 846	145 000	144 846
	195 000	204 720	190 000	203 040

Kapitalentwicklung	StB	PB
Kapital 31.12.01	45 000	45 000
+ NE	-	5 280
./. Gewinn	-	126
+ Gewinn	-	4 720
ber. Kapital 31.12.01	45 000	54 874
+ Gewinn	-	3 320
Kapital 31.12.02	45 000	58 194

Beispiel 15:
Bewegliches und abnutzbares Anlagevermögen
Der Stpfl. hat im November des Wj 01 ein betriebliches Kraftfahrzeug für 15 000,- DM zuzügl. 2 100,- DM USt = 17 100,- DM erworben. Die Bezahlung erfolgte im November des Wj 01 mit 6100,- DM vom betrieblichen Bankkonto und 6000,- DM vom privaten Sparbuch; der Restbetrag wurde im Januar des Wj 02 aus Betriebsmitteln überwiesen; die ND beträgt 5 Jahre (lineare Methode).

Es wurde gebucht:

im Wj 01 Fuhrpark an Geldkonto   6100,- DM

im Wj 02 Fuhrpark an Geldkonto   5000,- DM

Lösung:
1. Zu den AK gehören alle Kosten, die anfallen, um ein Wirtschaftsgut aus der fremden in die eigene betriebliche Sphäre zu überführen; unabhängig davon, ob die Kosten aus dem betrieblichen oder privaten Bereich stammen (Abschn. 33a EStR).
2. Verrechenbare Vorsteuern rechnen nicht zu den steuerliche Ak (§ 9b Abs. 1 EStG).
3. Nach § 7 Abs. 1 EStG sind die steuerlichen AK Bemessungsgrundlage für die AfA; die AfA ist im Wj 01 lediglich für ein halbes Jahr möglich (Abschn. 43 Abs. 8 S. 3 EStR).

Technik der Mehr- und Weniger-Rechnung

Entwicklung der Bilanzposten				Auswirkungen			
	StB	PB	Differenz	Gewinn	Privat	USt	anderer Bilanzposten
Kraftfahrzeug	6 100	15 000	8 900	-	NE + 6 000	./. 2 100	so. Verbindlichkeiten + 5 000
./. AfA	1 220	1 500	280	./. 280	-	-	-
31.12.01	4 880	13 500				(Fortführung ./. 2 100)	Wegfall so. Verb. ./. 5 000
+ Zugang	5 000	-	5 000	-	-		
./. AfA	2 470	3 000	530	./. 530	-	-	-
31.12.02	7 410	10 500				(Fortführung ./. 2 100)	-
./. AfA	2 470	3 000	530	./. 530	-		
31.12.03	4 940	7 500					

Querprobe: Differenz 2 560,- DM ←→ Ergebnis 2 560,- DM

Bilanzübersicht

Bilanzposten	StB 31.12.01	PB 31.12.01	StB 31.12.02	PB 31.12.02	StB 31.12.03	PB 31.12.03
Kraftfahrzeuge	4 880	13 500	7 410	10 500	4 940	7 500
Sonstige Aktiva	100 000	100 000	100 000	100 000	100 000	100 000
	104 880	113 500	107 410	110 500	104 940	107 500
Kapital	100 000	105 720	100 000	105 190	100 000	104 660
Sonstige Verbindlichk.	880	5 880	3 410	3 410	940	940
Umsatzsteuerschuld	4 000	1 900	4 000	1 900	4 000	1 900
	104 880	113 500	107 410	110 500	104 940	107 500

Kapitalentwicklung	StB	PB
Kapital 31.12.01	100 000	100 000
+ NE	-	6 000
./. Gewinn	-	280
ber. Kapital 31.12.01	100 000	105 720
./.Gewinn	-	530
Kapital 31.12.02	100 000	105 190
./.Gewinn	-	530
Kapital 31.12.03	100 000	104 660

2. Fallgruppe:
Umlaufvermögen, Rechnungsabgrenzungsposten, Verbindlichkeiten, Rückstellungen, Wertberichtigungsposten

Die Entwicklung der berichtigten Bilanzansätze erfolgt **untereinander** für die zu berichtigenden Bilanzen der einzelnen Wirtschaftsjahre; die Darstellung in Form der Staffelmethode ist nicht möglich.

Ergeben sich Differenzen zum Bilanzansatz laut StB, sind diese zu werten in:

- Gewinnauswirkungen
- Privat (Entnahmen/Einlagen)
- USt-Berichtigungen
- Berichtigungen anderer Bilanzposten

Hinweis: Bei Gewinnänderungen ist hier insbesondere die **Zweischneidigkeit** der Bilanz zu beachten, die grundsätzlich **zu wechselseitigen** Gewinnauswirkungen führt.

Eine Änderung z. B. des Warenendbestandes eines Wj führt zu einer Verringerung/Erhöhung des Wareneinsatzes. Damit ändert sich der Aufwand des Wj. Durch die gleichzeitige Änderung des Warenanfangsbestandes des nachfolgenden Wj tritt bei gleichbleibendem Warenendbestand dieses Wj eine Erhöhung/Verringerung des Wareneinsatzes ein; somit ändert sich in gleicher Höhe der Aufwand dieses Wj.

Soweit sich Änderungen des Warenendbestandes im »nachfolgenden Wj« ergeben, sind diese für sich zu betrachten und zu bewerten.

Hinweis: Diese Methode hat den äußeren Anschein der Bilanzpostenmethode. Dies trifft aber deshalb nicht zu, weil bei der Wertung der jeweiligen Änderung für sich allein Gewinnauswirkungen nur nach der **GuV-Methode** feststellbar werden. Zur Klarheit, Übersichtlichkeit und aus Gründen der

Technik der Mehr- und Weniger-Rechnung 39

Kontrolle sollte auf jede Saldierung verzichtet werden, damit wechselseitige Gewinnauswirkungen schneller überprüft werden können.
Diese Methode der unsaldierten Gewinnauswirkungen (Bruttoprinzip) ist für alle Sachverhalte der **Fallgruppe 2** anwendbar.
Die folgenden Beispiele sollen methodisch diese Überlegungen verdeutlichen.

Beispiel 16:
Handelswaren
In den StB der Wj 01 - 02 sind folgende Warenbestände bilanziert:
im Wj 01   136 800,- DM
im Wj 02   142 200,- DM
Eine Außenprüfung des Finanzamts stellte fest, daß im Wj 01 der Warenbestand um 5000,- DM infolge eines Rechenfehlers zu niedrig ausgewiesen war; im Wj 02 war am 29.12. ein Warenposten gekauft und geliefert worden. Die unter dem 10.1. des Wj 03 eingehende Lieferantenrechnung über 10 000,-DM zuzügl. 1400,- DM USt wurde im Wj 03 gebucht und bezahlt. Eine inventurmäßige Erfassung am Ende des Wj 02 ist nicht erfolgt.

Lösung:
1. Wirtschaftsgüter des Umlaufvermögens sind nach § 6 Abs. 1 Nr. 2 EStG mit den AK zu bilanzieren; der Rechenfehler ist zu korrigieren.
2. Die am 29.12. erworbene Ware ist zu erfassen, denn der Stpfl. ist bürgerlich-rechtlicher und wirtschaftlicher Eigentümer (§ 433 iVm § 929 BGB; § 39 Abs. 2AO).
3. Am Bilanzstichtag des Wj 02 besteht eine Schuldverpflichtung in Höhe des Warenwerts und der Umsatzsteuer.
4. Nach § 15 Abs. 1 Nr. 1 UStG ist mangels Rechnungslegung eine Verrechnung der Vorsteuer im Wj 02 nicht möglich; ein Vorsteuerabzug kann erst im Wj 03 vorgenommen werden.

Entwicklung der Bilanzposten	*Wj 01*	*Wj 02*
Handelswaren laut StB	136 800,- DM	142 200,- DM
+ Erhöhung	5 000,- DM	10 000,- DM
Handelswaren lt. PB	141 800,- DM	152 200,- DM
Differenz zur StB	+ 5 000,- DM	+ 10 000,- DM
Gewinnauswirkung:	+ 5 000,- DM	./. 5 000,- DM
	-,- DM	0,- DM
andere Bilanzposten:		
a) sonst. Forderungen (noch nicht verrechenbare Vorsteuer)	-,- DM	+ 1 400,- DM
b) Verbindlichkeiten	-,- DM	+ 11 400,-DM

Bilanzübersicht

Bilanzposten	StB	PB	StB	PB
	31.12.01		31.12.02	
Handelswaren	136 800	141 800	142 200	152 200
Sonstige Forderungen	-	-	-	1 400
Sonstige Aktiva	100 000	100 000	100 000	100 000
	236 800	241 800	242 200	253 600
Kapital	100 000	105 000	100 000	100 000
Verbindlichkeiten	20 000	20 000	30 000	41 400
Sonstige Passiva	116 800	116 800	112 200	112 200
	236 800	241 800	242 200	253 600

Kapitalentwicklung	StB	PB
Kapital 31.12.01	100 000	100 000
+ Gewinn	-	5 000
ber. Kapital 31.12.01	100 000	105 000
./. Gewinn	-	5 000
Kapital 31.12.02	100 000	100 000

Beispiel 17:
Fertigerzeugnisse
Im Dezember des Wj 01 wird eine Werklieferung als fertiggestellt durch den Auftraggeber abgenommen. Die Rechnung über 6000,- DM zuzügl. 840,- DM USt wird im Januar des Wj 02 ausgestellt und an den Auftraggeber abgesandt.

Gebucht wurde:

Im Wj 01: unfertige Arbeiten   an Aufwand   4500,- DM
              Kasse   an Kundenanzahlungen   3000,- DM
Im Wj 02: Forderungen 3840,-
              Kunden -
              Anzahlungen 3000,- an Erlöse   6000,- DM
                                   an USt   840,- DM
              Aufwand   4500,- an unfertige Arbeiten   4500,- DM

Lösung:
1. Durch die Erfüllung des Werklieferungsvertrages ist am Bilanzstichtag des Wj 01 eine Forderung in Höhe der Differenz zwischen erbrachter Leistung zzgl. Umsatzsteuer (§ 3 Abs. 4 UStG) und der geleisteten Anzahlung entstanden; die Gewinnrealisierung hat im Wj 01 zu erfolgen.
2. Die gewinn-neutrale Bilanzierung als unfertige Arbeiten der bis zum Bilanzstichtag angefallenen HK und der Ausweis der Geldleistung als Kundenanzahlung war unzutreffend.

Technik der Mehr- und Weniger-Rechnung 41

Entwicklung der Bilanzposten

	Forderungen	unf. Arbeiten	Kundenanzahlung
StB Wj 01	-	4 500	3 000
	+ 6 840	./. 4 500	
PB	6 840	-	3 000
Differenz zur StB	6 840	4 500	-
Gewinnauswirkung:	**Wj 01**	**Wj 02**	
	+ 6 000,- DM	./. 6 000,- DM	
	./. 4 500,- DM	+ 4 500,- DM	
insgesamt	+ 1 500,- DM	./. 1 500,- DM	
USt-Schuldkonto	+ 840,- DM	0,- DM	(./. 840,- DM)
			(+ 840,- DM)
andere Bilanzposten:			
Forderungen und Kundenanzahlungen	./. 3 000,- DM	-	

Hinweis: Der Forderungsbestand des Wj 01 ist mit (6840,- ./. 3000,-) = 3840,-DM auszuweisen. Forderungen und Schulden gegenüber dem gleichen Gläubiger bzw. Schuldner sind saldiert darzustellen.

StB und PB des Wj 02 werden in keinem Bilanzposten verändert. Gleichwohl ergeben sich infolge der Zweischneidigkeit der Bilanz wechselseitige Gewinnauswirkungen, die sich anhand der vorgenommenen Buchungen gewinnauswirkungsmäßig leicht mit der schematischen Darstellung vergleichen lassen.

Bilanzübersicht

	StB	PB	StB	PB
Bilanzposten	\multicolumn{2}{c}{31.12.01}	\multicolumn{2}{c}{31.12.02}
unfertige Arbeiten	4 500	-	-	-
Forderungen	-	3 840	3 840	3 840
sonstige Aktiva	100 000	100 000	100 000	100 000
	104 500	103 840	103 840	103 840
Kapital	100 000	101 500	101 500	101 500
Kundenanzahlungen	3 000	-	-	-
Umsatzsteuerschuld	1 500	2 340	2 340	2 340
	104 500	103 840	103 840	103 840

Kapitalentwicklung	StB	PB
Kapital 31.12.01	100 000	100 000
+ Gewinn (+ 6 000 ./. 4 500)	-	1 500
ber. Kapital 31.12.01	100 000	101 500
+ bzw ./. Gewinn (+ 4 500 ./. 6 000)	1 500	-
Kapital 31.12.02	101 500	101 500

Beispiel 18:
Verbindlichkeiten
Der Stpfl. hat folgende Garantierückstellungen gebildet:
Wj 01 = 60 000,-DM, Wj 02 = 45 000,- DM, Wj 03 = 70 000,- DM

Gebucht wurde:

im Wj 01: Aufwand an Rückstellung		60 000,- DM
im Wj 02: Rückstellung an Aufwand		60 000,- DM
Aufwand an Rückstellung		45 000,- DM
im Wj 03: Rückstellung an Aufwand		45 000,- DM
Aufwand an Rückstellung		70 000,- DM

Eine Außenprüfung hat die Rückstellungen wie folgt geändert:
Wj 01 auf 40 000,- DM, Wj 02 auf 55 000,- DM, Wj 03 auf 65 000,- DM

Lösung:
1. An jedem Bilanzstichtag sind nach § 239 HGB alle Vermögens- und Schuldposten zu inventarisieren und neu zu bewerten, unabhängig davon, in welchem Umfang und mit welchem Wert Wirtschaftsgüter gleicher Art am Bilanzstichtag zuvor erfaßt wurden.
2. Nach dem BFH-Urteil vom 1.4.1958, BStBl III S. 293 ist eine Gewährleistungsverpflichtung als Verbindlichkeit nach § 6 Abs. 1 Nr. 3 EStG der Höhe nach so zu bemessen, daß zukünftige Verluste, die mit einer an Sicherheit grenzenden Wahrscheinlichkeit eintreten können, abgedeckt sind (vgl. auch BFH, BStBl 1960 III S. 495; BFH, BStBl 1968 S. 533; BFH, BStBl 1984 II S. 263; BFH, BStBl 1985 II S. 44; BFH, BStBl II 1983 S. 104 = Berechnung der Rückstellung bei mehrjähriger Garantiezeit).

Entwicklung der Bilanzposten

	Wj 01	Wj 02	Wj 03
Garantierückstellung			
StB	60 000	45 000	70 000
PB	40 000	55 000	65 000
Differenz	./. 20 000	+ 10 000	./. 5 000

Technik der Mehr- und Weniger-Rechnung

Gewinnauswirkung:

Änderung Wj 01	+ 20 000	./. 20 000	-
Änderung Wj 02	-	./. 10 000	+ 10 000
Änderung Wj 03	-	-	+ 5 000
insgesamt	+ 20 000	./. 30 000	+ 15 000

Hinweis: Die vorstehende Gegenüberstellung ist **nicht** die Darstellung der Gewinnauswirkung nach der Bilanzpostenmethode; es ist die **unsaldierte** GuV-Methode. Sie geht von der Überlegung aus, daß der Steuerpflichtige verpflichtet ist, seine Schulden ohne Rücksicht darauf, in welcher Höhe Verpflichtungen am Schluß des vorangegangenen Wj vorhanden waren, zu inventarisieren und zu bewerten.

Die auch vorkommende technische Möglichkeit, die Rückstellungshöhe dem jeweiligen Bedarf durch entsprechende »Zuführungen oder Auflösungen« der Rückstellung anzupassen, ist lediglich die **saldierte** Darstellung einer Gewinnauswirkung.

An jedem Bilanzstichtag ergeben sich unterschiedliche und unterschiedlich hohe Verpflichtungsgründe, die getrennt beurteilt werden müssen. Sind an einem Bilanzstichtag die Voraussetzungen einer Rückstellung nicht mehr gegeben, so muß die Rückstellung gewinnerhöhend aufgelöst werden (§ 249 Abs. 3 S. 2 HGB; BFH, BStBl 1967 III S. 222; BFH, BStBl 1973 II S. 320).

Bilanzübersicht

Bilanzposten	StB	PB	StB	PB	StB	PB
	31.12.01		*31.12.02*		*31.12.03*	
Sonstige Aktiva	200 000	200 000	200 000	200 000	200 000	200 000
	200 000	200 000	200 000	200 000	200 000	200 000
Kapital	100 000	120 000	100 000	90 000	100 000	105 000
Garantierückstellung	60 000	40 000	45 000	55 000	70 000	65 000
Sonstige Passiva	40 000	40 000	55 000	55 000	30 000	30 000
	200 000	200 000	200 000	200 000	200 000	200 000

Kapitalentwicklung	StB	PB
Kapital 31.12.01	100 000	100 000
+ Gewinn	–	20 000
ber. Kapital 31.12.01	100 000	120 000
./. Gewinn	–	30 000
Kapital 31.12.02	100 000	90 000
+ Gewinn	–	15 000
Kapital 31.12.03	100 000	105 000

3. Fallgruppe:
Abgrenzungen von Aufwand und Ertrag zu Entnahmen, Einlagen und nicht abzugsfähigen Ausgaben nach § 4 Abs. 5 EStG

Eine Darstellung in Form der Staffelmethode ist **nicht** möglich. Durch die Gegenüberstellung des gebuchten Aufwandes bzw. Ertrages zum steuerlich anzuerkennenden ergeben sich für jedes Wirtschaftsjahr die Auswirkungen; **keine wechselseitigen** Gewinnauswirkungen.

Hinweis: Auf etwaige umsatzsteuerliche Relevanz nach § 1 Abs. 1 Nr. 2a–2c UStG ist zu achten.

Beispiel 19:
Abgrenzung Aufwendungen zu Entnahmen

Der Stpfl. hat seine private Pkw-Nutzung auf 1000 DM und seine private Telefonbenutzung auf 100 DM für die Wj 01 und 02 geschätzt.

Gebucht wurde:

im Wj 01 und 02: Privatentnahmen 1254,– DM an Kfz-Kosten   1000,– DM
                                                    an Telefonkosten   100,– DM
                                                    an USt   154,– DM

Eine Außenprüfung ändert die private Pkw-Nutzung im Wj 01 auf 2000,– DM und im Wj 02 auf 1800,– DM und die private Telefonbenutzung im Wj 01 und 02 auf je 350,– DM.

Lösung:
1. Die privat veranlaßten Pkw- und Telefonkosten sind gem. § 4 Abs. 1 Satz 2 EStG Entnahmen.
2. Die Tatbestandsmerkmale des Eigenverbrauchs nach § 1 Abs. 1 Nr. 2b UStG sind erfüllt.
3. Die Umsatzsteuer auf den Eigenverbrauch gehört zu den nicht abzugsfähigen Ausgaben gem. § 12 Nr. 3 EStG iVm § 4 Abs. 5 EStG.

Technik der Mehr- und Weniger-Rechnung

	Wj 01		Wj 02	
	Kfz-Kosten	Telefonkosten	Kfz-Kosten	Telefonkosten
lt. Stpfl.	1 000,-	100,-	1 000,-	100,-
lt. Prüfung	2 000,-	350,-	1 800,-	350,-
Differenz	1 000,-	250,-	800,-	250,-

Gewinnauswirkung:	+ 1 250,-		+ 1 050,-	
Entnahmen:	+ 1 425,-		+ 1 197,-	
USt-Schuldkonto:	+ 175,-		+ 175,-	
			+ 147,-	
			322,-	

Bilanzübersicht

	StB	PB	StB	PB
Bilanzposten	31.12.01		31.12.02	
sonstige Aktiva	100 000	100 000	100 000	100 000
Entnahmen	10 000	11 425	10 000	11 197
	110 000	111 425	110 000	111 197
Kapitalvortrag	100 000	101 250	100 000	100 875
Umsatzsteuerschuld	2 000	2 175	2 000	2 322
sonstige Passiva	8 000	8 000	8 000	8 000
	110 000	111 425	110 000	111 197

Anmerkung: Aus Gründen der besseren Vergleichbarkeit wurden die Entnahmen aktiviert; der StB-Gewinn des Wj 02 beträgt 10 000,- DM.

Kapitalentwicklung	StB	PB
Kapital 31.12.01	100 000	100 000
+ Gewinn	-	1 250
./. Entnahmen	10 000	11 425
ber. Kapital 31.12.01	90 000	89 825
+ Gewinn	10 000	11 050
./. Entnahmen	10 000	11 197
Kapital 31.12.02	90 000	89 678

Beispiel 20:
Mietwert der eigenen Wohnung im zum Betriebsvermögen gehörenden Grundstück
Eine Außenprüfung stellt bei einem Gewerbetreibenden fest, daß ein insgesamt bilanziertes Grundstück wie folgt genutzt wird:
Erdgeschoß: eigenes Ladenlokal, I. Obergeschoß: eigene Büro- und Lagerräume, II. Obergeschoß: Privatwohnung des Betriebsinhabers. Die in den Wj 01 und 02 zur Unterhaltung angefallenen Grundstückskosten von

$$Wj\ 01 = 3300,-\ DM\ (ohne\ USt)$$
$$Wj\ 02 = 2100,-\ DM\ (ohne\ USt)$$

sind zu einem Drittel als Entnahmen gebucht worden, der Mietwert der Privatwohnung des Betriebsinhabers (ortsübliche monatliche Miete 800,- DM) wurde nicht gebucht. Die Vorsteuer ist zutreffend gebucht.

Hinweis: Der Gewerbetreibende hat die Übergangsregelung nach § 52 WohneigFG gewählt (BMF-Schreiben v. 12.11.1986, BStBl I S. 528).

Lösung:

1. Der Mietwert der Wohnung des Betriebsinhabers in einem zum Betriebsvermögen gehörenden Grundstück ist als Betriebseinnahme zu behandeln (Abschn. 14 Abs. 6 EStR).
2. Der Ansatz des betrieblichen Ertrages erfolgt in Anlehnung an § 8 Abs. 2 EStG mit der ortsüblichen Miete, die für gleichartige Wohnungen gezahlt wird (§ 21 Abs. 2 und Abs. 3 EStG 1986).

    In Höhe der nichtgebuchten Mieteinnahmen sind Entnahmen gem. § 4 Abs. 1 S. 2 EStG gegeben; umsatzsteuerfreier Eigenverbrauch gem. § 1 Abs. 1 Nr. 2b iVm § 4 Nr. 12a UStG liegt vor.
3. Aufwendungen für Grundstücke, die zum Betriebsvermögen gehören, sind stets Betriebsausgaben (§ 4 Abs. 4 EStG); eine Aufteilung kommt nicht in Betracht (Abschn. 14 Abs. 6 EStR).

	Wj 01		Wj 02	
	Grundstücks-kosten	Mietertrag	Grundstücks-kosten	Mietertrag
lt. Stpfl.	2 200,-	-	1 400,-	-
lt. Prüfung	3 300,-	9 600,-	2 100,-	9 600,-
Differenz	1 100,-	9 600,-	700,-	9 600,-
Gewinnauswirkung:	./. 1 100,-		./. 700,-	
	+ 9 600,-		+ 9 600,-	
Entnahmen (Berichtigung)	./. 1 100,-		./. 700,-	
	+ 9 600,-		+ 9 600,-	

Technik der Mehr- und Weniger-Rechnung

Bilanzübersicht

Bilanzposten	StB 31.12.01	PB 31.12.01	StB 31.12.02	PB 31.12.02
sonstige Aktiva	100 000	100 000	100 000	100 000
Entnahmen	10 000	18 500	10 000	18 900
	110 000	118 500	110 000	118 900
Kapitalvortrag	50 000	58 500	60 000	68 900
sonstige Passiva	60 000	60 000	50 000	50 000
	110 000	118 500	110 000	118 900

Anmerkung: Zur leichteren Nachvollziehbarkeit wurden die Entnahmen aktiviert; der StB-Gewinn des Wj 02 beträgt 20 000,- DM.

Kapitalentwicklung:	StB	PB
Kapital 31.12.01	50 000	50 000
+ Gewinn	–	8 500
	50 000	58 500
./. Entnahmen	10 000	18 500
ber. Kapital 31.12.01	40 000	40 000
+ Gewinn	20 000	28 900
	60 000	68 900
./. Entnahmen	10 000	18 900
Kapital 31.12.02	50 000	50 000

4. Fallgruppe:

Behandlung von Bilanzposten, die sowohl die private als auch die betriebliche Sphäre berühren

Die betrieblichen Vorgänge sind entsprechend der unter den **Fallgruppen 1 bzw. 2** aufgezeigten Methoden darzustellen. Gesondert davon sind die privaten Vorgänge nach der **Fallgruppe 3** zu behandeln.

Bei der **Fallgruppe 4** ist durch die Gegenüberstellung des gebuchten Aufwandes bzw. Ertrages zum steuerlich anzuerkennenden für **jedes einzelne** Wirtschaftsjahr die Auswirkung zu ermitteln.

Hinweis: Wechselseitige Gewinnauswirkungen ergeben sich dabei **nicht**, denn buchführungstechnisch erfolgt jeweils im folgenden (oder in den folgenden Wirtschaftsjahren) Wirtschaftsjahr der Ausgleich der Forderung bzw. Verbindlichkeit durch eine entsprechende Entnahme bzw. Einlage.

Beispiel 21:
Jahresumsatzbonus
Aufgrund einer langjährigen Geschäftsbeziehung mit einem Großhändler erhält der Gewerbetreibende vereinbarungsgemäß einen Jahresumsatzbonus. Dieser wurde festgestellt für das Wj auf 6000,- DM zuzügl. 840,- DM USt und für das Wj 02 auf 3000,-DM zuzügl. 420,- DM USt. Mit dem Bonusanspruch des Wj 01 wurden im Wj 02 2000,- DM zuzügl. 280,- DM USt private Wareneinkäufe verrechnet, eine Buchung erfolgte nicht. Nur der Restbetrag von 4560,-DM wurde im Wj 02 gebucht:

Bank 4560,- DM an sonst. betriebl. Ertrag 4000,- DM
an USt 560,- DM

Die Bonusgutschrift für das Wj 02 wurde im Wj 03 bar ausgezahlt, eine Buchung erfolgte nicht.

Lösung:
1. Mit Ablauf des Wj ist der Bonus, für den er erteilt worden ist, als sonstige Forderung entstanden. Ebenfalls ist die USt-Schuld entstanden, die zu passivieren ist.
2. Eine Gewinnverwirklichung ist im Wj der Bonusgutschrift dem Jahr des Entstehens vorzunehmen; der Zahlungseingang hat darauf keinen Einfluß.
3. Im Zeitpunkt der Verrechnung mit privaten Wareneinkäufen im Wj 02 und der nicht gebuchten Barauszahlung im Wj 03 hat der Gewerbetreibende jeweils eine Entnahme nach § 4 Abs. 1 S. 3 EStG getätigt.

Entwicklung der Bilanzposten:	Wj 01	Wj 02
Sonstige Forderungen		
lt. StB	–	–
lt. PB	6 840,- DM	3 420,- DM
Differenz	6 840,- DM	3 420,- DM
USt-Schuldkonto		
lt. StB	–	–
lt. PB	840,- DM	420,- DM
Differenz	840,- DM	420,- DM
Gewinnauswirkungen		
Bonusgutschrift	+ 6 000,- DM	+ 3 000,- DM
Sonstige Forderungen		
Bonusanspruch	+ 6 840,- DM	+ 3 420,- DM
USt-Schuldkonto	+ 840,- DM	+ 420,- DM

Technik der Mehr- und Weniger-Rechnung

Weitere Auswirkungen:
Im Wj der Verrechnung bzw. Auszahlung ergeben sich weitere
Auswirkungen:

	Wj 01	Wj 02	Wj 03
Gewinnauswirkung (Berichtigung sonst. betriebl. Ertrag)	–	./. 4 000,– DM	–
Entnahmen	–	+ 2 280,– DM	+ 3 420,– DM
Einlagen	–	+ 4 000,– DM	–
USt-Schuldkonto	–	+ 280,– DM	+ 280,– DM
	–	–	+ 420,– DM
	–	+ 280,– DM	+ 700,– DM

Bilanzübersicht

Bilanzposten	StB 31.12.01	PB 31.12.01	StB 31.12.02	PB 31.12.02	StB 31.12.03	PB 31.12.03
Sonstige Forderungen	–	6 840	–	3 420	–	–
Entnahmen	15 000	15 000	16 000	18 280	18 000	21 420
sonstige Aktiva	100 000	100 000	100 000	94 000	100 000	72 580
	115 000	121 840	116 000	115 700	118 000	94 000
Kapitalvortrag	90 000	96 000	75 000	74 000	59 000	34 300
Umsatzsteuerschuld	3 000	3 840	4 000	4 700	2 000	2 700
sonstige Passiva	22 000	22 000	37 000	37 000	57 000	57 000
	115 000	121 840	116 000	115 700	118 000	94 000

Anmerkung: Die Entnahmen wurden aus Gründen der Übersichtlichkeit auf der Aktivseite der Bilanz ausgewiesen.

50 I. Systematische Darstellung der Mehr- und Weniger-Rechnung

Kapitalentwicklung	StB	PB
Kapital 31.12.01	90 000	90 000
+ Gewinn	-	6 000
./. Entnahmen	15 000	15 000
ber. Kapital 31.12.01	75 000	71 000
+ Gewinn	-	3 000
	75 000	74 000
./. Gewinn	-	4 000
+ Einlagen	-	4 000
./. Entnahmen	16 000	18 280
Kapital 31.12.02	59 000	55 720
./. Entnahmen	18 000	21 420
Kapital 31.12.03	41 000	34 300

Beispiel 22:
Gebührenrückstellung

Für Architektenleistungen, die in einzelne selbständige Teilleistungen entfallen, hat der Stpfl. folgende Rückstellungen gebildet:

	Wj 01	Wj 02
	12 000,-	16 000,-

Eine Außenprüfung hat dazu ermittelt, daß der Architekt sowohl für den Gewerbebetrieb des Stpfl. als auch für die Errichtung eines privaten Einfamilienhauses tätig war. Auf private Angelegenheiten entfallen von den Rückstellungen im Wj 01 = 5000,- DM und im Wj 02 = 3000,- DM. Die jeweils im nächsten Wj eingehenden Rechnungen betrugen 10 000,- DM zzgl. 1400,- DM USt = 11 400,- DM bzw. 18 000,- DM zzgl. 2520,- DM USt = 20 520,- DM; davon entfielen auf private Beratung 4800,- DM bzw. 4200,- DM (ohne USt).

Gebucht wurde:

im Wj 01: Aufwand an Rückstellung 12 000,- DM
im Wj 02: a) Rückstellung 12 000,- DM
  Vorsteuer 1 400,- DM an Geldkonto 11 400,- DM
    sonst. betriebl. Ertrag 2 000,- DM
  b) Aufwand an Rückstellungen   16 000,- DM
im Wj 03: Rückstellung 16 000,- DM
  Vorsteuer 2 520,- DM
  sonst. betriebl. Aufwand 2 000,- DM an Geldkonto 20 520,- DM

Lösung:

1. Wirtschaftsgüter des notwendigen Privatvermögens sind nicht bilanzierungsfähig.
2. Im Zeitpunkt der Rechnungsbegleichung vom betrieblichen Bankkonto sind Entnahmen nach § 4 Abs. 1 Satz 2 EStG in Höhe der privaten Beratung angefallen.
3. Die darauf entfallende Vorsteuer ist nach § 15 UStG nicht verrechenbar.

Entwicklung der Bilanzposten:	Wj 01	Wj 02
StB Rückstellung	12 000,- DM	16 000,- DM
./. notw. PV	5 000,- DM	3 000,- DM
PB Rückstellung	7 000,- DM	13 000,- DM

	Wj 01	Wj 02
Differenz	5 000,- DM	3 000,- DM
Gewinnauswirkung	+ 5 000,- DM	+ 3 000,- DM

Weitere Auswirkungen:

Im Jahr der Begleichung der jeweiligen Rechnungen ergeben sich weitere Auswirkungen:

Gewinnauswirkung	Wj 01	Wj 02	Wj 03
sonst. betriebl. Aufwand/Ertrag	-	./. 200,- DM	+ 1 200,- DM
Entnahmen	-	+ 5 472,- DM	+ 4 788,- DM
USt-Schuldkonto (Berichtigung der Vorsteuer)	-	+ 672,- DM	+ 672,- DM
		-	+ 588,- DM
		+ 672,- DM	+ 1 260,- DM

Bilanzübersicht

Bilanzposten	StB 31.12.01	PB 31.12.01	StB 31.12.02	PB 31.12.02	StB 31.12.03	PB 31.12.03
Sonstige Aktiva	100 000	100 000	100 000	100 000	100 000	100 000
Entnahmen	20 000	20 000	10 000	15 472	20 000	24 788
	120 000	120 000	110 000	115 472	120 000	124 788
Kapitalvortrag	50 000	55 000	50 000	57 800	50 000	53 528
Rückstellung	12 000	7 000	16 000	13 000	10 000	10 000
Umsatzsteuerschuld	8 000	8 000	7 000	7 672	5 000	6 260
Sonstige Passiva	50 000	50 000	37 000	37 000	55 000	55 000
	120 000	120 000	110 000	115 472	120 000	124 788

Anmerkung: Zur besseren Vergleichbarkeit wurden die Entnahmen aktiviert. Die nachfolgende Kapitalentwicklung stellt unter Berücksichtigung der Berichtigungen die Höhe des tatsächlichen Kapitals am Ende des Wj dar. Die StB-Gewinne der Wj 01/02 betragen 20 000,- DM bzw. 10 000,- DM.

Kapitalentwicklung:	StB	PB
Kapital 31.12.01	50 000	50 000
+ Gewinn	–	5 000
./. Entnahmen	20 000	20 000
ber. Kapital 31.12.01	30 000	35 000
+ StB-Gewinn	20 000	20 000
	50 000	55 000
+ Gewinn	–	3 000
./. Gewinn	–	200
./. Entnahmen	10 000	15 472
Kapital 31.12.02	40 000	42 328
+ StB-Gewinn	10 000	10 000
+ Gewinn	–	1 200
./. Entnahmen	20 000	24 788
Kapital 31.12.03	30 000	28 740

7. Abschlußtechnik und Kontrollmöglichkeiten

Erfolgreiche Prüfungshandlungen konkretisieren sich in einer effektiven und einer zweckmäßigen Planung der Darstellung des Ergebnisses. Darüber hinaus ist es bei umfangreicheren Berichtigungen angebracht, durch zwischenzeitliche Kontrollen die Richtigkeit der Darstellung zu überprüfen. Die nachfolgenden Hinweise sollen zur Arbeitserleichterung dienen.

a) Wiederholte Änderungen bei Entnahmen, Einlagen, Vorsteuer und Umsatzsteuer

Durch Bilanzberichtigung können sich wiederholt Änderungen bei Entnahmen, Einlagen, Vorsteuer und Umsatzsteuer ergeben. Es ist zweckmäßig, alle Änderungen eines Wirtschaftsjahres auf dem entsprechenden T-Konto zu sammeln und danach erst in die berichtigte Bilanz bzw. Kapitalentwicklung zu übernehmen.

Abschlußtechnik und Kontrollmöglichkeiten 53

b) Berichtigungen im Bereich der Umsatzsteuer
Bei Berichtigungen im Bereich der Umsatzsteuer ist darauf zu achten, daß
a) die Vorsteuer aus dem Prüfungszeitraum bis zur Verrechnung (in der Regel im Prüfungsjahr) eine sonstige Forderung ist;
b) die Umsatzsteuer aus dem Prüfungszeitraum in der Regel bis zum Ende des Zeitraums geschuldet wird und als Schuldposten auszuweisen ist, da noch keine Zahlung erfolgt ist.

c) Mehr- und Weniger-Rechnung nach dem Bruttoprinzip
Die sich ergebenden gewinnmäßigen Auswirkungen werden in der Mehr- und Weniger-Rechnung (s. **Anlage 1**) festgehalten, die sukzessive nach dem Bruttoprinzip (jede Auswirkung ist betragsmäßig darzustellen) zu erstellen ist. Diese Methode ist gegenüber dem Nettoprinzip (saldierte Auswirkung) zu bevorzugen, denn sie ist einfacher, übersichtlicher und vermeidet unnötige Rechenfehler.

d) Überprüfung durch Aufstellen eines Bilanzkontos (Bilanzkreuz)
In jedem Stadium einer Bilanzberichtigung oder Bilanzänderung muß das Gleichgewicht der Bilanz erhalten bleiben. Bei komplexeren Sachverhalten mit vielen Berichtigungen empfiehlt sich die Überprüfung durch die Aufstellung eines »**Bilanzkontos**«. Dabei sind die rechnerischen Unterschiede zwischen Bilanzposten lt. StB und PB auf der entsprechenden Bilanzseite auszuweisen; Änderungen von Gewinnen, Entnahmen, Einlagen sind als Kapitalmehrungen bzw. -minderungen darzustellen.

Nachfolgend wird die Aufstellung eines »**Bilanzkontos**« (Bilanzkreuz) anhand des **Beispiels 13** (Seite 32) exemplarisch erläutert:

	Wj 01		
GruBo	+ 2 000,- DM	Gewinn	+ 2 084,- DM
		USt	./. 84,- DM
	2 000,- DM		2 000,- DM

	Wj 02		
GruBo	+ 6 600,- DM	Kapital	+ 2 084,- DM
		USt	./. 84,- DM
		So. Verbind-	
		lichkeiten	+ 4 600,- DM
	6 600,- DM		6 600,- DM

Wj 03

GruBo	+ 6 600,- DM	Kapitalvortrag	+ 2 084,- DM
		Gewinn	+ 4 600,- DM
		USt	./. 84,- DM
	6 600,- DM		6 600,- DM

Die Überprüfung durch Bilanzkonto ergibt nur das **rechnerische Gleichgewicht** in Soll und Haben. Es kann **nicht** die **sachliche** Richtigkeit geprüft werden.

e) Erstellen der berichtigten Bilanz, Mehr- und Weniger-Rechnung, Umsatzsteuer- und Privatkonten

Entsprechend der zu lösenden Sachverhalte sind nach und nach die berichtigte Bilanz, die Mehr- und Weniger-Rechnung, die Entwicklung der Umsatzsteuer- und Privatkonten zu erstellen. Alsdann erfolgt die Errechnung des Prüferbilanzgewinnes in der Mehr- und Weniger-Rechnung und die Ermittlung der Umsatzsteuerschuld für die einzelnen Prüferbilanzen.

Der Abschluß des ersten Prüfungsjahres erfolgt durch Feststellung und Einsetzen des durch Kapitalentwicklung berichtigten Kapitals in die PB.

Danach sollte die Bilanz des ersten Prüfungsjahres aufgerechnet und falls nötig, Differenzen abgestimmt werden, bevor in gleicher Weise die PB der nachfolgenden Wirtschaftsjahre errichtet werden.

Es ist unzweckmäßig, sämtliche PB sofort ohne vorherige Abstimmung zu errechnen. Falls Differenzen auftreten, war diese Arbeit umsonst, denn eine Abstimmung von Beginn an ist erforderlich.

f) Amtliche Vordrucke für Prüfungsbilanz, Mehr- und Weniger-Rechnung und Kapitalentwicklung

In vielen Fällen einer Außenprüfung wird nur zum Ende des Prüfungszeitraums eine Prüferbilanz benötigt. Berichtigte Bilanzen innerhalb des Prüfungszeitraums haben nach Abschluß der Außenprüfung regelmäßig keine Bedeutung mehr. Aus Rationalisierungsgründen haben deshalb die FinMin der einzelnen Bundesländer angeordnet, in diesen Fällen die letzte Prüferbilanz des Prüfungszeitraums der Steuerbilanz gegenüberzustellen (vgl. **Anlage 2**). Im Vordruck wurde zusätzlich eine Spalte »Abweichungen« (zwischen PB und StB) aufgenommen. Sie soll die nach den Feststellungen der Außenprüfung zur Fortführung des Bilanzenzusammenhangs notwendigen Angleichungsbuchungen enthalten.

Wird nur die letzte Prüferbilanz erstellt, ergeben sich aber in der geprüften Vorzeit Gewinn- bzw. Kapitaländerungen, ist es notwendig, für den gesamten Prüfungszeitraum neben der Mehr- und Weniger-Rechnung (**Anlage 1**) eine berichtigte Kapitalentwicklung zu erstellen (vgl. **Anlage 3**).

8. Außenprüfung

a) Allgemeines

In der AO 1977 wurde erstmals in den §§ 193 bis 207 das Institut der Außenprüfung gesetzlich kodifiziert. Dabei wurden im wesentlichen die Vorschriften über die Außenprüfung aus der bisherigen Betriebsprüfungsordnung (Steuer) übernommen.

Das Institut der Außenprüfung erweitert die nach der bisherigen BpO (St) möglichen Prüfungshandlungen ganz erheblich. Die gesetzliche Regelung gilt für alle Prüfungsdienste der Finanzverwaltung. Es sind danach möglich:

a) turnusmäßige Überprüfung der Veranlagungssteuern bei Steuerpflichtigen mit Gewinneinkünften,

b) Sonderprüfungsdienste wie Lohnsteueraußenprüfung, Umsatzsteuersonderprüfung, Kapitalverkehrsteuerprüfung.

Darüber hinaus ist nach § 193 Abs. 2 AO vorgesehen, daß auch bei nichtbuchführungspflichtigen Steuerpflichtigen Prüfungshandlungen außerhalb des Finanzamtes vorgenommen werden können, insbesondere im Bereich der Einkunftsarten des § 2 Abs. 1 Nr. 4–7 EStG bei umfangreichen, vielgestaltigen oder nicht einfach durchschaubaren steuerlichen Sachverhalten (BFH, BStBl 1987 II S. 664).

Der Steuerfahndungsdienst ist darüber hinaus nach § 208 AO vorgesehen. Wird im Zusammenhang mit einer Außenprüfung eine Steuerfahndungsprüfung angeordnet, sind für den Fahndungsdienst nach § 208 Abs. 2 Nr. 1 die Vorschriften der § 193–207 AO zu beachten.

Die Außenprüfung umfaßt in der Regel mehrere Besteuerungszeiträume; sie kann sich aber auch auf Ermittlungshandlungen für bestimmte Sachverhalte beschränken (§ 194 Abs. 1 AO). Die Prüfung dient der Wahrung des Gleichheitsgrundsatzes der Besteuerung und hat zur Sicherung des Steueraufkommens die tatsächlichen und rechtlichen Verhältnisse zugunsten wie zuungunsten des Steuerpflichtigen zu prüfen (§ 199 Abs. 1 AO).

b) Abgekürzte Außenprüfung

Um die Außenprüfung zu straffen und in bestimmten Bereichen effektiver zu gestalten, wurde in § 203 AO die »abgekürzte Außenprüfung« eingeführt. Sie gilt für den Kreis der Steuerpflichtigen, die keine Einkünfte nach § 2 Abs. 1 Nr. 1-3 EStG, aber umfangreiche Einkünfte aus Vermietung und Verpachtung und/oder aus Kapitalvermögen haben.

Von der üblichen Außenprüfung unterscheidet sich die »abgekürzte« dadurch, daß sie eine schwerpunktmäßige Überprüfung von wesentlichen Besteuerungsgrundlagen vornimmt. Zwar gelten für die »abgekürzte« Außenprüfung sämtliche Vorschriften der § 193 bis 207 AO; jedoch ist eine Schlußbesprechung (§ 201 Abs. 1 AO) und die antragsgebundene Zusendung des Prüfungsberichts vor seiner Auswertung (§ 202 Abs. 2 AO) nicht zwingend vorgeschrieben.

c) Verbindliche Zusage als Verwaltungsakt

In den §§ 204 bis 207 AO ist der Sonderfall der verbindlichen Zusage geregelt. Auf Antrag kann die Finanzbehörde im Anschluß einer Außenprüfung dem Steuerpflichtigen verbindlich zusagen, wie ein für die Vergangenheit geprüfter und im Prüfungsbericht dargestellter Sachverhalt in Zukunft steuerrechtlich behandelt wird, wenn diese Auskunft für künftige geschäftliche Dispositionen des Steuerpflichtigen von Bedeutung ist.

Nach § 205 Abs. 2 AO muß die verbindliche Zusage enthalten:

a) den ihr zugrunde gelegten Sachverhalt (Hinweis auf Darstellung im Prüfungsbericht),

b) die Entscheidung über den Antrag und die entscheidungserheblichen Gründe,

c) die Angabe darüber, für welche Steuern und für welchen Zeitraum die verbindliche Zusage gilt.

Da ein Rechtsanspruch auf die Durchführung einer Außenprüfung nicht besteht, bleibt die Zusagemöglichkeit auf die Betriebe beschränkt, die tatsächlich geprüft werden.

Am 17.12.1987 ist die Allgemeine Verwaltungsvorschrift für die Betriebsprüfung der Steuerverwaltung (BpO/St) erlassen worden (BStBl 1987 I S. 802-807). Mit dieser Neufassung wurde die bisherige Verwaltungsregelung für Betriebsprüfung vom 27.4.1987, BStBl 1987 I S. 195-198 ersetzt.

II. Einzelfälle zur Mehr- und Weniger-Rechnung mit Lösungen

Vorbemerkungen

Die nachfolgenden Sachverhalte sind gegliedert in solche, die die Änderung der Eröffnungs- und Anfangsbilanz betreffen, und solche, die die Berichtigung der Schlußbilanz zum Ziel haben. Sie sind von unterschiedlichem Schwierigkeitsgrad, entsprechender jedoch insgesamt den Anforderungen, die an Dipl. Finanzwirte, an Steuerinspektoren-, Steuerberater- und Steuerbevollmächtigten- und Bilanzbuchhalterprüfungen zu stellen sind.

Die Lösung der Sachverhalte ist entsprechend der unter »Technik der Mehr- und Weniger-Rechnung« dargestellten Methode mit den Gewinnauswirkungen nach der **GuV-Methode** erfolgt.

1. Änderung der Eröffnungs- oder Anfangsbilanz

a) Unterschiedliche Fallgruppen

In § 4 Abs. 1 Satz 1 EStG soll für die Gewinnermittlung durch den Vergleich des Betriebsvermögens am Schluß des Wirtschaftsjahres mit den Betriebsvermögen am Schluß des vorangegangenen Wirtschaftsjahres verhindert werden, daß sich Veränderungen von einem Wirtschaftsjahr zum nächsten Wirtschaftsjahr ergeben, ohne sie gewinnmäßig zu erfassen. Die Übereinstimmung bezüglich Umfang und Wert zwischen Schlußbilanz und Anfangsbilanz des neuen Wirtschaftsjahres wird Bilanzenzusammenhang genannt.

Es kann angezeigt sein, Berichtigungen der Anfangsbilanz als auch solche der Schlußbilanz vornehmen zu müssen. Bei **Berichtigungen der Anfangsbilanz** sind folgende Fälle denkbar:

- Berichtigung einer Betriebseröffnungsbilanz
- Nichtangleichung der Anfangsbilanz an die Prüferbilanz einer Außenprüfung
- Durchbrechung des Bilanzenzusammenhangs durch die Finanzverwaltung

b) Methodische Darstellung

Die Auswirkungen können in zweifacher Weise dargestellt werden: Das Kapital kann sowohl durch **Kapitalangleichungsbuchungen** als auch durch **rechnerische Berichtigung** neu ermittelt werden. Die Gewinnauswirkungen sind in der Mehr- und Weniger-Rechnung festzuhalten. Eine **Wechselwirkung** kann **nicht** eintreten.

FALL 1

Berichtigung einer Betriebseröffnungsbilanz

Sachverhalt: Die Außenprüfung bei einem Gewerbetreibenden hat ergeben, daß einige Bilanzposten der Eröffnungsbilanz geändert werden müssen. Einerseits enthielt die Bilanz Wirtschaftsgüter, die zum notwendigen Privatvermögen gehören, andererseits entsprechen einige Posten nicht den steuerlichen Bewertungsvorschriften des § 6 EStG. Die Abweichungen ergeben sich aus folgender Gegenüberstellung:

	1.1.01		
	StB	PB	
Grund und Boden	20 000,-	-	(Privatvermögen)
Gebäude	65 000,-	-	(Privatvermögen)
Fuhrpark	17 000,-	25 000,-	
Waren	-	8 000,-	
Kassenbestand	-	200,-	
Hypothekenschulden	50 000,-	-	(Privatvermögen)
Kapital	52 000,-	33 200,-	

Die am 1.1.01 vorhandenen Waren wurden im Wj 01 veräußert.

Frage: Wie kann das Kapital lt. PB rechnerisch ermittelt werden?
Welche Gewinnauswirkungen ergeben sich?
Welche Kapitalangleichungsbuchungen sind vorzunehmen?

Lösung

1. Nach § 239 HGB iVm § 5 Abs. 1 EStG ist jeder Kaufmann verpflichtet, alle Wirtschaftsgüter des Betriebsvermögens zu inventarisieren.

Änderung der Eröffnungs- oder Anfangsbilanz

2. Wirtschaftsgüter des notwendigen Privatvermögens können grundsätzlich nicht, auch nicht durch Ausübung eines Wahlrechts, Betriebsvermögen werden (BFH, BStBl 1972 II S. 874; BStBl 1976 II S. 378). (Ausnahme: zu eigenen Wohnzwecken genutzte Grundstücksteile; Abschn. 14 Abs. 4 EStR iVm § 52 WohneigFG).

3. Bei der Bewertung von Wirtschaftsgütern im Falle der Betriebseröffnung sind die Vorschriften des § 6 Abs. 1 Nr. 6 iVm Nr. 5 EStG zu beachten.

4. Ermittlung des Kapitals lt. PB:

	Kapital lt. HB des Wj 01		52 000,- DM
Verminderung:	Grund und Boden	20 000,-	
	Gebäude	65 000,-	./. 85 000,- DM
			./. 33 000,- DM
Erhöhung:	Fuhrpark	8 000,-	
	Warenbestand	8 000,-	
	Kassenbestand	200,-	
	Hypothek	50 000,-	+ 66 200,- DM
	Kapital lt. PB des Wj 01		33 200,- DM

5. **Gewinnauswirkungen Wj 01**

Grund u. Boden	0	
Gebäude	0	
Fuhrpark	0	(Gewinnauswirkung durch anzusetzende höhere AfA erst am 31.12.01)
Waren	./. 8 000,-	(werden im Wj 01 Wareneinsatz und damit Aufwand)
Kasse	0	
Hypothek	0	

6. **Kapitalangleichungsbuchungen:**

a) Kapital	85 000,-	an Grund u. Boden	20 000,- DM
		Gebäude	65 000,- DM
b) Fuhrpark	8 000,-		
Waren	8 000,-		
Kasse	200,-		
Hypothek	50 000,-	an Kapital	66 200,- DM

FALL 2

Nichtangleichung der Anfangsbilanz an die Prüfungsbilanz einer Außenprüfung

Sachverhalt: Die Überprüfung der Steuerbilanzen eines Großhandelsbetriebs durch die Außenprüfung hat ergeben, daß der Stpfl. in folgenden Bilanzpositionen nicht an die Änderungen der vorhergehenden Betriebsprüfung angeglichen hatte:

	PB Wj 31.12.01	StB Wj 1.1.02
Grund und Boden	110 000,-	90 000,-
Betriebs- und Geschäftsausstattung	44 000,-	40 000,-
Warenvorräte	38 000,-	18 000,-
Sonstige Forderungen (einschließlich	13 680,-	22 800,-
Sonstige Forderungen Umsatzsteuer)	2 520,-	–
Wertberichtigungen auf Forderungen	2 800,-	4 000,-
Verbindlichkeiten (einschl. Vorsteuer)	90 600,-	71 200,-
Kapital	114 800,-	95 600,-

Die StB Wj 31.12.02 ist nicht zu beanstanden.

Hinweis: Die Warenvorräte sind in 02 veräußert, die sonstigen Forderungen in 02 beglichen und die Verbindlichkeiten in 02 getilgt worden. Die Geschäftsvorfälle sind zutreffend gebucht.

Frage: Wie kann das Kapital lt. berichtigter Anfangsbilanz des Wj 02 ermittelt werden?

Welche Gewinnauswirkungen ergeben sich?

Welche Kapitalangleichungsbuchungen sind vorzunehmen?

▶ Lösung

1. Der sich aus § 4 Abs. 1 Satz 1 iVm § 5 Abs. 1 EStG ergebende Bilanzenzusammenhang wurde nicht beachtet.
2. Das durch die Außenprüfung festgestellte Betriebsvermögen zum 31.12.01 als Anfangsbetriebsvermögen des Wj 02 zugrunde zu legen.

Änderung der Eröffnungs- oder Anfangsbilanz 61

3. **Ermittlung des Kapitals des Wj 02**

Kapital 1.1.02		95 600,- DM
Erhöhungen:		
Grund und Boden	20 000,-	
Betriebs- und Geschäfts- ausstattung	4 000,-	
Warenvorräte	20 000,-	
Wertberichtigungen auf Forderungen	1 200,-	45 200,- DM
		140 800,- DM
Verminderung:		
sonstige Forderungen	6 600,-	
Verbindlichkeiten	19 400,-	26 000,- DM
berichtigtes Kapital 1.1.02		114 800,- DM

4. **Gewinnauswirkung**

	Wj 02	
Grund und Boden	0	
Betriebs- und Geschäftsausstattung	0	(beachte evtl. veränderte AfA im Wj 02)
Warenvorräte	./. 20 000,-	
sonstige Forderungen	+ 8 000,-	
Wertberichtigungen auf Forderungen	./. 1 200,-	
Verbindlichkeiten	+ 17 017,-	

5. **Kapitalangleichungsbuchungen**

a) Grund und Boden	20 000,-		
Betriebs- und Geschäfts- ausstattung	4 000,-		
Waren	20 000,-		
Wertberichtigung auf Forderungen	1 200,-	an Kapital	45 200,- DM
b) Kapital	26 000,-	an sonstige Forderungen	6 600,- DM
		an Verbind- lichkeiten	19 400,- DM

FALL 3

Vorgenommene Angleichungsbuchungen im Anschluß an eine Außenprüfung

Sachverhalt: Die Prüfungsbilanz der Außenprüfung wich in mehreren Punkten von den erklärten Steuerbilanzposten und gebuchten Entnahmen und Einlagen ab. Nach den von der Außenprüfung vorgenommenen Berichtigungen für das Wj 01 führte der Stpfl. nach Eingang des Prüfungsberichtes folgende Buchungen im Wj 02 durch, um seine Steuerbilanz an die Prüferbilanz anzugleichen:

1. Grund und Boden: 0 DM
Die Außenprüfung versagte die Bilanzierung eines unbebauten Grundstücks, das bisher als Lagerplatz genutzt worden war, weil der Stpfl. im Wj 01 darauf sein privatgenutztes Einfamilienhaus errichtet hatte. Der Außenprüfer behandelte den Grund und Boden im Teilwert von 40 000,- DM als Entnahme.

Angleichungsbuchung des Stpfl. im Wj 02:
Entnahme an Grund und Boden   15 000,- DM

2. Fuhrpark: 45 800,- DM
Die Außenprüfung verminderte im dreijährigen Prüfungszeitraum die vorgenommene AfA um jährlich 600,- DM.

Angleichungsbuchung des Stpfl. im Wj 02:
Fuhrpark an AfA   1 800,- DM

3. Handelswaren: 103 500,- DM
Die Außenprüfung verminderte den Warenbestand um 6 500,- DM, weil bei der Inventur ein Rechenfehler festgestellt wurde. Eine vorgenommene Teilwertabschreibung in Höhe von 10 000,- DM erkannte sie nicht an.

Angleichungsbuchung des Stpfl. im Wj 02:
a) Entnahmen an Waren   6 500,- DM
b) Waren an sonst. betriebl. Ertrag   10 000,- DM

4. Gewerbesteuerrückstellung: 12 500,- DM
Aufgrund des Mehrergebnisses erhöhte die Außenprüfung die Rückstellung für Gewerbesteuer um 3 500,- DM.

Angleichungsbuchung des Stpfl. im Wj 02:
sonst. betriebl. Aufwand an Rückstellung   3 500,- DM

5. Entnahmen, Einlagen

Zur Errichtung seines privaten Einfamilienhauses (vgl. Tz 1) hatte der Stpfl. Arbeitskräfte seines Betriebes eingesetzt. Die hierauf entfallenden Löhne in Höhe von 4 000,- DM und den Wert seiner eigenen Arbeitskraft in Höhe von 2 000,- DM buchte er als Aufwand. Die Außenprüfung behandelte den Betrag von 4 000,- DM als Entnahme und kürzte um 2 000,- DM die Einlagen.

Angleichungsbuchung des Stpfl. im Wj 02:

Entnahme   4 000,- DM
Einlage   2 000,- DM   an Löhne 6 000,- DM

In verkürzter Fassung wurden folgende Steuerbilanz und Prüferbilanz für das Wj 01 aufgestellt:

Aktiva	StB 31.12.01	PB 31.12.01
Grund und Boden	15 000,- DM	-
Fuhrpark	44 000,- DM	45 800,- DM
Handelswaren	100 000,- DM	103 500,- DM
sonstige Aktiva	200 000,- DM	200 000,- DM
	359 000,- DM	349 300,- DM
Passiva		
Kapital	70 000,- DM	56 800,- DM
Gewerbesteuerrückstellung	9 000,- DM	12 500,- DM
sonstige Passiva	280 000,- DM	280 000,- DM
	359 000,- DM	349 300,- DM

Frage: Welche Angleichungsbuchungen hätten richtigerweise durchgeführt werden müssen?

Welche Gewinnauswirkungen ergeben sich für das Wj 02 durch die vorgenommenen Angleichungsbuchungen des Stpfl.?

Welche Gewinnauswirkungen ergeben sich durch die Herstellung des Bilanzenzusammenhanges?

Lösung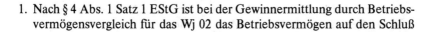

1. Nach § 4 Abs. 1 Satz 1 EStG ist bei der Gewinnermittlung durch Betriebsvermögensvergleich für das Wj 02 das Betriebsvermögen auf den Schluß

des vorangegangenen Wj (Ende des Wj 01) zu berücksichtigen. Im Sinne dieser Vorschrift ist als Betriebsvermögen jenes zu berücksichtigen, das der Veranlagung des Wj 01 zugrunde gelegt worden ist. Dies gilt sowohl für das Gesamtbetriebsvermögen als auch für die Werte der einzelnen aktiven und passiven Wirtschaftsgüter.

2. Folgende Angleichungsbuchungen hätten richtigerweise für das Wj 02 vorgenommen werden müssen:

   1. Kapital an Grund und Boden   15 000,- DM
   2. Fuhrpark an Kapital   1 800,- DM
   3. a) Kapital an Waren   6 500,- DM
      b) Waren an Kapital   10 000,- DM
   4. Kapital an Rückstellung   3 500,- DM
   5. a)
      b) keine Angleichungsbuchung

   Anmerkung: Kapitalangleichungsbuchungen sind immer erfolgsneutral; erst durch weitere Fehler können sich Gewinnauswirkungen ergeben.

3. Durch die vom Stpfl. vorgenommenen Angleichungsbuchungen ergeben sich für das Wj 02 folgende Gewinnauswirkungen:

   (1) Grund und Boden
   Die Entnahmen des Wj 02 sind wegen der fehlerhaften Angleichungsbuchungen um 15 000,- DM zu vermindern. Die Entnahme wurde im Wj 01 und nicht im Wj 02 getätigt (§ 4 Abs. 1 Satz 2 EStG). Eine Gewinnauswirkung ergibt sich nicht, denn weder Aufwand noch Ertrag wurden berührt.

   (2) Fuhrpark
   Die falsche Buchung »Fuhrpark an AfA 1 800,- DM« führte unzulässigerweise zum Ausweis eines höheren Ertrages. Der Gewinn des Wj 02 ist um 1 800,- DM zu vermindern.

   (3) Handelswaren
   a) Entnahmen nach § 4 Abs. 1 Satz 2 EStG liegen im Wj 02 nicht vor; um die Falschbuchung von 6 500,- DM sind die Entnahmen im Wj 02 zu vermindern. Der Stpfl. hat durch seine Angleichungsbuchung einen Ertrag ausgewiesen; der Gewinn ist deshalb um 6 500,- DM zu vermindern und infolge der Zweischneidigkeit der Bilanz um 6 500,- DM zu erhöhen.

   b) Diese Falschbuchung in Höhe von 10 000,- DM führt in dieser Höhe sowohl zum Ausweis von Aufwendungen und gleichzeitig Erträgen. Eine Gewinnauswirkung ergibt sich insoweit nicht; durch die Wechselwirkung ist der Gewinn um 10 000,- DM zu erhöhen.

(4) Gewerbesteuerrückstellung

Die falsche Angleichungsbuchung führte im Wj 02 zum Ausweis eines zusätzlichen Aufwandes in Höhe von 3500,- DM. Der Gewinn ist um 3500,- DM zu erhöhen.

(5) Entnahmen, Einlagen

Entnahmen bzw. Einlagen liegen im Wj 02 nicht vor (§ 4 Abs. 1 Satz 2 und 3 EStG). Durch die falsche Buchung erhöht sich ungerechtfertigterweise der Gewinn des Wj 02 um 6000,- DM. Er ist deshalb um diesen Betrag zu vermindern.

FALL 4

Angleichung an eine Prüferbilanz eines Einzelunternehmens

Sachverhalt: Der Prüfungsbericht einer Außenprüfung enthält auf den 31.12.08 die folgenden Abweichungen von den vom Stpfl. erklärten Steuerbilanzposten und gebuchten Entnahmen:

	StB 31.12.08	PB 31.12.08
a) Grund und Boden,	30 000,- DM	90 000,- DM
Betriebsgebäude	300 800,- DM	244 400,- DM
b) Unfertige Erzeugnisse	140 800,- DM	112 600,- DM
c) Fertigerzeugnisse	70 100,- DM	86 800,- DM
d) Rückstellung für Garantieverpflichtungen	46 000,- DM	32 000,- DM
e) Entnahmen – Wj 08 –	70 000,- DM	74 560,- DM

a) Grund und Boden, Betriebsgebäude

Im Januar 06 hatte der Stpfl. das bebaute Grundstück für 350 000,- DM erworben und sofort ausschließlich eigenbetrieblich genutzt. Die Aufteilung des Kaufpreises einschließlich der Erwerbsnebenkosten geschah mit 30 000,-DM auf den Grund und Boden und mit 320 000,- DM auf das Betriebsgebäude; AfA wurde mit 2% jährlich verrechnet (für 09 mit 5200,- DM). Durch die Außenprüfung wurde die vorgenommene Aufteilung der Anschaffungskosten insoweit geändert, als weitere 60 000,- DM als Anschaffungskosten des Grund und Bodens behandelt wurden. Folglich betrugen die zutreffend ermittelten Anschaffungskosten für »Grund und

Boden« 90 000,- DM und »Betriebsgebäude« 260 000,- DM. Zur Angleichung der Steuerbilanz 1.1.09 an die Prüfungsbilanz 31.12.08 wurde lediglich gebucht:

»Betriebsgebäude an AfA   3 600,- DM«.

b) Unfertige Erzeugnisse
Die Berichtigung des in der Steuerbilanz ausgewiesenen Bestandes mußte erfolgen, weil der Steuerpfl. die Bewertung zu Herstellungskosten fehlerhaft vorgenommen hatte.
Zur Angleichung der Steuerbilanz an die Prüfungsbilanz buchte er:

»sonst. betriebl. Aufwand an unfertige Erzeugnisse   28 200,-DM«.

c) Fertigerzeugnisse
Eine vom Stpfl. unzulässigerweise vorgenommene Teilwertabschreibung erkannte die Außenprüfung nicht an.
Angleichungsbuchung des Stpfl.:

»sonst. betriebl. Aufwand an Fertigerzeugnisse   16 700,-DM«.

d) Rückstellung für Garantieverpflichtungen
Bei der Bildung der Rückstellung hatte der Stpfl. nicht beachtet, daß ihm als Generalunternehmer ein vertragliches Rückgriffsrecht auf seine Subunternehmer für deren Leistungen zustand. Die Außenprüfung kürzte deshalb die Rückstellung entsprechend.
Angleichungsbuchung des Stpfl.:

»Rückstellung für Garantieverpflichtung
an sonst. betriebl. Aufwand   14 000,- DM«.

e) Entnahmen
Aufgrund mehrerer Feststellungen mußten die Entnahmen des Wj 08 um 4 560,-DM und die Umsatzsteuer-Schuld auf den 31.12.08 um 560,- DM erhöht werden.
Angleichungsbuchung des Stpfl.:

»Entnahmen   4 560,- DM an sonst. betriebl. Ertrag   4 000,- DM
                              an USt   560,- DM«.

Der Stpfl. legte der Gewinnermittlung für das Wj 09 seine unveränderte Steuerbilanz zum 31.12.08 zugrunde.

Frage: Welche Angleichungsbuchungen hätten richtigerweise vorgenommen werden müssen?

Welche Gewinnauswirkungen ergeben sich für 09 durch die Herstellung des Bilanzenzusammenhanges?

Lösung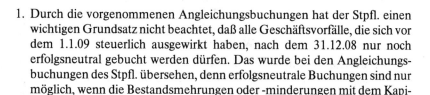

1. Durch die vorgenommenen Angleichungsbuchungen hat der Stpfl. einen wichtigen Grundsatz nicht beachtet, daß alle Geschäftsvorfälle, die sich vor dem 1.1.09 steuerlich ausgewirkt haben, nach dem 31.12.08 nur noch erfolgsneutral gebucht werden dürfen. Das wurde bei den Angleichungsbuchungen des Stpfl. übersehen, denn erfolgsneutrale Buchungen sind nur möglich, wenn die Bestandsmehrungen oder -minderungen mit dem Kapitalkonto verrechnet werden. Im einzelnen ist dazu folgendes festzustellen:

a) Grund und Boden, Betriebsgebäude

Die Veränderung der Aufteilung der Anschaffungskosten auf die Wirtschaftsgüter »Grund und Boden« und »Betriebsgebäude« wurde vom Stpfl. buchtechnisch nicht dargestellt. Es hätte gebucht werden müssen: »Grund und Boden an Betriebsgebäude 60 000,- DM«. Durch diese Betriebsvermögensumschichtung ergibt sich keine Gewinnauswirkung.

Die durch die Außenprüfung für die Wj 06–08 festgestellte zuviel beanspruchte AfA ist durch eine Nachaktivierung auf dem Konto »Betriebsgebäude« rückgängig zu machen. Insoweit ist die Angleichungsbuchung des Stpfl. richtig. Die Gegenbuchung auf dem Konto »AfA« ist fehlerhaft, weil sich dadurch noch einmal unzulässigerweise der Gewinn des Wj 09 um 3 600,- DM erhöhen würde. Die richtige Angleichungsbuchung hätte lauten müssen: »Betriebsgebäude an Kapital 3 600,- DM«. Der Gewinn des Wj 09 ist deshalb um 3 600,- DM zu vermindern.

b) Unfertige Erzeugnisse

Der Bestand an unfertigen Erzeugnissen wurde durch die Außenprüfung zum 31.12.08 um 28 200,- DM vermindert. Die zutreffende Angleichungsbuchung wäre »Kapital an unfertige Erzeugnisse 28 200,- DM« gewesen. Die vom Stpfl. vorgenommene Angleichungsbuchung führt sowohl zum Ausweis von Aufwendungen und gleichzeitigen Erträgen; eine Gewinnauswirkung ergibt sich nicht. Dadurch, daß der Stpfl. seine unveränderte Steuerbilanz zum 1.1.09 der Gewinnermittlung zugrunde legte, wurde der Materialeinsatz um 28 200,- DM zu hoch dargestellt. Der Gewinn wurde folglich um diesen Betrag zu niedrig ausgewiesen; er ist für das Wj 09 um 28 200,- DM zu erhöhen.

c) **Fertigerzeugnisse**
Die von der Außenprüfung nicht zugelassene Bewertung des Bestandes zum niedrigeren Teilwert (§ 6 Abs. 1 Nr. 2 EStG) mußte in der PB 31.12.08 als Mehrwert nachaktiviert werden. Die richtige Angleichungsbuchung hätte lauten müssen: »Fertigerzeugnisse an Kapital 16 700,- DM«. Dadurch ergibt sich ein um diesen Betrag höherer Fertigungseinsatz, der den Gewinn des Wj 09 in gleicher Höhe mindert. Die vom Stpfl. vorgenommene Angleichungsbuchung ist in seiner Auswirkung erfolgsneutral. Folglich muß der Gewinn des Wj 09 um 16 700,- DM gemindert werden.

d) **Rückstellung für Garantieverpflichtungen**
Rückstellungen sind als besonders geartete Verbindlichkeiten als Gewährleistungsverpflichtung der Höhe nach so zu bemessen, daß Verluste, die mit an Sicherheit grenzender Wahrscheinlichkeit eintreten können, berücksichtigt werden; vertragliche Rückgriffsrechte auf den Subunternehmer führen ergebnismäßig beim Generalunternehmer zu keiner Belastung. Die zutreffende Angleichungsbuchung hätte lauten müssen: »Rückstellung für Garantieverpflichtung an Kapital 14 000,- DM«. Die falsche Angleichungsbuchung des Stpfl. führt zu einem zusätzlichen Ertrag von 14 000,- DM. Der Gewinn des Wj ist somit um 14 000,- DM zu vermindern.

e) **Entnahmen**
Die von der Außenprüfung berichtigten Entnahmen wurden als tatsächliche Vorgänge im Wj 08 erfaßt. Darüber hinaus liegen dadurch weitere Entnahmen gem. § 4 Abs. 1 S. 2 EStG im Wj 09 nicht vor. Die richtige Kapitalangleichungsbuchung wäre »Kapital an USt 560,- DM« gewesen. Der durch die fehlerhafte Angleichungsbuchung des Stpfl. dargestellte Gewinn von 4000,- DM ist rückgängig zu machen.

2. **Zusammenstellung der Gewinnauswirkungen:**

	Gewinnerhöhung	Gewinnminderung
a) Grund und Boden	-	-
Betriebsgebäude	-	3 600,- DM
b) Unfertige Erzeugnisse	28 200,- DM	-
c) Fertigerzeugnisse	-	16 700,- DM
d) Rückstellung für Garantieverpflichtung	-	14 000,- DM
e) Entnahmen	-	4 000,- DM
insgesamt	28 200,- DM	38 300,- DM

FALL 5

Angleichung an die Prüferbilanz einer Personengesellschaft

Sachverhalt: Die Feststellungen der Außenprüfung bei einer OHG (Gesellschafter A = 50% und B = 50% beteiligt) haben folgende Gewinnunterschiede ergeben:

	Wj01	Wj02	Wj03
a) *Betriebs- und Geschäftsausstattung*			
Nachaktivierung (1. Halbj. 01)	+25 000,-	–	–
AfA hiervon degr. (6 J ND)	./. 7 500,-	./. 5 250,-	./. 3 675,-
b) *Handelswaren*			
Bewertungsberichtigungen	–	+12 000,-	./. 1 300,-
c) *USt-Schuld*			
Nachholung lt. Bp	./. 1 400,-	./. 300,-	./. 700,-
d) *Rückstellung für GewSt*			
Nachholung lt. Bp	./. 500,-	./. 1 000,-	./. 2 600,-
e) *Mehrentnahmen*			
Gesellschafter A	+ 2 500,-	–,–	+ 4 019,-
Gesellschafter B	–	+ 3 625,-	+15 000,-
Insgesamt	+18 100,-	+ 9 075,-	+10 744,-

In den bestandskräftigen einheitlichen und gesonderten Gewinnfeststellungen für die Jahre 01–03 wurden entsprechend dem Gewinnverteilungsschlüssel die vorstehenden *Gewinnunterschiede* erfaßt.

Zur Anpassung ihrer HB/StB an die PB nahm die OHG folgende Buchung im Jahre 04 vor:

Betriebs- und Geschäfts-			
ausstattung	8 575,- DM	an USt-SchuldKto	2 400,- DM
Waren	10 700,- DM	an Rückstellung für GewSt	4 100,- DM
sonst. betriebl.	25 144,- DM	in Kapital A	18 959,- DM
Aufwand		an Kapital B	18 960,- DM

In den Bilanzposten HB/StB 31.12.04 und 31.12.05 »Betriebs- und Geschäftsausstattung« sind die lt. Vor-Bp nachaktivierten Wirtschaftsgüter mit 8 575,-DM abzüglich einer degr. AfA gem. § 7 Abs. 2 EStG in Höhe von 30 v. H. enthalten.

Die Überweisung der USt-Nachzahlung wurde im November 04 gebucht »USt-Schuldkonto an Bank 2400,- DM«.

Die Überweisung der Gewerbesteuer-Nachzahlung erfolgte im März 05, gebucht wurde »Rückstellung für Gewerbesteuer an Bank 4100,- DM«.

Fragen:
1. Welche Mehrgewinne entfallen auf die Gesellschafter A und B?
2. Wie ist das Kapital von und A und B darzustellen?
3. Welche Auswirkungen ergeben sich?

▶ **Lösung**

a) Die Mehrgewinne des PZ 01–03 in Höhe von (18 100 + 9 075 + 10 744) = 37 919,- DM entfallen zu je 50 v. H. auf die Gesellschafter A und B.

Die Mehrentnahmen des PZ 01–03 sind nicht Aufwand des Jahres 04. Sie führen zu einer Minderung des Kapitals der Gesellschafter, wie die Mehrgewinne das Kapital entsprechend erhöhen.

b) Kapitalberichtigung 31.12.03/1.1.04

	A	B
Erhöhung Mehrgewinne	18 959,- DM	18 960,- DM
Minderung Mehrentnahmen	6 519,- DM	18 625,- DM
insgesamt Erhöhung	12 440,- DM	335,- DM

Besondere Ausgleichsbuchungen sind insoweit entbehrlich.

Gewinnauswirkung 04 + 25 144,- DM

Eine berichtigte Kapitalangleichungsbuchung hätte lauten müssen:

Kapital A	6 519,- DM	
Kapital B	18 625,- DM	
an sonst. betriebl. Aufwand		25 144,- DM

c) Die Umsatzsteuer- und Gewerbesteuer-Nachzahlungen sind zutreffend gebucht.

FALL 6

Eröffnungsbilanz bei Erwerb des gesamten Betriebes

Sachverhalt: Durch Vertrag vom 30.6. erwarb der Stpfl. mit Wirkung vom 1.7. den Gewerbebetrieb des Veräußerers gegen Barzahlung und eine vorschüssig monatlich zu zahlende Leibrente von 500,- DM. Lt. Gutachten eines Versicherungsmathematikers beträgt am 1.7. der versicherungsmathematische Barwert der Leibrente 76 400,-DM.

Änderung der Eröffnungs- oder Anfangsbilanz

Zwecks Ermittlung des Gesamtkaufpreises hat der Veräußerer eine Übergabebilanz zum 30.6. erstellt; diese weist folgende aktiven und passiven Wirtschaftsgüter aus:

Aktiva	Steuerbilanz 30.6.		Passiva
Grund und Boden	60 000,- DM	Verbindlichkeiten	25 000,- DM
Gebäude	120 000,- DM	Rückstellungen	10 000,- DM
Maschinen	10 000,- DM	Wertberichtigungen	
Waren	50 000,- DM	auf Forderungen	600,- DM
Forderungen	6 000,- DM	sonstige Verbind-	
Firmenwert	5 000,- DM	lichkeiten	3 000,- DM
		Kapital	212 400,- DM
	251 000,- DM		251 000,- DM

Im Kaufvertrag wurde vereinbart, soweit der Gesamtkaufpreis nicht durch die Leibrente gedeckt ist, erfolgt die Restzahlung in bar aus Privatmitteln. Alle weiteren durch den Verkauf anfallenden Kosten gehen ebenfalls zu Lasten des Erwerbers.

Zur Ermittlung des Gesamtkaufpreises einigten sich die Parteien darauf, daß der Erwerber die Substanz und die Hälfte des bisher nicht bilanzierten Firmen- und Geschäftswertes (abgerundet auf volle 1 000,- DM) zu vergüten habe.

Der Veräußerer hatte in den letzten vier Wj vor dem Jahr der Veräußerung folgende Gewinne erzielt:

43 000,- DM, darin sonst. betriebl. Aufwand 200,- DM
44 500,- DM, darin sonst. betriebl. Ertrag 300,- DM
46 400,- DM, darin sonst. betriebl. Aufwand 700,- DM
   darin sonst. betriebl. Ertrag 400,- DM
44 600,- DM - - -

Der Landeszinsfuß beträgt 6%, der Risikozuschlag 2%. Die Aktiva der Übergabebilanz zum 30.6. enthält stille Reserven in Höhe von 74 000,- DM, die sich mit 24 000,- DM auf Grund und Boden, 20 000,- DM auf Gebäude, 10 000,- DM auf Maschinen und mit 20 000,- DM auf Waren verteilen. Durch die ertragsteuerlich zulässige Bewertung sind in den Rückstellungen 6 000,- DM stille Reserven vorhanden.

Neben den monatlichen Rentenzahlungen hatte der Erwerber eine Barzahlung in Höhe von 290 000,- DM zu leisten.

Zum 1.7. stellte der Stpfl. folgende Eröffnungsbilanz auf:

Aktiva	Steuerbilanz 1.7.		Passiva
Grund und Boden	84 000,- DM	Verbindlichkeiten	25 000,- DM
Gebäude	140 000,- DM	Rückstellungen	10 000,- DM
Maschinen	20 000,- DM	Wertberichtigung	
Waren	72 400,- DM	auf Forderungen	600,- DM
Forderungen	6 000,- DM	Rentenverpflich-	
Firmenwert	5 000,- DM	tungen	76 400,- DM
		sonstige Verbind-	
		lichkeiten	3 000,- DM
		Kapital	212 400,- DM
	327 400,- DM		327 400,- DM

Diese Steuerbilanz legte er der Gewinnermittlung seines ersten Wj zugrunde.
Für die Umschreibung des Grundstücks waren 200,- DM Gerichtskosten und 1824,- DM (einschließlich USt) Notargebühren neben der 2%igen Grunderwerbsteuer angefallen, die am 1.10. aus privaten Mitteln des Erwerbers beglichen wurden. Gebucht wurde:
sonst. betriebl. Aufwand an Einlagen 6304,- DM.

Frage: Wie lautet die Eröffnungsbilanz des Erwerbers?
Welche Gewinnauswirkungen ergeben sich?

▶ **Lösung**

1. Nach § 6 Abs. 1 Nr. 7 EStG sind bei einem entgeltlichen Erwerb eines Betriebes die Wirtschaftsgüter in der Eröffnungsbilanz des Erwerbers mit dem Teilwert, höchstens jedoch mit Anschaffungs- oder Herstellungskosten anzusetzen. Zu den Anschaffungskosten rechnen neben der Barzahlung, den Nebenkosten für den Grundstückserwerb, auch der versicherungsmathematische Barwert der eingegangenen Rentenverpflichtung (BFH, BStBl 1968 II S. 574, BStBl 1969 II S. 334); die verrechenbare Vorsteuer gehört gem. § 9b Abs. 1 EStG nicht zu den Anschaffungskosten.

2. Die Anschaffungskosten betragen:

Barzahlung		290 000,- DM
Rentenbarwert		76 400,- DM
Nebenkosten:		
Gerichtskosten	200,- DM	
Notargebühren	1 600,- DM	
Grunderwerbsteuer		
(2% v. 224 000,- DM)	4 480,- DM	6 280,- DM
		372 680,- DM

Diese Gesamtanschaffungskosten sind auf die einzelnen erworbenen aktiven und passiven Wirtschaftsgüter zu verteilen, wobei der Ansatz mit dem Teilwert zu erfolgen hat.

3. Da die Teilwerte der in der Übergabebilanz aufgeführten Wirtschaftsgüter unstreitig feststehen, bleibt zu prüfen, in welcher Höhe Anschaffungskosten für bisher nicht bilanzierte, aber erworbene immaterielle Wirtschaftsgüter, hier Firmen- und Geschäftswert, gezahlt worden sind (BFH, BStBl 1968 II § S. 66).

   Beim Verkauf eines Gewerbebetriebes ist es im allgemeinen üblich, nicht den vollen Firmen- und Geschäftswert zu bezahlen, sondern nur einen Bruchteil, um so den Ertragswertvorstellungen des Veräußerers und den Substanzwertvorstellungen des Erwerbers gerecht zu werden (BFH, BStBl 1979 II S. 729).

   Zur Unterscheidung zwischen selbständigen immateriellen Einzelwirtschaftsgütern und unselbständigen geschäftsbildenden Faktoren vgl. BFH, BStBl 1986 II S. 176.

4. Zur Ermittlung des Firmen- und Geschäftswertes gibt es mehrere Verfahren. Der Bundesfinanzhof hat sich in den Urteilen BFH, BStBl 1960 III S. 510, BStBl 1969 II S. 2 dem betriebswirtschaftlichen Mittelwertverfahren, das vom Substanzwert und Ertragswert ausgeht, angeschlossen (indirekte Methode). Nach folgender Formel läßt sich danach der Firmen- und Geschäftswert errechnen:

   Firmen- und Geschäftswert = Ertragswert
   ./. Substanzwert
   = innerer Wert des Unternehmens.

   Hinweis: Nach BFH, BStBl 1977 II S. 409 ist es gerechtfertigt, bei der Ermittlung des Reinertrages vom Jahresgewinn einen angemessenen

Unternehmerlohn abzuziehen (BFH, BStBl 1979 II S. 302); die den Substanzwert bestimmenden Wirtschaftsgüter sind mit dem Teilwert anzusetzen.

Ermittlung des Ertragswertes
Errechnung des Durchschnittsgewinns unter Bereinigung von sonstigen betrieblichen Aufwendungen und Erträgen

Gewinn	43 000,-	+ 200,- =	43 200,- DM
	44 500,-	./. 300,- =	44 200,- DM
	46 400,-	+ 700,-	
		./. 400,- =	46 700,- DM
	44 600,-	- =	44 600,- DM
		178 700,- DM : 4 = ⌀	
			44 675,- DM

a) **Ertragswert** = bereinigter Durchschnittsertrag x Kapitalisierungsfaktor

b) **Kapitalisierungsfaktor** = $\dfrac{100}{\text{Landeszinsfuß + Risikozuschlag}}$

$$\text{hier: } \dfrac{100}{6+2} = 12{,}5$$

Der Ertragswert beträgt demnach
44 675,- x 12,5 =   <u>558 438,- DM</u>

Ermittlung des Substanzwertes

Buchwert der erworbenen Aktiva	251 000,-	
+ darin enthaltene stille Reserven	74 000,-	325 000,- DM
Buchwert der erworbenen Passiva	38 600,-	
./. darin enthaltene stille Reserven	6 000,-	./. 32 600,- DM
Substanzwert		292 400,- DM

Ermittlung des Firmen- und Geschäftswertes

Ertragswert	558 438,- DM
./. Substanzwert	292 400,- DM
	266 038,- DM
./. 50 v. H. Risikoabschlag	133 019,- DM
	133 019,- DM
Vorläufiger Firmen- und Geschäftswert	133 000,- DM

Änderung der Eröffnungs- oder Anfangsbilanz 75

Laut Kaufvertrag hat der Erwerber davon die Hälfte zu bezahlen; damit hat er vorläufige Anschaffungskosten für den Firmen- und Geschäftswert in Höhe von 66 500,- DM.

5. Geschäftsveräußerungen im ganzen unterliegen als Umsätze im Rahmen des Unternehmens der Umsatzsteuer. Die Umsätze sind als Lieferungen oder sonstige Leistungen nach § 1 Abs. 1 Nr. 1 oder als Eigenverbrauch nach § 1 Abs. 1 Nr. 2a UStG steuerbar und grundsätzlich mit den Steuersätzen des § 12 bzw. 19 UStG zu versteuern. Die umsatzsteuerlichen Befreiungsvorschriften sind zu beachten (§ 10 Abs. 3 UStG). Die anfallende Umsatzsteuer stellt für den Erwerber Vorsteuer dar.

Lieferungen von:		
Grund und Boden	umsatzsteuerfrei	
Gebäude	umsatzsteuerfrei	
Forderungen	umsatzsteuerfrei	
Maschinen	20 000,- 14% =	2 800,- DM
Waren	70 000,- 14% =	9 800,- DM
Firmenwert	5 000,- 14% =	700,- DM
		13 300,- DM
Vorläufiger Firmenwert	66 500,-	
./. USt	13 300,-	
	53 200,-	
./. darin enthaltene USt	6 533,- 14% =	6 533,- DM
	Vorsteuer	19 833,- DM
zu bilanzierender Firmen- und Geschäftswert	46 667,-	

6. Aktiva   Berichtigte Eröffnungsbilanz zum 1.7.   Passiva

Grund und Boden	60 000			Verbindlichkeiten		25 000
+ stille Reserven	24 000			Rückstellungen	10 000	
+ ⅓ Nebenkosten (von 6 280)	2 093	86 093		./. stille Reserven	6 000	4 000
Gebäude	120 000			Wertberichtigung auf Forderungen		600
+ stille Reserven	20 000					
+ ⅔ Nebenkosten (von 6 280)	4 187	144 187		Rentenverpflichtung		76 400
Maschinen	10 000			sonstige Verbindlichkeiten	3 000	
+ stille Reserven	10 000					

Aktiva	Berichtigte Eröffnungsbilanz zum 1.7. *(Fortsetzung)*		Passiva
Waren 50 000		+ Erwerbs-	
+ stille Reserven 20 000	70 000	nebenkosten 6 280	9 280
Forderungen	6 000	Kapital	282 500
sonstige Forderungen			
(Vorsteuer)	19 833		
Firmenwert 5 000			
+ 46 667	51 667		
	397 780		397 780

Hinweis: Aus Vereinfachungsgründen wurden die Erwerbsnebenkosten zu ⅓ auf Grund und Boden und zu ⅔ auf Gebäude aufgeteilt.

7. Infolge der durch den Stpfl. mit unzutreffenden Werten aufgestellten Steuerbilanz ergeben sich folgende Gewinnauswirkungen:

Warenbestand	+ 2 400,- DM
Rückstellungen	./. 6 000,- DM
Erwerbsnebenkosten	+ 6 304,- DM

Die Vorsteuer erhöht sich um 224,- DM.

FALL 7

Durchbrechung des Bilanzenzusammenhanges

Sachverhalt: Bei einer Außenprüfung für die Wj 04-06 sind folgende Vorgänge zu beurteilen. Die Veranlagungen der Wj 01-03 sind bestandskräftig und können nach den Vorschriften der AO nicht mehr berichtigt werden.

1. Unbebaute Grundstücke

Bilanzansatz zum 1.1. des Wj 04   15 000,- DM

Seit dem Wj 02 weist der Stpfl. ein 1 000 qm großes Grundstück mit einem Wert von 15 000,- DM als Betriebsvermögen aus.

Alleineigentümerin des Grundstücks, das als Parkplatz für den Betrieb des Stpfl. genutzt wird, ist seine Ehefrau. Besondere vertragliche Abmachungen über das Grundstück bestehen zwischen den Ehegatten nicht. Die betriebliche Nutzung seitens des Ehemannes erfolgte unentgeltlich; eine unwiderrufliche Rechtsposition hat er nicht erlangt.

Den Kaufpreis einschließlich der Erwerbsnebenkosten zzgl. USt hat der Stpfl. getragen. Im Wj 02 wurde gebucht:

Änderung der Eröffnungs- oder Anfangsbilanz 77

Grund und Boden 15 000,- DM
Grundstücksaufwand 1650,- DM
Vorsteuer 28,- DM an Bank 16 678,- DM
Auf eine Erstattung durch seine Ehefrau hat er verzichtet.

2. Bebaute Grundstücke

Bilanzansatz zum 1.1. des Wj 04 Grund und Boden 13 800,- DM
  Gebäude 240 500,- DM

Im Wj 01 hatte der Stpfl. ein 3000 qm großes unbebautes Grundstück, das an sein bisheriges Betriebsgrundstück angrenzt, als Vorratsgelände für eine evtl. zukünftige Betriebserweiterung erworben. Dieses Grundstück bilanzierte er mit den Anschaffungskosten von 13 800,- DM.

Im Wj 02 begann er auf einer abgegrenzten Teilfläche von 700 qm einen Bungalow, der im Januar des Wj 03 fertiggestellt wurde, für sich und seine Familie zu errichten. Die HK des Gebäudes betrugen 400 000,- DM; sie wurden ab dem Wj 03 mit 5% gem. § 7 Abs. 5 EStG abgeschrieben. Das Grundstück ist insgesamt als Betriebsvermögen auch nach der Bebauung behandelt worden.

Die Teilwerte betrugen:
Grundstück (3000 qm) Wj 02: 31 000,- DM
  Wj 03: 36 000,- DM
  Wj 04: 44 000,- DM
Gebäude: Wj 03: 392 000,- DM
  Wj 04: 384 000,- DM

3. Maschinen

Bilanzansatz zum 1.1. des Wj 04 20 000,- DM

Im Wj 01 hatte der Stpfl. eine Maschine, deren AK 60 000,- DM betrugen, mit 50 000,- DM bilanziert und auf eine fünfjährige Nutzungsdauer abgeschrieben. Die Differenz von 10 000,- DM hatte er vom privaten Sparbuch überwiesen und nicht gebucht.

4. Handelswaren

Bilanzansatz zum 1.1. des Wj 04 140 000,- DM

Am 31.12.03 war der Warenbestand infolge eines Rechenfehlers um 20 000,- DM zu hoch ausgewiesen worden.

5. Firmen- und Geschäftswert

Bilanzansatz zum 1.1. des Wj 04 0,- DM

Bei Erwerb eines Konkurrenzbetriebes, den er in seinen jetzigen Gewerbebetrieb integrierte, mußte der Stpfl. für einen Firmen- und Geschäftswert 5000,- DM bezahlen. Er buchte im Wj 01:
sonst. betriebl. Aufwand an Bank 5000,- DM

6. Rückstellung für Gewerbesteuer
Bilanzansatz zum 1.1. des Wj 04 0,- DM
Für das Wj 03 hat der Stpfl. es wissentlich unterlassen, eine Rückstellung für Gewerbesteuer in Höhe von 15 000,- DM zu passivieren. Er beabsichtigt, im Jahr der Zahlung (Wj 05) die nachzuzahlende Gewerbesteuer als Aufwand zu buchen.

7. Verbindlichkeiten
Bilanzansatz zum 1.1. des Wj 04 17 800,- DM
Im Wirtschaftsjahr 03 hat der Stpfl. eine private Verbindlichkeit durch die Buchung sonstiger betrieblicher Aufwand an Verbindlichkeiten 17 800,-DM passiviert.

Frage: Welche Bilanzberichtigungen sind in der Anfangsbilanz des Wj 04, welche in der Schlußbilanz des Wj 04 vorzunehmen?
Welche Gewinnauswirkungen ergeben sich?

 Lösung

1. Unbebaute Grundstücke
Gem. § 5 Abs. 1 EStG iVm § 238 HGB darf der Stpfl. nur Wirtschaftsgüter bilanzieren, von denen er entweder bürgerlich-rechtlicher und wirtschaftlicher oder nur wirtschaftlicher Eigentümer ist (BFH, BStBl 1969 II S. 233). Dies ist hier zu verneinen. Auch liegt kein materielles Nutzungsrecht i. S. der BFH-Entscheidung vom 2.10.1980, BStBl 1981 II S. 68 vor (BFH Gr.S.v. 26.10.1987, BStBl 1988 II S. 348). Da der falsche Bilanzansatz sich nicht auf die Steuer vorangegangener Steuerabschnitte ausgewirkt hat, ist er in der Anfangsbilanz 1.1.04 zum Buchwert zu streichen. Es handelt sich nicht um eine mit dem Teilwert zu bewertende Entnahme, denn das Grundstück hat nie zum Betriebsvermögen gehört. Entnommen werden kann nur, was sich zu Recht noch im Betriebsvermögen befindet (BFH, BStBl 1972 II S. 874).

Eine Gewinnkorrektur bezüglich der falsch gebuchten Erwerbsnebenkosten, die im Wj 02 als Entnahme hätten behandelt werden müssen, ist über die Grundsätze des Bilanzenzusammenhangs in späteren Veranlagungszeiträu-

men nicht möglich, denn dies bedeutet eine unzulässige Nachholung einer tatsächlichen Handlung (BFH, BStBl 1973 II S. 706, Abschn. 15 Abs. 1 S. 9 EStR).
Keine Gewinnauswirkung.
2. Bebaute Grundstücke
Durch die Bebauung der abgegrenzten Teilfläche von 700 qm mit einem ausschließlich privat genutzten Bungalow hat der Stpfl. mit Beginn der Errichtung des Gebäudes (Wj 02) diese Teilfläche dem Betriebsvermögen entnommen (BFH, BStBl 1970 II S. 754). Die Bilanzen sind ab dem 31.12.02 um den nicht geminderten anteiligen Buchwert von 3220,- DM der privat genutzten Grundstücksteilfläche falsch. Die Entnahme als tatsächliche Handlung war im Wj 02; sie kann nicht nachgeholt werden (Abschn. 15 Abs. 1 S. 9 EStR). In der Anfangsbilanz des Wj 04 hat die Berichtigung erfolgsneutral (zu Lasten des Kapitals) zu erfolgen. Es wird dadurch lediglich eine falsche Sachbehandlung richtig gestellt (BFH, BStBl 1954 III S. 4).
Keine Gewinnauswirkung.
Der Bungalow ist von Beginn an notwendiges Privatvermögen; ein Bilanzausweis als Betriebsvermögen ist nicht möglich. Der Buchwert von 380 000,- DM ist in der Anfangsbilanz des Wj 04 erfolgsneutral auszubuchen (Abschn. 15 Abs. 1 S. 4 EStR). Es handelt sich um die Richtigstellung eines Fehlers. Die im Wj 03 angefallenen Aufwendungen und Erträge können nicht rückgängig gemacht werden. Sie dürfen allerdings das Wj 04 nicht mehr beeinflussen (BFH, BStBl 1972 II S. 874).
Gewinnauswirkung:
Wj 04 + 20 000,- DM (Versagung von AfA).
3. Maschinen
Eine Berichtigung des fehlerhaften Bilanzansatzes und damit eine Durchbrechung des Bilanzenzusammenhanges ist nicht möglich. Es würde die Bestandskraft der Steuerbescheide der vorausgegangenen Jahre ausgehöhlt. (Es wird aber auch in der Literatur die Meinung vertreten, der richtige Wertansatz 60 000,- DM wird um die richtige AfA 36 000,- DM gekürzt, die Anfangsbilanz des Wj 04 wird erfolgsneutral (auch die Auffassung: erfolgswirksam) berichtigt mit einem Wertansatz Maschinen 24 000,- DM. Dieser Buchwert wird auf die Restnutzungsdauer von zwei Jahren abgeschrieben (Problem der Reaktivierung).
Keine Gewinnauswirkung.
Hinweis: Nur bei rückwirkendem Wegfall einer Sonderabschreibung ist eine Reaktivierung vorzunehmen (BFH, BStBl 1985 II S. 386).

4. Handelswaren
Der fehlerhafte Bilanzansatz hat sich im Wj 03 auf die Höhe der veranlagten Steuer ausgewirkt. Eine Durchbrechung des Bilanzenzusammenhanges ist aus Gründen des Totalgewinns nicht möglich.
Grundsätzlich müßte eine Richtigstellung in der Bilanz zum 31.12.04 erfolgen. Da es sich aber bei Handelswaren um einen Bilanzposten mit wechselndem Bestand von Gegenständen handelt, ist eine Korrektur nicht möglich.
Gewinnauswirkung: Wj 04 ./. 20 000,– DM.

5. Firmen- und Geschäftswert
Eine Reaktivierung des zum abnutzbaren Anlagevermögen gehörenden Wirtschaftsgutes ist aus Gründen der Bestandskraft der Steuerbescheide der vorangegangenen Jahre nicht möglich. Zu einem endgültigen Steuerausfall kommt es nicht; der Fehler hebt sich in folgenden Jahren bei Ausscheiden aus dem Betriebsvermögen (Veräußerung oder Entnahme) wieder auf.
Keine Gewinnauswirkung.

6. Rückstellung für Gewerbesteuer
Gem. § 239 iVm. § 5 Abs. 1 EStG ist der Stpfl. verpflichtet, seine Schulden genau zu verzeichnen. Ein Wahlrecht besteht nur bei betrieblichen Mehrsteuern (BFH, BStBl 1970 II S. 230, Abschn. 22 Abs. 3 EStR). Der Bilanzenzusammenhang ist zu durchbrechen (Abschn. 15 Abs. 1 S. 8 EStR), in der Anfangsbilanz 1.1.04 ist eine Rückstellung von 15 000,– DM gewinnneutral einzustellen.
Gewinnauswirkung: Wj 04   0
                             Wj 05 + 15 000,– DM

7. Verbindlichkeiten
Die Verbindlichkeit durfte als Schuld des notwendigen Privatvermögens nicht ausgewiesen werden. Unter Durchbrechung des Bilanzenzusammenhangs ist sie in der Anfangsbilanz des Wj 04 zu streichen, weil die Passivierung im Jahr des Fehlers zu Lasten des Gewinns erfolgte (BFH, BStBl 1985 II S. 308).
Gewinnauswirkung: Wj 04 + 17 800,– DM

Hinweis:
1. Grundsätzlich ist eine Berichtigung im Jahr der Fehlerquelle vorzunehmen.
2. Ist dies nicht möglich und handelt es sich um einen unbewußten Fehler ohne unmittelbare Auswirkung auf die Steuer, ist die **erfolgsneutrale** Herausnahme (oder Einbuchung) des Buchwertes gegen Kapital in der **Anfangsbilanz** vorzunehmen.

Änderung der Eröffnungs- oder Anfangsbilanz 81

3. Liegt ein unbewußter Fehler mit einer unmittelbaren Auswirkung auf die Steuer vor, hat eine **erfolgswirksame** Berichtigung in der ersten berichtigungsfähigen **Schlußbilanz** zu erfolgen.

4. Ist bewußt ein Fehler zur Erlangung eines Steuervorteils vorgenommen worden, ist der Bilanzenzusammenhang zu durchbrechen, und eine Berichtigung der **Anfangsbilanz** mit entsprechender nachfolgender Gewinnauswirkung ist angezeigt.

FALL 8

Berichtigung der Anfangs- und Schlußbilanz eines Wirtschaftsjahres

Sachverhalt: Einer »abgekürzten« Außenprüfung lagen folgende Steuerbilanzen eines Gewerbetreibenden zugrunde:

Aktiva		1.1.02		31.12.02
Grund und Boden		90 000,- DM		90 000,- DM
Gebäude		139 500,- DM		134 250,- DM
Fuhrpark		53 500,- DM		38 750,- DM
Waren		34 000,- DM		21 000,- DM
Forderungen		40 000,- DM		30 000,- DM
Geldkonten		10 000,- DM		8 000,- DM
RAPosten		5 800,- DM		400,- DM
		372 800,- DM		322 400,- DM
Passiva				
Kapital 1.1.	246 350,-		237 600,-	
./. Entnahmen	63 750,-		99 100,-	
+ Einlagen	-,-		10 000,-	
+ Gewinn	55 000,-		55 500,-	
		237 600,-		204 000,-
Wertberichtigung auf Forderungen		6 000,-		2 250,-
Verbindlichkeiten		105 000,-		108 050,-
Rückstellungen für Gewerbesteuer		10 000,-		-,-
sonstige Verbindlichkeiten		13 000,-		5 000,-
USt-Schuld		1 200,-		3 100,-
		372 800,-		322 400,-

Der Gewerbetreibende legte diese Bilanzen für die Gewinnermittlung des Wj 02 zugrunde.

Mit seinen Umsätzen unterliegt er der Regelbesteuerung nach dem UStG 1980; er führt ausschließlich steuerpflichtige Umsätze aus, die mit einem Steuersatz von 14% versteuert werden.

Die Veranlagung des Wj 01 und die davor liegenden sind bestandskräftig und können nach den Vorschriften der AO nicht mehr berichtigt werden. Sie wurden durch eine vorhergehende Außenprüfung geprüft.

Die Veranlagung des Wj 02 ist unter dem Vorbehalt der Nachprüfung (§ 164 Abs. 1 AO) durchgeführt worden.

Bei Nachprüfung der Besteuerungsgrundlagen durch die abgekürzte Außenprüfung wurde für das Wj 02 folgendes festgestellt:

1. Grund und Boden

Die AK dieses 5000 qm großen Grundstücks haben im Wj 00 einschließlich der Erwerbsnebenkosten 110 000,- DM betragen. Die vorhergehende Außenprüfung hatte in den Prüferbilanzen der Wj 00 und 01 einen Bilanzansatz von 110 000,- DM der Gewinnermittlung zugrunde gelegt.

Im Wj 02 hat der Gewerbetreibende 1000 qm dieses Grundstücks parzellieren lassen und diesen Teil mit einem eigengenutzten Einfamilienhaus bebaut. Der Teilwert für den Grund und Boden beträgt 50,- DM pro qm. Der Vorgang wurde nicht gebucht.

2. Gebäude

Das zusammen mit dem Grund und Boden im Wj 00 erworbene Gebäude (AK 150 000,- DM) war ab dem Wj 00 mit 3,5% AfA nach § 7 Abs. 5 EStG abgeschrieben worden. Die vorherige Außenprüfung berücksichtigte nur die AfA nach § 7 Abs. 4 EStG mit 2%.

Im Wj 02 wurde das Dachgeschoß zu weiteren Büroräumen ausgebaut. Die angefallenen Kosten

Lohnaufwand	10 000,- DM
Materialaufwand	10 000,- DM
eigene Arbeitsleistung	<u>5 000,- DM</u>
	<u>25 000,- DM</u>

hatte der Gewerbetreibende insgesamt als Reparaturaufwendungen gebucht. Die entsprechende Vorsteuer wurde richtig gebucht.

3. Fuhrpark

Im Wj 01 hatte die vorherige Außenprüfung bei einem Lieferwagen, dessen Anschaffungskosten 25 000,- DM betrugen, den Aufbau und die Außenreklame in Höhe von insgesamt 8000,- DM nachaktiviert. Die betriebsgewöhnliche Nutzungsdauer beträgt vier Jahre; die AfA der übrigen Fahrzeuge beträgt 2500,- DM im Wj 01 und 02.

Zur Herstellung des Bilanzenzusammenhangs wurde im Wj 02 folgende Angleichungsbuchung vorgenommen:

AfA an Fuhrpark   6 000,- DM

Für einen bereits auf 1,- DM abgeschriebenen Pkw hatte er die Kosten für einen fabrikneuen Motor einschließlich Einbaukosten gebucht:

Waren   3 000,- DM
Vorsteuer   420,- DM   an Bank   3 420,- DM

Durch den Einbau des Motors ist der Pkw noch weitere drei Jahre nutzungsfähig.

4. Waren

Die vorherige Außenprüfung hatte den Warenbestand des Wj 01 um 28 000,- DM »rollende Ware« erhöht. Im Wj 02 nahm der Gewerbetreibende folgende Angleichungsbuchung vor:

Waren an sonst. betriebl. Ertrag   28 000,- DM

Bei der Bewertung des Warenbestandes des Wj 02 wurde eine Teilwertabschreibung in Höhe von 6 500,- DM nicht anerkannt.

5. Forderungen

Die vorherige Außenprüfung hatte den Forderungsbestand des Wj 01 um 3 000,- DM zzgl. 420,- DM USt erhöht und die pauschale Wertberichtigung der Forderungen auf die Hälfte des am 31.12.01 bilanzierten Betrages gekürzt. Der Gewerbetreibende hat für das Wj 02 keine entsprechenden Angleichungsbuchungen vorgenommen.

Im Wj 02 wurde der Ausfall einer Kundenforderung in Höhe von 2 000,- DM zzgl. 280,- DM USt ebenfalls nicht berücksichtigt; im Inventurbestand sind die Forderungen weiter erfaßt.

6. Verbindlichkeiten

Aufgrund einer ausländischen Warenlieferung waren Verbindlichkeiten im Wj 01 entstanden, die nicht in der Inventur berücksichtigt wurden. Die vorherige Außenprüfung erhöhte deshalb die Verbindlichkeiten des Wj 01 um

28 000,- DM. Folgerungen für das Wj 02 hatte der Gewerbetreibende daraus nicht gezogen, da die Bezahlung am 10.1.02 erfolgte. Gebucht wurde:

   Waren an Bank 28 000,- DM

7. Sonstige Verbindlichkeiten
Am 28.12.01 wurde dem Geschäftsführer der Firma verbindlich eine Tantiemenzusage in Höhe von 5 000,- DM gemacht, die am 31.1.02 ausgezahlt und gebucht wurde:

   Gehälter an Bank 5 000,- DM

Die vorherige Außenprüfung berücksichtigte diese Zusage als sonstige Verbindlichkeiten zum 31.12.01. Eine Angleichung an die PB wurde am 1.1.02 nicht vorgenommen.

8. Rückstellung für Gewerbesteuer
In der Prüfungsbilanz des Wj 02 ist eine Gewerbesteuerrückstellung von 9 000,- DM zu passivieren.

9. Entnahmen
Für das Wj 01 erhöhte die vorherige Außenprüfung die Entnahmen des Gewerbetreibenden um:

a) private Warenentnahme	570,- DM
b) private Kfz-Nutzung	1 140,- DM
c) private Telefonnutzung	228,- DM
	1 938,- DM

Der Gewerbetreibende nahm im Wj 02 folgende Angleichungsbuchung vor:

  Entnahmen 1 938,- DM an sonst. betriebl. Ertrag 1 938,- DM

Durch die Außenprüfung wurden die Entnahmen des Wj 02 erhöht um:

a) private Kfz-Nutzung	1 140,- DM
b) private Telefonnutzung	228,- DM

Frage: Wie lautet die Anfangsbilanz des Wj 02? Welche Kapitalangleichungsbuchungen hätten durchgeführt werden müssen?
Wie errechnet sich das berichtigte Kapital zum 1.1.02?
Wie lautet die Prüfungsbilanz des Wj 02?
Welche Gewinnauswirkungen ergeben sich für das Wj 02?
Wie entwickelt sich das Kapital lt. PB 31.12.02?

Änderung der Eröffnungs- oder Anfangsbilanz 85

Lösung

1. Aktiva PB 1.1.02 Passiva

Aktiva		Passiva	
Grund und Boden	110 000,-	Kapital 1.1.	269 100,-
Gebäude	144 000,-	Wertberichtigungen	
Fuhrpark	59 500,-	auf Forderungen	3 000,-
Waren	62 000,-	Verbindlichkeiten	133 000,-
Forderungen	43 420,-	Rückstellungen für	
Geldkonten	10 000,-	Gewerbesteuer	10 000,-
RA-Posten	5 800,-	Sonstige Verbindlichkeiten	18 000,-
		USt-Schuld	1 620,-
	434 720,-		434 720,-

2. Folgende Kapitalangleichungsbuchungen hätten durchgeführt werden müssen:

Grund und Boden	20 000,-		
Gebäude	4 500,-		
Fuhrpark	6 000,-		
Waren	28 000,-		
Forderungen	3 420,-		
Wertberichtigungen auf Forderungen	3 000,-	an Verbindlichkeiten	28 000,-
		an sonstige Verbindlichkeiten	5 000,-
		an USt-Schuld	420,-
		an Kapital	31 500,-

3. Ermittlung des berichtigten Kapitals 1.1.02

Kapital lt. Stpfl. 1.1.02	237 600,- DM
+ Angleichung	31 500,- DM
Kapital lt. PB 1.1.02	269 100,- DM

Durch die Angleichung der StB 1.1.02 an die PB 1.1.02 ergeben sich folgende **Gewinnauswirkungen** für das Wj 02:

Forderungen	./. 3000,- DM	
Wertberichtigungen	./. 3000,- DM	
Sonst. Verbindlichkeit	+ 5000,- DM	= ./. 1000,- DM

4. Entwicklung der Prüferbilanz 31.12.02

Grund und Boden

Zur Herstellung des Bilanzenzusammenhangs an die PB 31.12.01 ist der Wert des Grund und Bodens um 20 000,- DM zu erhöhen. Die Bebauung einer parzellierten Teilfläche mit einem privat genutzten Einfamilienhaus ist als tatsächliche Handlung eine Entnahme i.S. von § 4 Abs. 1 S. 2 EStG, die nach § 6 Abs. 1 Ziff. 4 EStG mit dem Teilwert von 50,- DM pro qm zu bewerten ist (BFH Gr.S.v. 7.10.1974, BStBl 1975 II S. 168; BFH, BStBl 1985 II S. 395).

Entwicklung der Bilanzposten

	StB	PB	Auswirkungen		
			Gewinn	Privat	Kapital
	90 000	90 000			
+ Angleichung	–	20 000	–	–	+ 20 000
1.1.02	90 000	110 000		PE	
./. Abgang	–	22 000	+ 28 000	+ 50 000	–
31.12.02	90 000	88 000			

Gebäude

Zwecks Herstellung des Bilanzenzusammenhanges ist der StB-Wert des Gebäudes am 1.1.02 um 4500,- DM zu erhöhen. Die Kosten für den Dachausbau sind ohne die Aufwendungen für die eigene Arbeitsleistung als Herstellungskosten nachzuaktivieren. Die AfA ab dem Wj 02 bemißt sich nach der Vereinfachungsregelung entsprechend der Abschnitte 42a Abs. 1 iVm 45 Abs. 3 EStR (§ 9a EStDV gilt sinngemäß).

Entwicklung der Bilanzposten

	StB	PB	Auswirkungen		
			Gewinn	Privat	Kapital
Wj. 00	150 000	150 000	(Differenz bereits		
./. AfA Wj. 00, 01	10 500	6 000	bei Vor-Bp berücksichtigt)		
1.1.02	139 500	144 000	+ 25 000	NE ./.	+ 4 500
+ Dachausbau	–	20 000		5 000	–
	139 500	164 000			
./. AfA	5 250	3 400	+ 1 850	–	–
31.12.02	134 250	160 600			

Fuhrpark

Die vorgenommene Angleichungsbuchung ist falsch. Es hätte »Fuhrpark an Kapital 6000,- DM« gebucht werden müssen. Infolge der Falschbuchung durch den Stpfl. ergibt sich eine Gewinnerhöhung von 6 000,- DM. Der Einbau des fabrikneuen Motors in den bereits abgeschriebenen Pkw ist Erhaltungsaufwand (BFH, BStBl 1974 II S. 520), denn es handelt sich lediglich um eine substanzerhaltende Maßnahme eines Bestandteils eines Wirtschaftsguts. Zwar ist die vorgenommene Buchung sachlich falsch, im Ergebnis ist der Gewinn aber zutreffend dargestellt.

Entwicklung der Bilanzposten

	StB		PB	Auswirkungen Gewinn	Kapital
Wj. 01		62 250		70 250	(Differenz bereits durch
./. AfA		8 750		10 750	Vor-Bp berücksichtigt)
1.1.02		53 500		59 500		+ 6 000
./. AfA	6 000		–		
	6 250		8 250		+ 6 000
	2 500	14 750	2 500	10 750	./. 2 000
31.12.02		38 750		48 750	

Waren
Die Falschbuchung »Waren an sonst. betriebl. Ertrag« führt in dieser Höhe sowohl zum Ausweis von Aufwendungen und gleichzeitig Erträgen. Der Warenbestand 1.1.02 ist um 28 000,- DM zu erhöhen. Es ergibt sich aber dadurch keine Gewinnauswirkung, denn gleichzeitig sind um den gleichen Betrag die Verbindlichkeiten zum 1.1.02 erhöht auszuweisen (vgl. Tz 6).

Entwicklung des Bilanzpostens	**31.12.02**
Warenbestand lt. StB	21 000,- DM
+ TW-Abschreibung	6 500,- DM
lt. PB	27 500,- DM
Gewinnauswirkung	+ 6 500,- DM

Forderungen
Zur Herstellung des Bilanzenzusammenhangs sind zum 1.1.02 die Forderungen um 3 420,- DM und die USt-Schuld um 420,- DM zu erhöhen, während der Bilanzposten »Wertberichtigungen auf Forderungen« um 3 000,- DM zu kürzen ist.

Gewinnauswirkungen: ./. 3 000,- DM
./. 3 000,- DM = ./. 6 000,-

Zum 31.12.02 müssen der Forderungsbestand um 2 280,- DM gekürzt und die USt-Schuld um 280,- DM berichtigt werden.

Entwicklung des Bilanzpostens	31.12.02
Forderungen lt. StB	30 000,– DM
./. Ausfall	2 280,– DM
lt. PB	27 720,– DM

Gewinnauswirkung	./. 2 000,– DM
USt-Schuld	./. 280,– DM

Verbindlichkeiten
Durch eine Angleichungsbuchung sind die Verbindlichkeiten zum 1.1.02 um 28 000,– DM zu erhöhen (vgl. Ausführungen unter Waren).

Sonstige Verbindlichkeiten
Zur Wahrung des Bilanzenzusammenhangs sind die sonstigen Verbindlichkeiten zum 1.1.02 um 5 000,– DM zu erhöhen.

Gewinnauswirkung: + 5 000,– DM

Rückstellung für Gewerbesteuer
Die Passivierung der Gewerbesteuerrückstellung von 9 000,– DM in die PB 31.12.02 führt zu einer Gewinnminderung in dieser Höhe.

Gewinnauswirkung: ./. 9 000,– DM

Entnahmen
In Höhe von 1938,– DM liegen im Wj 02 Entnahmen (§ 4 Abs. 1 S. 2 EStG) nicht vor. Durch die falsche Buchung hat sich ungerechtfertigterweise der Gewinn des Wj 02 um 1938,– DM erhöht; dies ist rückgängig zu machen.

Die Erhöhung der Entnahmen durch die Außenprüfung um 1 368,– DM beinhaltet gleichzeitig umsatzsteuerpflichtigen Eigenverbrauch nach § 1 Abs. 1 Ziff. 2b UStG.

Gewinnauswirkung:	./. 1 938,– DM
	+ 1 200,– DM
	./. 738
Erhöhung USt-Schuld	+ 168,– DM
Entnahmen	./. 1 938,– DM
	+ 1 368,– DM
	./. 570

5.

	USt-Schuld				Entnahmen		
Tz 5	280	StB	3 100	Tz 1	50 000	Tz 9	1 938
PB	2 988	Tz 9	168	Tz 9	1 368	PB	148 530
	3 268		3 268	StB	99 100		
					150 468		150 468

Änderung der Eröffnungs- oder Anfangsbilanz

	Einlagen		
Tz 2	5 000	StB	10 000
PB	5 000		
	10 000		10 000

6. Mehr- und Weniger-Rechnung

Tz 1	28 000	Tz 5	3 000
Tz 2	25 000	Tz 5	3 000
Tz 2	1 850	Tz 5	2 000
Tz 3	4 000	Tz 8	9 000
Tz 4	6 500	Tz 9	1 938
Tz 7	5 000		18 938
Tz 9	1 200		
	71 550		
	./. 18 938		
Mehrgewinn	52 612		
+ StB Gewinn	55 500		
= PB-Gewinn	108 112		

7. Bilanzübersicht

	StB	PB	StB	PB
	1.1.02			
Grund und Boden	90 000	110 000	90 000	88 000
Gebäude	139 500	144 000	134 250	160 600
Fuhrpark	53 500	59 500	38 750	48 750
Waren	34 000	62 000	21 000	27 500
Forderungen	40 000	43 420	30 000	27 720
Geldkonto	10 000	10 000	8 000	8 000
RA-Posten	5 800	5 800	400	400
	372 800	434 720	322 400	360 970
Kapital	237 600	269 100	204 000	233 682
Wertberichtigung auf Forderungen	6 000	3 000	2 250	2 250
Verbindlichkeiten	105 000	133 000	108 050	108 050
Rückstellung für Gewerbesteuer	10 000	10 000	-	9 000
sonstige Verbindlichkeiten	13 000	18 000	5 000	5 000
USt-Schuld	12 000	1 620	3 100	2 988
	372 800	434 720	322 400	360 970

8. Kapitalentwicklung

	StB	PB
Kapital 1.1.02	237 600,- DM	269 100,- DM
./. Entnahmen	99 100,- DM	148 530,- DM
+ Einlagen	10 000,- DM	5 000,- DM
+ Gewinn	55 500,- DM	108 112,- DM
Kapital 31.12.02	204 000,- DM	233 682,- DM

2. Berichtigung der Schlußbilanz

Vorbemerkungen

Die nachfolgenden Sachverhalte sind nach Fällen zum **nicht abnutzbaren und abnutzbaren Anlagevermögen, Umlaufvermögen** und **Verbindlichkeiten** etc. gruppiert. Zu einigen Sachgebieten sind mehrere Sachverhalte geschrieben, um die unterschiedliche und vielschichtige Problematik bei Berichtigungen in diesem Bereich darzustellen. In allen Fällen sind klausurtypische Probleme herausgearbeitet, die in gleicher oder ähnlicher Form in Prüfungsklausuren immer wieder vorkommen können.

Die Lösungen sind nach der unter dem Kapitel »**Technik der Mehr- und Weniger-Rechnung**« erarbeiteten Weise dargestellt; ggf. ist auf die dort gemachten Ausführungen zur jeweiligen Fallgruppe zurückzugreifen. Soweit in der Sachverhaltsdarstellung Bilanzierungs- und Bewertungswahlrechte ausgeübt werden, ist diesen Entscheidungen zu folgen. Sind bestehende Wahlrechte nicht ausgeübt, ist der jeweilige Ansatz so zu wählen, daß sich für das einzelne Wirtschaftsjahr ein möglichst niedriger steuerlicher Gewinn ergibt, falls aus der speziellen Aufgabenstellung nichts anderes zu entnehmen ist.

a) Anlagevermögen

FALL 9

Bilanzänderung – Bilanzberichtigung

Sachverhalt: Die Außenprüfung bei einem Einzelunternehmen ergab für die unter dem Vorbehalt der Nachprüfung gem. § 164 Abs. 1 AO durchgeführten Veranlagungen für die Kj 03 und 04 u. a. folgende Feststellung:
1. Im Jahre 03 wurde ein selbsterrichtetes Fabrikgebäude fertiggestellt (HK 1 000 000,- DM) und mit 10 v. H. degressiv gem. § 7 Abs. 5 Nr. 1 EStG im Wj 03 und 04 abgeschrieben. Eine gleichzeitig eingebaute Sprinkleranlage (Feuerlöschanlage) (HK 200 000,- DM) wurde als selbständiges Wirtschaftsgut aktiviert und mit einer AfA von 20 v. H. im Wj 03 und 04 belegt. Nach Auffassung des Betriebsprüfers handelt es sich bei der Sprinkleranlage um einen unselbständigen Gebäudeteil, der nur einheitlich mit dem Gebäude abzuschreiben ist.

2. Der Stpfl., der zwar gegenteiliger Rechtsauffassung ist, beantragt vorsorglich im Rahmen der Außenprüfung, die dem Finanzamt eingereichten Steuerbilanzen für 03 und 04 wie folgt zu ändern:

a) In 04 ergibt sich unstreitig für einen Lastkraftwagen ein um 20 000,-DM niedrigerer Teilwert (keine dauernde Wertminderung) als die zum 31.12.04 ausgewiesenen fortgeführten Anschaffungskosten. Die Teilwert-AfA soll im Wege der Bilanzänderung noch für das Wj 04 berücksichtigt werden.

b) Die in den Wj 03 und 04 bisher nicht berücksichtigte Bewertungsfreiheit für geringwertige Wirtschaftsgüter gem. § 6 Abs. 2 EStG wird im Wege der Bilanzänderung beantragt.
Zugang GwG in 03 10 000,- DM ./. AfA in 03 1 000,- DM; Zugang GwG in 04 5 000,- DM ./. AfA in 04 (1 000,- + 500,-) 1 500,- DM; Buchwert 31.12.04 = 12 500,- DM.

3. Die Anträge auf Bilanzänderung werden vom Stpfl. nur aufrechterhalten, wenn der Betriebsprüfer bei seiner Rechtsauffassung zur Behandlung der Sprinkleranlage verbleibt. Durch die Anträge sollen u. a. auch die Mehrgewinne aus der Außenprüfung kompensiert werden.

Frage: Ist die Rechtsauffassung des Betriebsprüfers zutreffend, und welche Konsequenzen ergeben sich für die Wj 03 und 04 daraus?
Können durch die Bilanzänderungsanträge die unter Umständen durch die Außenprüfung festgestellten Mehrgewinne ausgeglichen werden?

▶ **Lösung**

1. Die Sprinkleranlage (Feuerlöschanlage) ist als unselbständiger Gebäudeteil dem Wirtschaftsgut Gebäude hinzuzurechnen und einheitlich mit diesem abzuschreiben (BFH, BStBl 1980 II S. 409; BFH, BStBl 1984 II 262). Die Rechtsauffassung des Betriebsprüfers ist somit zutreffend.
2. Die Bilanzen der Wj 03 und 04 sind zu berichtigen, denn sowohl der Bilanzposten Fabrikgebäude als auch der Ansatz der Sprinkleranlage als selbständiges Wirtschaftsgut sind unrichtig. Es ist eine Bilanzberichtigung vorzunehmen.

Berichtigung der Schlußbilanz 93

Entwicklungen der Bilanzposten

	Fabrikgebäude		Sprinkleranlage		Auswirkungen
	StB	PB	StB	PB	*Gewinn*
Zugang 03	1 000 000,-	1 200 000,-	200 000,-	-	
./. AfA 03	100 000,-	120 000,-	40 000,-	-	+ 20 000,-
31.12.03	900 000,-	1 080 000,-	160 000,-	-	
./. AfA 04	100 000,-	120 000,-	40 000,-	-	+ 20 000,-
31.12.04	800 000,-	960 000,-	120 000,-	-	

3. Der Bilanzänderungsantrag gem. § 4 Abs. 2 S. 2 EStG ist zu berücksichtigen, denn es wird lediglich ein bereits ausgeübtes Bewertungs- und Ansatzwahlrecht nunmehr anders ausgeübt. Das Finanzamt muß dem Antrag zustimmen. Da die Steuerbescheide der Kj 03 und 04 unter dem Vorbehalt der Nachprüfung erlassen sind, ergeben sich durch die Anträge des Stpfl. folgende Gewinnauswirkungen:

Wj 03: GwG = ./. 9 000,- DM

Wj 04: GwG = (./. 5 000,- + 1 500,-) ./. 3 500,- DM; Lastkraftwagen = ./. 20 000,- DM

FALL 10

Bebautes Grundstück

Sachverhalt:

Bilanzübersicht	StB 31.12.01	StB 31.12.02	StB 31.12.03
Grund und Boden	180 000,-	180 000,-	180 000,-
Gebäude	-,-	395 000,-	513 375,-

Am 31.3.01 erwarb der Stpfl. umsatzsteuerfrei das bebaute Grundstück zum Kaufpreis von 200 000,- DM, um seinen Betrieb vergrößern zu können. Vereinbarungsgemäß gingen die zusätzlich entstandenen Kosten, und zwar: Grunderwerbsteuer 4000,- DM, Maklerprovision 6000,- DM zuzügl. 840,- DM USt und die Grundsteuer für das Wj 01 in Höhe von 2000,- DM zu Lasten des Erwerbers. Die Aufwendungen wurden im Wj 01 wie folgt gebucht:

Grundstücksaufwendungen an Bank 12 840,- DM

Das Grundstück ist mit einem Gebäude bestanden, dessen Buchwert am 1.1.01 20 000,- DM betrug. Es war schon am 1.1.01 technisch und wirtschaftlich verbraucht und wurde sofort nach dem Erwerb abgerissen. In Höhe des Buchwertes von 20 000,- DM wurde am 31.12.01 eine AfA für außergewöhnlich technische oder wirtschaftliche Abnutzung vorgenommen. Die Abbruchkosten für das verbrauchte Gebäude beliefen sich auf 5 000,- DM zzgl. 700,-DM USt; sie wurden als sonst. betriebl. Aufwand bzw. Vorsteuer im Wj 02, dem Jahr der Bezahlung, gebucht; die Rechnung darüber ging im Wj 01 ein.

An Stelle des abgerissenen Gebäudes errichtete der Stpfl. beginnend ab Mai 01 ein neues Betriebsgebäude, das am 1.12.02 bezogen wurde. Lt. Abrechnung des Architekten betrugen die Herstellungskosten:

Baukosten	400 000,- DM
+ Mehrkosten für beschleunigte Erstellung	60 000,- DM
	460 000,- DM

In diesen Herstellungskosten ist ein Betrag von 10 000,- DM geschätzte Eigenleistung des Stpfl. enthalten. Der Betrag wurde im Wj 02 als Einlage, die Mehrkosten für beschleunigte Erstellung im Wj 02 als Aufwand gebucht. Darüber hinaus wurden die gesamten Elektroinstallationsarbeiten durch Arbeitnehmer des Stpfl. ausgeführt. Die Arbeitnehmer erhielten 30,- DM pro Lohnstunde ausgezahlt. Aufgrund einer Nachkalkulation ergab sich ein Lohngemeinkostenzuschlag von 70%. Die Arbeitnehmer waren 100 Lohnstunden tätig. Nach einer mengenmäßigen Aufstellung wurde an Elektromaterial dem Lager Ware im Einkaufswert von 30 500,- DM entnommen. Die Materialgemeinkosten im Betrieb betrugen im Wj 02 15%; die Ware wurde das ganze Jahr über mit einem Gewinnaufschlag von 65% veräußert.

Bei der Ermittlung der Herstellungskosten wurden die angefallenen Lohn- und Materialaufwendungen nicht berücksichtigt. Die Arbeitsleistungen sind ausschließlich im Wj 02 angefallen.

Im Wj 03 wurde das Betriebsgebäude durch einen Anbau erweitert, der am 1.10.03 fertiggestellt war. Es liegt eine Verschachtelung mit dem bestehenden Gebäude vor, ohne daß das bisherige Gepräge des Gebäudes verändert wurde. Die Herstellungskosten, die sämtlich durch Fremdunternehmer entstanden sind, beliefen sich auf 130 000,- DM (ohne USt).

Die betriebsgewöhnliche Nutzungsdauer beträgt zutreffend 40 Jahre. Absetzungen für Abnutzung wurden unter Berücksichtigung der Vereinfachungsregelung nach Abschn. 43 Abs. 8 EStR vorgenommen.

Berichtigung der Schlußbilanz 95

Entwicklung der Bilanzposten

Grund und Boden	31.12.01 - 31.12.03	180 000,- DM
Gebäude	1.12.02	400 000,- DM
	./. AfA 2,5% f. ½ Jahr	5 000,- DM
	31.12.02	395 000,- DM
	+ Anbau 1.10.03	130 000,- DM
		525 000,- DM
	./. AfA Gebäude	10 000,- DM
	./. AfA Anbau 2,5% für ½ Jahr	1 625,- DM
	31.12.03	513 375,- DM

Frage: Mit welchen Werten sind die Wirtschaftsgüter in der PB anzusetzen? Welche Auswirkungen ergeben sich für Gewinn-, Umsatzsteuer und andere Bilanzposten? In welcher Form kann das gefundene Ergebnis rechnerisch kontrolliert werden?

Lösung ◀

1. Der Grund und Boden ist als Wirtschaftsgut des nicht abnutzbaren Anlagevermögens mit den Anschaffungskosten zu bilanzieren (§ 6 Abs. 1 Nr. 2 EStG). Zu den Anschaffungskosten rechnen neben dem Kaufpreis die Erwerbsnebenkosten: Grunderwerbsteuer 4 000,- DM, Maklerprovision 6 000,- DM und die dem Verkäufer für das erste Vierteljahr des Wj 01 erstattete Grundsteuer in Höhe von 500,- DM. Die verrechenbare Vorsteuer von 840,- DM gehört gem. § 9b Abs. 1 EStG nicht zu den Anschaffungskosten (Abschn. 32a EStR).

2. Eine Aufteilung des Kaufpreises auf Grund und Boden und Gebäude entfällt, denn es wurde ein objektiv wertloses Gebäude erworben. Der Restbuchwert und die Abbruchkosten sind nachträgliche Aufwendungen für den Grund und Boden (BFH, BStBl 1969 II S. 35, Abschn. 33a Abs. 5 S. 3 Nr. b EStR).

3. Das Gebäude ist als Wirtschaftsgut des abnutzbaren Anlagevermögens mit den Herstellungskosten vermindert um AfA zu aktivieren (§ 6 Abs. 1 Nr. 1 EStG). Die Schnellbaukosten gehören zu den Herstellungskosten (BFH, BStBl 1958 III S. 420). Eigenleistungen sind nicht einzubeziehen, weil ihnen keine betrieblich veranlaßten Aufwendungen zugrunde liegen (Abschn. 33 Abs. 1 S. 1 EStR). Material- und Lohneinzelkosten sowie die

entsprechenden Gemeinkosten für die bei der Herstellung beschäftigten Arbeitnehmer sind in die Herstellungskosten einzubeziehen (Abschn. 33 Abs. 1 S. 2 EStR); ein Gewinnaufschlag ist mangels Aufwand nicht vorzunehmen.

Materialkosten 30 500,- DM + 15% = (4 575,-)   = 35 075,- DM
Lohnkosten (100 x 30,-) = 3 300,- + 70% = 2 310,- = 5 610,- DM
                                insgesamt   40 685,- DM

Die Aufwendungen für den Anbau sind den Herstellungskosten des Gebäudes hinzuzurechnen (BFH, BStBl 1978 II S. 46); die Voraussetzungen zur Behandlung als selbständiges Wirtschaftsgut Gebäude liegen nicht vor (BFH, BStBl 1978 II S. 123; BFH, BStBl 1984 II S. 196; Abschn. 42a Abs. 2 Nr. 1 und Nr. 2 EStR).

4. Die AfA für das Wj 02 ist gem. § 7 Abs. 1 EStG zeitanteilig für einen Monat vorzunehmen. Für das Wj 03 ist nach Abschn. 42a Abs. 1 iVm Abschn. 45 Abs. 3 EStR die AfA mit 2,5% von (490 685,- + 130 000,-) = 620 685,- DM zu berechnen. Die Vereinfachungsregelung des Abschn. 43 Abs. 8 EStR gilt nur für bewegliche Wirtschaftsgüter des abnutzbaren Anlagevermögens.

5. **Entwicklung der Bilanzposten s. Seite 97**
6. **Überprüfung durch Bilanzkonto**

Wj 01

Grund und Boden	35 500,-	Verbindlichkeiten	5 700,-
Vorsteuer	1 540,-	Gewinn	31 340,-
	37 040,-		37 040,-

Wj 02

Grund und Boden	35 500,-	Kapitalvortrag	31 340,-
Gebäude	94 663,-	Gewinn	109 663,-
Vorsteuer	840,-		
Einlagen	10 000,-		
	141 003,-		141 003,-

Wj 03

Grund und Boden	35 500,-	Kapitalvortrag	131 003,-
Gebäude	90 771,-	Gewinn ./.	3 892,-
Vorsteuer	840,-		
	127 111,-		127 111,-

5. Entwicklung der Bilanzposten

	StB	PB	Auswirkungen			
			Gewinn	Privat	USt	anderer Bilanzposten
Grund und Boden	180 000,–	180 000,–				
+ Nebenkosten	–	10 500,–	+ 11 340,–	–	./. 840,–	–
+ Restbuchwert	–	20 000,–	+ 20 000,–	–	–	–
+ Abbruchkosten	–	5 000,–	–	–	./. 700,–	so. Verbindlichkeiten + 5 700,–
31.12.01	180 000,–	215 500,–				Wegfall so. Verbindlichk.
31.12.02	180 000,–	215 500,–	+ 5 000,–	–	(Fortführung ./. 840,–)	./. 5 700,–
31.12.03	180 000,–	215 500,–	–	–	(Fortführung ./. 840,–)	–
Gebäude	400 000,–	400 000,–				
+ Schnellbaukosten	–	60 000,–	+ 60 000,–	–	–	–
./. Eigenleistung	–	10 000,–		NE ./. 10 000,–		
+ Lohn- und Materialkosten	–	40 685,–	+ 40 685,–	–	–	–
Herstellungskosten	400 000,–	490 685,–				
./. AfA 2,5 % 1 Mo	5 000,–	1 022,–	+ 3 978,–	–	–	–
31.12.02	395 000,–	489 663,–				
+ Anbau	130 000,–	130 000,–				
	525 000,–	619 663,–				
./. AfA	11 625,–	15 517,–	./. 3 892,–			
31.12.03	513 375,–	604 146,–				
Querprobe Differenz	90 771,–		**Ergebnis** 90 771,–			

FALL 11

Bebautes Grundstück

Sachverhalt:

Bilanzübersicht	StB 31.12.00	StB 31.12.01	StB 31.12.02
Grund und Boden	45 000,-	45 000,-	45 000,-
Gebäude	285 000,-	270 000,-	255 000,-

Im Wj 00 wurde auf dem zum Betriebsvermögen gehörenden Grundstück ein Betriebsgebäude mit Anbau errichtet. Die Herstellungskosten betrugen 300 000,-DM; die AfA wurde jährlich mit 5% gem. § 7 Abs. 5 EStG zutreffend vorgenommen.

Im Wj 01 wurde das Betriebsgebäude einschließlich Anbau um eine Etage aufgestockt. Die Baukosten für die Aufstockung des Betriebsgebäudes betrugen 150 000,- DM zzgl. 21 000,- DM USt, die für den Anbau 140 000,- DM zzgl. 19 600,- DM USt.

Die eigenbetriebliche Nutzung erstreckte sich ab 1.10.01 ausschließlich nur noch auf die Räume in der 1. Etage einschließlich Anbau. Das Erdgeschoß einschließlich Anbau wurde ab 1.10.01 an eine Versicherungsagentur bzw. als Ausstellungsraum vermietet.

In den Steuererklärungen wurden die Mieteinnahmen und die angefallenen Aufwendungen wie folgt als Einkünfte aus Vermietung und Verpachtung erklärt:

	Wj 01	Wj 02
Einnahmen	7 500,- DM	30 000,- DM
./. Werbungskosten:		
Zinsen Fälligkeitshypothek	5 250,- DM	10 500,- DM
Disagio	10 500,- DM	-,-
anteilige AfA		
(3,5% von 290 000,- DM)	10 150,- DM	10 150,- DM
anteilige Gebäudekosten		
(Erdgeschoß)	900,- DM	8 800,- DM
Einkünfte aus		
Vermietung/Verpachtung	./. 19 300,- DM	550,- DM

Es ist nicht beabsichtigt, die vermieteten Räumlichkeiten als Betriebsvermögen zu behandeln. Eine Korrektur der ursprünglich vorgenommenen Bilanzierung wurde auch nicht vorgenommen.

Die im Wj 01 angefallenen Herstellungskosten von 290 000,- DM zzgl. 40 600,- DM USt wurden wie folgt bezahlt:

Wj 01:
a) Aufnahme einer Fälligkeitshypothek auf ein nicht zum Betriebsvermögen zählendes Mietwohngrundstück 150 000,- DM; ausgezahlt am 1.7.01 mit 139 500,- DM, rückzahlbar am 1.7.06. Die Hypothekenzinsen von jährlich 7% sind halbjährlich jeweils zum 30.12. und 30.6. nachschüssig zu zahlen.

Diese Hypothek wurde als Privatschuld behandelt; die Zinsen wurden aus dem Privatvermögen des Stpfl. an den Fälligkeitstagen gezahlt.

b) Zahlungen vom betrieblichen Bankkonto:
am 5.10.01   40 000,- DM
am 20.12.01   35 000,- DM

Wj 02:
a) Zahlungen vom privaten Sparbuch:
am 5.2.02   35 000,- DM
b) Zahlungen vom betrieblichen Bankkonto:
am 15.5.02   81 100,- DM

Der Teilwert des Grundstücks, der ständig steigt, betrug:

am 1.10.01 Grund und Boden   70 000,- DM
                Gebäude (Erdgeschoß)   320 000,- DM
am 31.12.01 Grund und Boden   75 000,- DM
                Gebäude (Erdgeschoß)   325 000,- DM
am 31.12.02 Grund und Boden   82 000,- DM
                Gebäude (Erdgeschoß)   340 000,- DM

Anmerkung: Auf Umsatzsteuerbefreiungen wurde gem. § 9 UStG verzichtet.

Frage: Mit welchen Werten sind die Wirtschaftsgüter in der PB anzusetzen? Welche Auswirkungen ergeben sich auf Gewinn-, Privat-, Umsatzsteuer- und andere Bilanzposten? Wie kann das Ergebnis rechnerisch kontrolliert werden?

▶ **Lösung**

1. Das Erdgeschoß mit Anbau ist ein selbständiges Wirtschaftsgut nach Abschn. 13b Abs. 2 EStR »eigenbetrieblich genutzter Grundstücksteil«. Es war vor der Aufstockung notwendiges Betriebsvermögen (Abschn. 14 Abs. 1 EStR). Durch die Nutzungsänderung (Vermietung an Versicherungsagentur bzw. Ausstellungsraum) hätte gewillkürtes Betriebsvermögen gebildet werden können (Abschn. 14 Abs. 3 EStR). Dieser Grundstücksteil ist ebenfalls selbständiges Wirtschaftsgut nach Abschn. 13b Abs. 2 EStR »fremdbetrieblich genutzter Grundstücksteil«. Die ausdrückliche Erklärung des Stpfl., dies nicht zu wollen, führt zu einer Entnahme des Grundstücksteils »Erdgeschoß« (Abschn. 13a Abs. 2 iVm Abschn. 14 Abs. 11 EStR), die nach § 6 Abs. 1 Ziff. 4 EStG mit dem Teilwert zu bewerten ist; BFH, BStBl 1975 II S. 168).

2. Die 1. Etage und das Obergeschoß des Anbaus sind als selbständiges WG notwendiges Betriebsvermögen (Abschn. 14 Abs. 1 und 2 EStR). Die AfA bemißt sich nach § 7 Abs. 5 EStG und Abschn. 42a Abs. 1 EStR. Die auf die Baukosten entfallende Vorsteuer ist gem. § 9b EStG verrechenbar, denn es wurde im Rahmen des § 9 UStG auf Steuerfreiheit verzichtet. Ein Tausch von Grundstücksteilen führt zur Gewinnrealisierung (BFH, BStBl 1970 II S. 313, BStBl 1983 II S. 365).

3. Die Hypothekenschuld und die noch nicht beglichenen Bauschulden sind notwendiges Betriebsvermögen, denn sie stehen in engem wirtschaftlichen Zusammenhang mit dem Grundstücksteil. Die Bewertung hat nach § 6 Abs. 1 Nr. 3 EStG iVm Abschn. 37 Abs. 3 EStR (BFH, BStBl 1969 III S. 670) zu erfolgen. Das Disagio von 10 500,- DM ist als aktiver Rechnungsabgrenzungsposten gem. § 5 Abs. 4 EStG auf die Laufzeit der Hypothek zu verteilen (BFH, BStBl 1978 II S. 262).

4. Die aus betrieblichen Mitteln geleisteten Zahlungen sind keine Entnahmen gem. § 4 Abs. 1 S. 2 EStG; dagegen ist die aus dem Privatvermögen vorgenommene Zahlung als Einlage gem. § 4 Abs. 1 S. 5 EStG zu behandeln.

5. Nach § 8 Abs. 1 EStG iVm Abschn. 14 Abs. 6 EStR sind die Einnahmen aus der Vermietung des Erdgeschosses einschließlich des Anbaus keine Betriebseinnahmen, denn dieser Grundstücksteil ist Privatvermögen.

   Zinszahlungen und die AfA sind Betriebsausgaben (§ 4 Abs. 4 EStG); soweit die Zinszahlungen aus dem Privatvermögen erfolgten, wurden Einlagen getätigt (§ 4 Abs. 1 S. 5 EStG).

Berichtigung der Schlußbilanz 101

6. Entwicklung der Bilanzposten

Bilanzposten	StB	PB	Auswirkungen Gewinn	Auswirkungen Privat	Auswirkungen USt	Auswirkungen anderer Bilanzposten
a) Grund und Boden 31.12.00	45 000,-	45 000,-				
./. Abgang 1.10.01	-	22 500,-				
31.12.01	45 000,-	22 500,-	+ 12 500	PE + 35 000		
31.12.02	45 000,-	22 500,-				
b) Gebäude 31.12.00	285 000,-	285 000,-				
./. AfA 1.1.–1.10.01	-	11 250,-	./. 11 250			
	285 000,-	273 750,-				
./. Abgang	-	273 750,-				
+ Zugang AK		-,-				
= Hypothek 139 500,-						
PE 75 000,-						
sonst. Verb. 116 100,-						
330 600,-			+ 46 250	PE + 320 000		Hypothek + 139 500,- sonst. Verb. + 116 100,-
./. Vorst. 40 600,-						
	285 000,-	290 000,-		PE ./. 75 000	./. 40 600	
./. AfA 5%	15 000,-	290 000,-				
31.12.01	270 000,-	14 500,-	+ 500	-	-	-
./. AfA 5%	15 000,-	275 500,-			(Fort-	Hypothek (s. Ent-
31.12.02	255 000,-	14 500,-	+ 500	-	führung	wicklung unter d)
		261 000,-			./. 40 600)	so. Verb. s. unter e)
c) aktive RAP (Disagio)	-,-	10 500,-				Hypothek + 10 500,-
./. Abschreibung	-,-	1 050,-	./. 1 050			(s. unter d)
31.12.01	-,-	9 450,-				
./. Abschreibung	-,-	2 100,-	./. 2 100			
31.12.02	-,-	7 350,-				
d) Hypothek 31.12.01	-,-	150 000,-				
31.12.02	-,-	150 000,-				
e) Sonst. Verbindlichkeiten 31.12.01	-,-	116 100,-		NE + 35 000		
./. Tilgung	-,-	116 100,-		PE ./. 81 100		
31.12.02	-,-	-,-				

7. Die Zinsen für die Fälligkeitshypothek:

	Wj 01	Wj 02
lt. StB	–	–
lt. PB	5 250,- DM	10 500,- DM
Differenz	5 250,- DM	10 500,- DM
Gewinnauswirkung	./. 5 250,- DM	./. 10 500,- DM
Privatkonto: Einlagen	+ 5 250,- DM	+ 10 500,- DM

8. Überprüfung durch Bilanzkonto

Wj 01

Gebäude	5 500,-	Grund und Boden	22 500,-
Disagio	9 450,-	Hypothek	150 000,-
USt-Schuld	40 600,-	sonstige Verbindlichkeiten	116 100,-
Entnahmen	280 000,-	Einlagen	5 250,-
		Gewinn	41 700,-
	335 550,-		335 550,-

Wj 02

Kapitalvortrag	233 050,-	Grund und Boden	22 500,-
Gebäude	6 000,-	Hypothek	150 000,-
Disagio	7 350,-	Einlagen	45 500,-
USt-Schuld	40 600,-	Entnahmen	81 100,-
Verlust	12 100		
	299 100,-		299 100,-

FALL 12

Bebautes Grundstück

Sachverhalt:

Bilanzübersicht	StB 31.12.01	StB 31.12.02	StB 31.12.03
Gebäude	167 700,-	167 700,-	159 100,-

Am 1.7. des Wj 01 (Kj 1987) wurde das bebaute Grundstück zum Kaufpreis von 172 000,- DM umsatzsteuerfrei erworben. Die Bezahlung des Kaufpreises erfolgte vom betrieblichen Bankkonto. Vom Kaufpreis entfallen 20 v. H. auf den Grund und Boden. Die gesamten Erwerbsnebenkosten in Höhe von 15 400,-DM zzgl. 180,- DM USt wurden im Wj 01 aus Privatmitteln bezahlt. Eine Buchung ist insoweit unterblieben. Das Grundstück wurde insgesamt als Betriebsvermögen angesehen.

In den Wj 01-03 wurde das Gebäude wie folgt genutzt:
a) eigene Büroräume 38 v. H.
b) fremdgewerblich vermietet
 (nicht an einen Stpfl. seines Gewerbezweiges) 30 v. H.
c) eigene Wohnzwecke 32 v. H.

Der monatliche Mietwert der eigenen Wohnung von 1000,- DM ist angemessen. In den Wj 01-03 wurde er gebucht »Miete an Einlagen«. Für den fremdgewerblich vermieteten Teil wurde in den Wj 01-03 monatlich eine Miete von 600,- DM erzielt, die von dem Mieter auf das private Sparbuch des Vermieters überwiesen wurde. Eine Buchung erfolgte nicht.

Die gesamten laufenden Hausunkosten sind vom betrieblichen Bankkonto bezahlt worden; gebucht wurde:

Wj 01:	Grundstücksaufwendungen	3 000,- DM	
	Vorsteuer	420,- DM	
	an Bank		3 420,- DM

Wj 02:	Grundstücksaufwendungen	6 500,- DM	
	Vorsteuer	910,- DM	
	an Bank		7 410,- DM

Wj 03:	Grundstücksaufwendungen	5 400,- DM	
	Vorsteuer	756,- DM	
	an Bank		6 156,- DM

Das Gebäude hat ab dem Erwerbszeitpunkt noch eine betriebsgewöhnliche Nutzungsdauer von 40 Jahren. Im Wj 02 wurde versehentlich keine AfA vorgenommen; sie wurde im Wj 03 nachgeholt.

Anmerkung: Soweit möglich, wurde von der Optionsmöglichkeit gem. § 9 UStG Gebrauch gemacht; eine etwaige Aufteilung der Vorsteuern richtet sich nach § 15 Abs. 4 Nr. 2 UStG.

Frage: Mit welchen Werten sind die Wirtschaftsgüter in der PB anzusetzen? Welche Auswirkungen ergeben sich auf Gewinn, Privat- und Umsatzsteuer? In welcher Form kann das gefundene Ergebnis kontrolliert werden?

▶ **Lösung**

1. Nach Abschn. 13b Abs. 2 EStG sind neben dem Grund und Boden drei selbständige Wirtschaftsgüter als sonstige selbständige Gebäudeteile gegeben; eigenbetrieblich genutzter Grundstücksteil zu 38 v. H., fremdbetrieblich genutzter Grundstücksteil zu 30 v. H., eigenen Wohnzwecken dienender Grundstücksteil zu 32 v. H. In diesem Verhältnis ist auch der Grund und Boden als zugehöriger Anteil zu den Wirtschaftsgütern zu betrachten. Nach Abschn. 14 Abs. 1 EStR sind das Wirtschaftsgut »eigenbetriebliche Nutzung« (Grund u. Boden, Gebäude) mit 38 v. H. bezogen auf das Gesamtgrundstück als notwendiges Betriebsvermögen zu bilanzieren.

2. Ein Ausweis des fremdgewerblich vermieteten Grundstücksteils als gewillkürtes Betriebsvermögen (Abschn. 14 Abs. 3 EStR) ist deshalb nicht möglich, weil dieser Grundstücksteil durch die Vermietung an einen Gewerbetreibenden eines anderen Gewerbezweiges nicht in einem objektiven Zusammenhang mit dem Betrieb fördernd steht (BFH, BStBl 1982 II S. 526; anders BFH, BStBl 1985 II S. 395). In Abschn. 14 Abs. 4 – Beispiel dazu – EStR vertritt die FinVerw durch den Hinweis »Ein Einzelhändler seines Gewerbezweiges« die Auffasssung, daß Abschn. 14 Abs. 3 EStR auf den vorliegenden Fall nicht anwendbar ist.

3. Nach Abschn. 14 Abs. 4 EStR ist der eigenen Wohnzwecken dienende Grundstücksteil als notwendiges Privatvermögen zu behandeln. Die Übergangsregelung zur Behandlung als Betriebsvermögen (BMF-Schreiben v. 12.11.1986, BStBl I S. 528) ist hier nicht anwendbar.

4. Die Anschaffungskosten, zu denen auch die Erwerbsnebenkosten gehören, setzen sich für das gesamte Grundstück wie folgt zusammen:

Kaufpreis	172 000,- DM
+ Nebenkosten	15 400,- DM
	187 400,- DM
davon eigenbetrieblich = 38% =	71 212,- DM

Diese Anschaffungskosten entfallen zu 20% = 14 242,- DM auf Grund und Boden und zu 80% = 56 970,- DM auf das Gebäude, die als Wirtschaftsgüter des nicht abnutzbaren und abnutzbaren Anlagevermögens getrennt voneinander zu bilanzieren sind.

Die Bezahlung des auf den nicht bilanzierungsfähigen Teil des Grundstücks entfallenden Kaufpreises (62% von 172 000,-) = 106 640,- DM stellt gem. § 4 Abs. 1 S. 2 EStG Entnahmen dar.

5. Gem. § 7 Abs. 1 iVm Abs. 4 EStG ist die AfA jährlich vorzunehmen. Versehentlich nicht vorgenommene AfA kann in den folgenden Wirtschaftsjahren nachgeholt werden (Abschn. 43 Abs. 9 EStR; Verteilung auf die Restnutzungsdauer, BFH, BStBl 1967 III S. 386). Keine Nachholung degressiver Gebäude-AfA (BFH, BStBl 1987 II S. 491).

6. **Entwicklung der Bilanzposten**   Auswirkungen

	StB	PB	Gewinn	Privat	USt
Grund und Boden					
1.7.01	-	13 072,-		NE +	
+ Nebenkosten	-	1 170,-	-	1 170	-
31.12.01	-	14 242,-			
31.12.02	-	14 242,-	-	-	-
31.12.03	-	14 242,-	-	-	-
Gebäude				PE +	
1.7.01	172 000,-	52 288,-	-	106 640	-
+ Nebenkosten	-	4 682,-		NE +	./. 68,-
	172 000,-	56 970,-		4 750	
./. AfA 2,5% f. ½ Jahr	4 300,-	712,-	+ 3 588	-	-
31.12.01	167 700,-	56 258,-			(Fortführung
./. AfA 2,5%	-	1 424,-	./. 1 424		./. 68,–)
31.12.02	167 700,-	54 834,-			(„)
./. AfA 2,5%	8 600,-	1 424	+ 7 176		./. 68,–
31.12.03	159 100,-	53 410,-			
Querprobe:					
Differenz:			**Ergebnis**		
Gru-Bo		+ 14.242,-			
Gebäude		./. 105 690,-			
		./. 91 448,-	91 448,-		

7. Die monatlichen Mietzahlungen des fremdgewerblich vermieteten Grundstücksteils und der »Mietwert der eigenen Wohnung« sind sind kein betrieblicher Ertrag; zu 38% sind die Grundstücksaufwendungen als betrieblicher Aufwand zu behandeln (Abschn. 14 Abs. 6 EStR). In Höhe dieses Prozentsatzes ist auch nur die Vorsteuer verrechenbar.

Die übrigen Zahlungen sind als Entnahmen gem. § 4 Abs. 1 S. 2 EStG zu behandeln. Die Falschbuchung des Mietwerts der eigenen Wohnung ist zu stornieren.

8. **Auswirkungen**

a) **Gewinnauswirkungen**	Wj 01	Wj 02	Wj 03
Storno private Miete	+ 6 000,-	+ 12 000,-	+ 12 000,-
Grundstücksaufwendungen (62%)	+ 1 860,-	+ 4 030,-	+ 3 348,-
	+ 7 860,-	+ 16 030,-	+ 15 348,-
b) **Entnahmen**			
priv. Aufwendungen (62%)	+ 2 120,-	+ 4 594,-	+ 3 817,-
c) **Einlagen**			
private Miete	./. 6 000,-	./. 12 000,-	./. 12 000,-

9. **Entwicklung USt-Schuldkonto**

Berichtigung	31.12.01	31.12.02	31.12.03
Vorsteuer (Nr. 6)	./. 68,-	./. 68,-	./. 68,-
Vorsteuer (Nr. 8)	+ 260,-	+ 260,-	+ 260,-
Vorsteuer (Nr. 8)	-	+ 564,-	+ 564,-
Vorsteuer (Nr. 8)	-	-	+ 469,-
	+ 192,-	+ 756,-	+ 1 225,-

10. **Überprüfung durch Bilanzkonto**

Wj 01

Grund und Boden	14 242,-	Gebäude	111 442,-
Entnahmen	108 760,-	USt-Schuld	192,-
Einlagen	80,-	Gewinn	11 448,-
	123 082,-		123 082,-

Wj 02

Grund und Boden	14 242,-	Gebäude	112 866,-
Entnahmen	4 594,-	USt-Schuld	756,-
Einlagen	12 000,-	Gewinn	14 606,-
Kapitalvortrag	97 392,-		
	128 228,-		128 228,-

Berichtigung der Schlußbilanz

	Wj 03		
Grund und Boden	14 242,-	Gebäude	105 690,-
Entnahmen	3 817,-	USt-Schuld	1 225,-
Einlagen	12 000,-	Gewinn	22 524,-
Kapitalvortrag	99 380,-		
	129 439,-		129 439,-

FALL 13

Selbständige und unselbständige Gebäudeteile

Sachverhalt:

Bilanzübersicht	StB 31.12.00	StB 31.12.01	StB 31.12.02
Grund und Boden	420 000,-	420 000,-	420 000,-
Gebäude	238 875,-	791 583,-	820 208,-
Rückstellung	-	-	10 000,-

Im Februar des Wj 00 erwarb der Stpfl. umsatzsteuerfrei im Hafengebiet der Stadt ein direkt an die Wasserstraße angrenzendes bebautes Grundstück für 600 000,- DM. Die Erwerbsnebenkosten beliefen sich ohne USt auf 65 000,- DM. Auf den Wert des Grund und Bodens entfallen 70 v. H. der Anschaffungskosten.

Im Wj 00 wurde gebucht:

Grund und Boden   420 000,-
Gebäude   245 000,- DM   an Bank   665 000,- DM

Die betriebsgewöhnliche Nutzungsdauer beträgt 40 Jahre ab dem Erwerbszeitpunkt.

Das Gebäude war in dem erworbenen Zustand für den Stpfl. nur bedingt nutzbar. Deshalb begannen im März des Wj 01 Umbau- und Erweiterungsarbeiten in erheblichem Umfang, die Anfang Dezember des Wj 01 beendet waren. Von den angefallenen Baukosten entfielen auf:

a) Umbau- und Erweiterungsarbeiten   240 000,- DM (ohne USt)
b) Klimaanlage (dient ausschließlich
   der Einlagerung leicht verderblicher Waren) 100 000,- DM (ohne USt)
c) Personenfahrstuhl   70 000,- DM (ohne USt)
d) Lastenaufzug   45 000,- DM (ohne USt)

e) Hofpflasterung (Kundenparkplatz)   80 000,- DM (ohne USt)
f) teilweise Hofüberdachung
   (mit dem Gebäude fest verbunden)   25 000,- DM (ohne USt)
     insgesamt   560 000,- DM (ohne USt)

Diese Baukosten sind auf dem Konto Gebäude gebucht worden; die entsprechende Vorsteuer ist zutreffend gebucht. Absetzungen für Abnutzung wurden mit 2,5% vorgenommen. Die betriebsgewöhnliche Nutzungsdauer beträgt für **alle** selbständigen Wirtschaftsgüter 12 Jahre.

In der Zeit von November des Wj 01 bis Mai des Wj 02 ließ der Stpfl. eine Verladeanlage auf dem dem Bund gehörenden Uferstreifen errichten. Die Wasser- und Schiffahrtsdirektion als Vertreterin des Bundes erteilte hierfür eine ab dem 1.11.01 auf zehn Jahre beschränkte Erlaubnis, die lt. Vertrag nicht verlängert werden soll. Die Herstellungskosten für die Verladeanlage betrugen 50 000,- DM zzgl. 7 000,- DM USt. Gebucht wurde, da die Anlage über Saugrohre mit dem Gebäude verbunden ist:

Gebäude   50 000,- DM
Vorsteuer   7 000,- DM   an Bank   57 000,- DM

Nach den vertraglichen Vereinbarungen muß die Anlage nach Vertragsablauf entschädigungslos abgebrochen werden. Durch Zeitablauf und technische Veralterung dürfte die Verladeanlage dann nicht mehr verwendbar sein. Für die später anfallenden Abbruchkosten wurde eine Rückstellung in geschätzter Höhe von 10 000,- DM zu Lasten des Gewinns gebildet.

Entwicklung des Kontos Gebäude lt. StB

Zugang	Februar des Wj 00		245 000,- DM
./. AfA	(2,5%)		6 125,- DM
		31.12.00	238 875,- DM
Zugang			560 000,- DM
./. AfA	(2,5% von 245 000,- DM)		6 125,- DM
./. AfA	(2,5% von 560 000,- DM)		1 167,- DM
		31.12.01	791 583,- DM
Zugang			50 000,- DM
./. AfA	(2,5% von 855 000,- DM)		21 375,- DM
		31.12.02	820 208,- DM

Frage: Mit welchen Werten sind die Wirtschaftsgüter in der PB anzusetzen? Welche Auswirkungen ergeben sich auf den Gewinn und andere Bilanzposten?
Wie kann das Ergebnis kontrolliert werden?

Lösung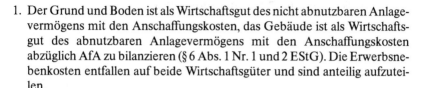

1. Der Grund und Boden ist als Wirtschaftsgut des nicht abnutzbaren Anlagevermögens mit den Anschaffungskosten, das Gebäude ist als Wirtschaftsgut des abnutzbaren Anlagevermögens mit den Anschaffungskosten abzüglich AfA zu bilanzieren (§ 6 Abs. 1 Nr. 1 und 2 EStG). Die Erwerbsnebenkosten entfallen auf beide Wirtschaftsgüter und sind anteilig aufzuteilen.
2. Gebäudeteile sind mit dem Gebäude einheitlich abzuschreiben, wenn sie in einem einheitlichen Nutzungs- und Funktionszusammenhang mit dem Gebäude stehen (BFH, BStBl 1974 II S. 132). Gebäudeteile, die nicht in einem einheitlichen Nutzungs- und Funktionszusammenhang stehen, sind als selbständige Wirtschaftsgüter getrennt vom Gebäude abzuschreiben (Abschn. 42a Abs. 4 und Abs. 5 EStR). Die AfA für das Gebäude ist im Wj 01 gem. Abschn. 42a Abs. 1 iVm Abschn. 45 Abs. 3 EStR vorzunehmen.
3. Als selbständige Wirtschaftsgüter sind nach Abschn. 13b Abs. 1 EStR anzusetzen:

   a) Klimaanlage   100 000,–   (Betriebsvorrichtung)
   b) Lastenaufzug   45 000,–   (Betriebsvorrichtung)
   c) Hofpflasterung   80 000,–   (selbständiges WG; BFH, BStBl 1960 III S. 198, BFH, BStBl 1972 II S. 76, BFH, BStBl 1978 II S. 163)
   d) Verladeanlage   50 000,–   (Betriebsvorrichtung)

   Betriebsvorrichtungen gelten als bewegliche Wirtschaftsgüter des Anlagevermögens; sie sind gem. § 7 Abs. 2 EStG degressiv abzuschreiben (hier 3 x 8,33 = 25%). Die Vereinfachungsregelung des Abschn. 43 Abs. 8 EStR ist anwendbar.

   Für die Hofpflasterung (Kundenparkplatz), die keine Betriebsvorrichtung ist (BFH, BStBl 1972 II S. 79), kann nur die AfA gem. § 7 Abs. 1 EStG vorgenommen werden; Abschn. 43 Abs. 8 EStR ist nicht anwendbar.

   Die auf fremdem Grund und Boden errichtete Verladeanlage ist eine Betriebsvorrichtung gem. § 68 Abs. 2 BewG (BFH, BStBl 1977 II S. 590). Die AfA für dieses bewegliche Wirtschaftsgut des Anlagevermögens ist längstens auf die Zeit der Nutzungsmöglichkeiten (10 Jahre) vorzunehmen; gem. § 7 Abs. 2 EStG 3 x 10 = 30% degr. AfA.
4. Die Kosten für den späteren Abbruch der Verladeanlage sind durch die Bildung einer Rückstellung für Anlagenbeseitigung in der Weise zu berücksichtigen, daß der Aufwand, verteilt auf die Jahre der Benutzung, sich dar-

stellt (BFH, BStBl 1966 III S. 61). Die Bildung ist auf die Zeit von 113 Monaten gleichmäßig zu verteilen (jährlich 1000 : 113 x 12 = 1061,- DM; für das Wj 02 nur für 7 Monate = 619,- DM).

5. Entwicklung der Bilanzposten

	StB	PB	Auswirkungen Gewinn	Auswirkungen anderer Bilanzposten
a) **Grund und Boden**	420 000,-	420 000,-		
+ 70% Nebenkosten	-	45 500,-	-	Gebäude ./. 45 500
31.12.00	420 000,-	465 500,-		
31.12.01	420 000,-	465 500,-		
31.12.02	420 000,-	465 500,-		
b) **Gebäude**	245 000,-	245 000,-		
./. 70% Nebenkosten	-	45 500,-	-	Grund und Boden + 45 500,-
Anschaffungskosten	245 000,-	199 500,-		
./. 2,5% AfA f. 11 Mo.	6 125,-	4 572,-	+ 1 553,-	-
31.12.00	238 875,-	194 928,-		selbständige WG + 225 000,-
+ Zugang	560 000,-	335 000,-		
	798 875,-	529 928,-		
./. AfA 2,5% von (199 500,- + 335 000,-) = 534 500,- für 1 Jahr	7 292,-	13 363,-	./. 6 071,-	-
31.12.01	791 583,-	516 565,-		selbständiges WG + 50 000,-
+ Zugang	50 000,-	-		
	841 583,-	516 565,-		
./. AfA 2,5%	21 375,-	13 363,-	+ 8 012,-	-
31.12.02	820 208,-	503 202,-		

Querprobe:

Differenz 317 006,-   **Ergebnis** 317 006,-

Berichtigung der Schlußbilanz

c) Betriebsvorrichtungen

	StB	PB	Auswirkungen Gewinn
Klimaanlage	-	100 000,-	
Lastenaufzug	-	45 000,-	
		145 000,-	
./. AfA 25% degr. für ½ Jahr	-	18 125,-	./. 18 125,-
31.12.01	-	126 875,-	
Zugang:			
Verladeanlage	-	50 000,-	
		176 875,-	
./. AfA 25% degr. von 126 875,-			
./. AfA 30% degr. von 50 000,-	-	46 719,-	./. 46 719,-
31.12.02	-	130 156,-	

d) Hofpflasterung

	StB	PB	Auswirkungen Gewinn
	-	80 000,-	
./. AfA 8,33% für 1 Monat	-	555,-	./. 555,-
31.12.01	-	79 445,-	
./. AfA 8,33%	-	6 664,-	./. 6 664,-
31.12.02	-	72 781,-	

e) Rückstellung für Anlagenbeseitigung

	31.12.02
lt. StB	10 000,- DM
lt. PB	619,- DM
Gewinnauswirkung:	**+ 9 381,- DM**

6. Überprüfung durch Bilanzkonto

Wj 00

Grund und Boden	+ 45 500,-	Gewinn	+ 1 553,-
Gebäude	./. 43 947,-		
	1 553,-		1 553,-

Wj 01

Grund und Boden	+ 45 500,-	Kapitalvortrag	1 553,-
Gebäude	./. 275 018,-	Gewinn	./. 24 751,-
Betriebsvorrichtung	+ 126 875,-		
Hofpflasterung	+ 79 445,-		
	23 198,-		23 198,-

	Wj 02		
Grund und Boden	+ 45 500,-	Kapitalvortrag	./. 23 198,-
Gebäude	./. 317 006,-	Gewinn	./. 35 990,-
Betriebsvorrichtung	+ 130 156,-	Rückstellung	./. 9 381,-
Hofpflasterung	+ 72 781,-		
	68 569,-		68 569,-

FALL 14

Mietereinbauten und Mieterumbauten

Sachverhalt:

Bilanzübersicht	StB 31.12.01	StB 31.12.02	StB 31.12.03
Umbauten auf fremdem Grund und Boden	–	55 500,-	49 500,-

Infolge des sich ständig erweiternden Betriebsumfanges mietete der Stpfl. ab dem 1. Januar des Wj 01 das an sein Betriebsgrundstück angrenzende dreigeschossige Gebäude. Im Mietvertrag waren ihm bauliche Veränderungen zugestanden worden. Für die einzelnen Geschosse ergab sich folgendes:

Erdgeschoß
Diese Räumlichkeiten wurden bisher ausschließlich als Büroräume verwendet. Weil der Stpfl. zusätzlichen Lagerraum benötigte, ließ er alle nicht tragenden Wände des Gebäudes entfernen und zusätzlich einige Wandöffnungen in die tragenden Wände einfügen. Die Aufwendungen für diese Umbauarbeiten betrugen 40 000,- DM zzgl. 5 600,- DM USt. Der Betrag wurde insgesamt als sonst. betriebl. Aufwand gebucht. Genutzt wurden diese Räume ab 1.3.01. Die betriebsgewöhnliche Restnutzungsdauer dürfte mit 20 Jahren zutreffend geschätzt sein. Ansprüche des Mieters gegen den Vermieter nach Ablauf der Mietzeit sind nach dem Mietvertrag ausgeschlossen.

1. Obergeschoß
Diese Räume wurden ebenfalls bisher als Büroräume genutzt. Auf seine Kosten ließ sie der Stpfl. in den Monaten Februar – April des Wj 02 mit Zustimmung des Vermieters renovieren. Aufgrund ausdrücklicher Vereinbarung haben diese Kosten keinen Einfluß auf die Miethöhe. Nach Ablauf des zehnjährigen Mietvertrages ist der Stpfl. weder berechtigt noch verpflichtet,

die Räume in den früheren Zustand zu versetzen. Einen Anspruch auf Entschädigung für diese Investitionen gegenüber dem Vermieter hat der Stpfl. nicht.

Die Umbauaufwendungen betrugen 60 000,- DM zzgl. 8400,- DM USt.

Gebucht wurde:

Umbauaufwendungen auf
fremdem Grund u. Boden 60 000,- DM
Vorsteuer   8 400,- DM   an sonstige
                                      Verbindlichkeiten   68 400,-DM

Sie wurden ab dem 1.4.02 auf eine zehnjährige betriebsgewöhnliche Nutzungsdauer abgeschrieben. Nach der Renovierung nutzt der Stpfl. diese Räume ebenfalls als Büroräume.

2. Obergeschoß

Der Vermieter hatte die Räume bis zum 31.12.05 untervermietet. Gegen Zahlung eines Betrages von 36 000,- DM (ohne USt) erklärte sich der Mieter bereit, zum 1.9.02 auszuziehen. Von diesem Zeitpunkt an dienen die Räume als eigene Büroräume des Stpfl. Die Abstandszahlung buchte der Stpfl.:

   Mietaufwand   an Bank   36 000,- DM

Frage: Mit welchen Werten sind die Wirtschaftsgüter in der PB anzusetzen? Welche Auswirkungen ergeben sich für Gewinn und Umsatzsteuer?

Lösung

1. Ein Gebäudeteil ist selbständig, wenn er besonderen Zwecken dient, mithin in einem von der eigentlichen Gebäudenutzung verschiedenen Nutzungs- und Funktionszusammenhang steht (BFH, BStBl 1974 II S. 132; Abschn. 13b Abs. 1 EStR).

2. Durch den Umbau ist ein unbewegliches Wirtschaftsgut des abnutzbaren Anlagevermögens geschaffen worden, das gem. § 6 Abs. 1 Nr. 1 EStG mit den Herstellungskosten abzüglich AfA gem. § 7 Abs. 1 EStG zu bewerten und bilanzieren ist. Es handelt sich um ein Wirtschaftsgut besonderer Art, das beim Mieter trotz fehlendem bürgerlich-rechtlichen und wirtschaftlichen Eigentum zu bilanzieren ist (BFH, BStBl 1975 II S. 443 und BMF-Schreiben vom 15.1.1976, BStBl 1976 I S. 66).

3. Die AfA bemißt sich nach der betriebsgewöhnlichen Nutzungsdauer, die mit 5% jährlich, im Wj 01 nur für 10 Monate, anzusetzen ist.

Entwicklung des Bilanzpostens			Auswirkungen	
	StB	PB	Gewinn	USt
Umbauten 1.3.01	-	40 000,-	+ 45 600,-	./. 5 600,-
./. AfA	-	1 667,-	./. 1 667,-	
31.12.01	-	38 333,-		(Fortführung
./. AfA	-	2 000,-	./. 2 000,-	./. 5 600,-)
31.12.02	-	36 333,-		(Fortführung
./. AfA	-	2 000,-	./. 2 000,-	./. 5 600,-)
31.12.03	-	34 333,-		

4. Die Aufwendungen für die Renovierung der angemieteten Büroräume sind weder als materielles noch als immaterielles Wirtschaftsgut zu aktivieren. Sie sind in Höhe von 60 000,- DM im Wj 02 als Aufwand zu behandeln. Der Stpfl. ist weder bürgerlich-rechtlicher noch wirtschaftlicher Eigentümer (§ 39 Abs. 2 AO) der Renovierungsmaßnahmen. Nach Ablauf der Mietzeit muß alles so belassen werden, wie es eingefügt war. Ein Entschädigungsanspruch steht nach Ablauf der Mietzeit nicht zu. Eine Betriebsvorrichtung ist nicht gegeben; wie auch eine von der Gebäudenutzung in einem verschiedenen Funktionszusammenhang stehende Nutzung von Wirtschaftsgütern nicht vorliegt (BFH, BStBl 1975 II S. 443; vgl. BMF, BStBl 1976 I S. 66). Die Räume werden weiterhin als Büroräume genutzt.

Entwicklung des Bilanzpostens			Auswirkungen
	StB	PB	Gewinn
Umbauten 1.4.02	60 000,-	-	./. 6 000,-
./. AfA 10%	4 500,-	-	+ 4 500,-
31.12.02	55 500,-	-	
./. AfA 10%	6 000,-	-	+ 6 000,-
31.12.03	49 500,-	-	

5. Durch die Zahlung der Abstandssumme von 36 000,- DM erlangt der Stpfl. den Vorteil, bereits vor dem Auslaufen des Mietvertrages die Räume für seine Zwecke nutzen zu können. Dieser Vorteil ist ein selbständig bewertbares Wirtschaftsgut, das zu aktivieren und zwischen dem ursprünglichen im Mietvertrag vereinbarten Räumungstermin und der tatsächlichen Räumung in gleichmäßigen Raten abzuschreiben ist (BFH, BStBl 1970 II S. 382).

Berichtigung der Schlußbilanz

Entwicklung des Bilanzpostens	StB	PB	Auswirkungen Gewinn
Abstandszahlung	-	36 000,-	+ 36 000,-
./. Abschreibung 4/40	-	3 600,-	./. 3 600,-
31.12.02	-	32 400,-	
./. Abschreibung 12/40	-	10 800,-	./. 10 800,-
31.12.03	-	21 600,-	

FALL 15

Einbauten in ein gepachtetes Grundstück

Sachverhalt:

Bilanzübersicht	StB 31.12.02	StB 31.12.03
Betriebsausstattung	79 450,-	75 900,-

Der Stpfl. hat am 1.10.01 das bebaute Grundstück ausschließlich für Büro- und Lagerzwecke umsatzsteuerfrei gepachtet. Der Pachtvertrag läuft bis zum 30.9.11. Die monatlichen vorschüssig zu zahlende Pacht beträgt 5000,- DM. Gebucht wurde: Mietaufwand an Bank.

Im Einvernehmen mit dem Verpächter hat der Stpfl. an dem Grundstück folgende Um- und Einbauten durchgeführt:

a) Umbau vorhandener Räume in Büro- und Lagerräume durch Entfernen vorhandener Wände und Neueinziehen von Zwischenwänden, fertiggestellt am 1.12.01. Die angefallenen Baukosten betrugen 30 000,- DM zzgl. 4 200,- DM USt. Gebucht wurde:
Grundstücksaufwand, Vorsteuer an Bank.
Der Umbau ist nach Ablauf der Mietzeit nicht verbraucht. Eine Entschädigung ist nicht vereinbart.

b) Einbau einer Rolltreppe und einer Rohrpostanlage. Bauaufwendungen: Rolltreppe 15 000,- DM zzgl. 2 100,- DM USt; Rohrpostanlage 8 000,- DM zzgl. 1 120,- DM USt. Gebucht wurde: Betriebsausstattung, Vorsteuer an Bank.

Der Stpfl. beabsichtigt, die beiden Anlagen, die am 2. März 02 fertiggestellt waren, nach Ablauf des Pachtvertrages in ein geplantes eigenes Geschäftsgebäude einzubauen. Zum Ausbau ist er durch den Pachtvertrag bei Beendigung des Pachtverhältnisses verpflichtet. Der Grundstückseigentümer ist nicht berechtigt, die Wirtschaftsgüter zu übernehmen. Die dann anfallenden Ausbaukosten dürften nach sorgfältiger Schätzung 6000,- DM zzgl. der dann geltenden Umsatzsteuer betragen. Die Betriebsausstattung hat eine betriebsgewöhnliche Nutzungsdauer von 20 Jahren.

c) Einbau einer Zentralheizungsanlage für 60 000,- DM zzgl. 8400,- DM USt. Die Arbeiten, die im Sommer 02 begonnen wurden, waren am 1. November 02 beendet. Die Schuld bezahlte der Stpfl. noch im selben Monat. Nach Ablauf des Pachtvertrages muß die Heizung dem Verpächter entschädigungslos überlassen werden. Die betriebsgewöhnliche Nutzungsdauer der Heizung beträgt 25 Jahre. Gebucht wurde: Betriebsausstattung, Vorsteuer an Bank. Am 1. November 02 vereinbarte der Stpfl. mit dem Verpächter, daß er die für den Heizungsbau aufgewandten Kosten (= 60 000,- DM) mit 500,- DM pro Monat von der zu zahlenden Miete kürzen darf. Ab 1. November 02 hat der Stpfl. seine Mietüberweisung entsprechend gekürzt und nur den Differenzbetrag als Mietaufwand gebucht.

In den Steuerbilanzen sind folgende Positionen enthalten:

Betriebsausstattung

Rolltreppe	15 000,-		
Rohrpostanlage	8 000,-	23 000,-	
./. AfA 5% linear		1 150,-	21 850,- DM
Heizungsanlage		60 000,-	
./. AfA 4% linear		2 400,-	57 600,- DM
31.12.02			79 450,- DM
./. AfA (1 150,- + 2 400,-)			3 550,- DM
31.12.03			75 900,- DM

Anmerkung: Die Vorsteuer und Umsatzsteuer wurden zutreffend gebucht.

Frage: Mit welchen Werten sind die Wirtschaftsgüter in der PB anzusetzen? Welche Auswirkungen auf den Gewinn und andere Bilanzposten ergeben sich dadurch?

Lösung

1. Durch den Umbau in Büro- und Lagerräume hat der Stpfl. ein neues körperliches Wirtschaftsgut »Sonstiger Mietereinbau« geschaffen (BFH, BStBl 1975 II S. 443, BMF v. 15.1.1976, BStBl 1976 I S. 66; Abschn. 13b Abs. 4 EStR). Die neu entstandenen Büro- und Lagerräume stehen in einem besonderen Nutzungs- und Funktionszusammenhang mit dem ausgeübten Gewerbebetrieb.
Die AfA ist nach § 7 Abs. 1 u. 4 S. 2 EStG linear zu bemessen und richtet sich nach der Mietdauer von 10 Jahren; die Vereinfachungsregelung nach Abschn. 43 Abs. 8 EStR ist nicht anwendbar (AfA = insgesamt 118 Monate, nur 1 Monat in 01).

2. Die Rolltreppe und die Rohrpostanlage sind gem. § 95 Abs. 2 BGB als »Scheinbestandteile« nicht in das Eigentum des Verpächters übergegangen, sondern im bürgerlich-rechtlichen und wirtschaftlichen Eigentum des Stpfl. geblieben. Aus der Tatsache, daß beide Anlagen bei Beendigung des Pachtverhältnisses wieder entfernt werden müssen, sie nach ihrem Ausbau noch einen beachtlichen Wiederverwendungswert repräsentieren, ist zu folgern, daß sie nur zu einem vorübergehenden Zweck in das Gebäude eingefügt wurden. Dies ergibt sich darüber hinaus, daß sie durch Aus- und Einbau nach Ablauf des Pachtverhältnisses wieder andernorts verwendet werden können.
Die Rolltreppe ist keine Betriebsvorrichtung; die Rohrpostanlage ist Betriebsvorrichtung (§ 68 Abs. 2 Nr. 2 BewG). Rolltreppe und Rohrpostanlage sind selbständige bewegliche Wirtschaftsgüter des abnutzbaren Anlagevermögens (Abschn. 43 Abs. 3 EStR). Die betriebsgewöhnliche Nutzungsdauer beträgt 20 Jahre; bei Anwendung der degressiven AfA (§ 7 Abs. 2 EStG) beträgt der AfA-Satz das Dreifache der linearen AfA, hier also 15 v. H.

3. Die Kosten für den späteren Ausbau der beiden Wirtschaftsgüter sind durch die Bildung einer »Rückstellung für Anlagenbeseitigung« zu berücksichtigen, und zwar in der Höhe, daß sich der Aufwand verteilt auf die Jahre der Benutzung darstellt (BFH v. 2.11.1965, BStBl 1966 III S. 61). Im vorliegenden Fall ist am 31.12.02 eine Rückstellung von 10/115 von 6 000,- DM = 533,- DM zu Lasten des Gewinns zu bilden, die zum 31.12.03 um 626,-DM (12/115) auf 1148,- DM zu erhöhen ist.

4. Durch den Einbau der Zentralheizungsanlage entsteht für den Stpfl. kein aktivierbares immaterielles Wirtschaftsgut, da eine unmittelbare sachliche Beziehung zum ausgeübten Gewerbebetrieb nicht vorliegt. Die Heizungsanlage ist nach § 946 BGB Eigentum des Verpächters geworden, weil sie nach § 94 Abs. 2 BGB wesentlicher Bestandteil des im Eigentum des Verpächters stehenden Gebäudes geworden ist. Die Voraussetzungen des § 95 Abs. 2 BGB »sog. Scheinbestandteil« sind nicht erfüllt. Der Stpfl. ist nicht wirtschaftlicher Eigentümer des Gebäudebestandteils. Auch führen die Aufwendungen nicht zu einem sonstigen selbständigen materiellen Wirtschaftsgut, da die vom Stpfl. geschaffenen Gebäudebestandteile in einem einheitlichen Nutzungs-und Funktionszusammenhang des Gebäudes aufgehen (BFH v. 26.2.1975, BStBl 1975 II S. 443). Die Aufwendungen des Stpfl. für den Einbau der Zentralheizungsanlage bilden die Gegenleistung für Materialien und Handwerkerleistungen, nicht aber für ein von dritter Seite erworbenes immaterielles Wirtschaftsgut; es fehlt an dem Merkmal des entgeltlichen Erwerbs (§ 5 Abs. 2 EStG). Der Stpfl. kann die Aufwendungen für die Heizungsanlage im Wj 02 als Betriebsausgabe abziehen (§ 4 Abs. 4 EStG). In den Monaten 1.11.02 – 30.9.11 = 107 Monate werden je 500,- DM als Miete verrechnet = insgesamt 53 500,- DM. Die nicht durch die Verrechnung mit der Miete angefallenen Kosten (60 000,- ./. 53 500,-) = 6 500,- DM sind als Aufwand des Wj 02 zu behandeln. Soweit jedoch eine Verrechnung dieser Aufwendungen mit der Miete stattfindet, sind die Voraussetzungen für die Bildung eines aktiven Rechnungsabgrenzungspostens gegeben (§ 5 Abs. 4 Nr. 1 EStG). Die aktive Rechnungsabgrenzung ist in Höhe von 53 500,- DM zu bilden. Sie ist bis zum 31.12.02 um 1 000,- DM und bis zum 31.12.03 um weitere 6 000,- DM gewinnmindernd aufzulösen.

Entwicklung der Bilanzposten

	StB	PB	Auswirkungen Gewinn	anderer Bilanzposten
Umbau 1.12.01	–	30 000,-	+ 30 000,-	–
./. AfA 10% für 1 Mon.	–	254,-	./. 254,-	–
31.12.01	–	29 746,-		
./. AfA 10%	–	3 048,-	./. 3 048,-	–
31.12.02	–	26 698,-		
./. AfA 10%	–	3 048,-	./. 3 048,-	–
31.12.03	–	23 650,-		

Berichtigung der Schlußbilanz 119

Betriebsausstattung				
Rolltreppe	15 000,-	15 000,-		
Rohrpostanlage	8 000,-	8 000,-		+ 60 000,-
Heizungsanlage	60 000,-	-		(akt. RAP)
	83 000,-	23 000,-		
./. AfA	3 550,-	3 450,-	+ 100,-	-
31.12.02	79 450,-	19 550,-		
./. AfA	3 550,-	2 933,-	+ 617,-	-
31.12.03	75 900,-	16 617,-		
Aktive RAP	-	53 500,-	./. 7 500,-	-
./. Abgang	-	1 000,-		
31.12.02	-	52 500,-		
./. Abgang	-	6 000,-	./. 6 000,-	-
31.12.03	-	46 500,-		
Rückstellung für Anlagebeseitigung				
31.12.02	-	522,-	./. 522,-	-
+ Zugang	-	626,-	./. 626,-	-
31.12.03	-	1 148,-		

FALL 16

Gebäude auf fremdem Grund und Boden

Sachverhalt:

Bilanzübersicht	StB 31.12.01	StB 31.12.02	StB 31.12.03
Grund und Boden	10 000,-	10 000,-	10 000,-
Gebäude	83 600,-	74 800,-	66 000,-

Aufgrund des am 9. Mai 01 gestellten Bauantrages errichtete der Stpfl. im Einverständnis seiner Ehefrau auf deren Grundstück eine Lagerhalle für seine betrieblichen Zwecke. Nach den vertraglichen Vereinbarungen mit seiner Ehefrau trägt der Stpfl. die Gefahr des zufälligen Untergangs, Wertminderungen und sonstige Lasten; er hat die Nutzung, etwaige Werterhöhungen kommen ihm zugute. Ersatz- und Ausgleichsansprüche, die sich aus der Errichtung und Nutzung der Lagerhalle ergeben könnten, sind ausgeschlossen.

Das Baumaterial für die Lagerhalle entnahm der Stpfl. seinen Materialbeständen; bei ihm angestellte fachkundige Arbeitskräfte führten den Bau aus. Die Anschaffungskosten der zur Lagerhalle verbauten Materialien betrugen 34 000,- DM, die Lohnaufwendungen für die zur Errichtung der Lagerhalle eingesetzten Arbeitnehmer beliefen sich auf 50 000,- DM. Die Umsatzsteuer auf die Anschaffungen der Baumaterialien wurde richtig gebucht. Der Grund und Boden gelangte durch die Buchung:
»Grund und Boden an Einlage 10 000,- DM« in die Bilanz ab dem Wj 01.
Die Lagerhalle wurde im Dezember des Wj 01 fertiggestellt und wird seitdem genutzt.

Das Konto **Gebäude** entwickelt sich wie folgt: **StB**

Dezember 01	Materialeinzelkosten	34 000,-	
	Fertigungseinzelkosten	50 000,-	
	eigene Arbeitsleistung	4 000,-	88 000,- DM
./. AfA Wj 01			4 400,- DM
31.12.01			83 600,- DM
./. AfA Wj 02			8 800,- DM
31.12.02			74 800,- DM
./. AfA Wj 03			8 800,- DM
31.12.03			66 000,- DM

Die Materialgemeinkosten betragen 20% der Materialeinzelkosten, die Fertigungsgemeinkosten betragen 70% der Fertigungseinzelkosten; sie wurden nicht in die Herstellungskosten der Lagerhalle einbezogen.
Entgegen der Auffassung des Stpfl. hat die Lagerhalle nicht eine Nutzungsdauer von 10 Jahren, sondern eine von 20 Jahren.

Frage: Mit welchen Werten sind die Wirtschaftsgüter in der PB anzusetzen? Welche Auswirkungen ergeben sich auf Gewinn und Privat?
In welcher Form kann das gefundene Ergebnis kontrolliert werden?

▶ **Lösung**

1. Das im Alleineigentum der Ehefrau stehende Grundstück ist Privatvermögen und nicht bilanzierungsfähig (Abschn. 14 Abs. 1 EStR). Die Berichtigung des Bilanzwertes hat zum Buchwert zu erfolgen, denn eine Einlage nach § 4 Abs. 1 S. 5 EStG als tatsächliche Handlung liegt nicht vor (BFH, BStBl 1972 II S. 874; BFH, BStBl 1976 II S. 378; Abschn. 15 Abs. 1 S. 10 EStR).

Berichtigung der Schlußbilanz

2. Hinsichtlich des Gebäudes ist der Stpfl. wirtschaftlicher Eigentümer (§ 39 Abs. 2 AO); er trägt die Gefahr des zufälligen Unterganges, Wertminderungen und sonstige Lasten. Das Gebäude ist als notwendiges Betriebsvermögen, als abnutzbares Anlagevermögen, mit den Herstellungskosten vermindert um die AfA zu bilanzieren (§ 6 Abs. 1 Nr. 1 EStG). Ein betriebliches Gebäudenutzungsrecht liegt nicht vor (BFH, BStBl 1981 II S. 68 m.w.N.).

3. Die Herstellungskosten umfassen außer den Material- und Fertigungseinzelkosten auch die Material- und Fertigungsgemeinkosten; nicht dazu rechnet der Wert der eigenen Arbeitsleistung.

Die AfA ist beginnend ab dem 1.12. des Wj 01 in Höhe von 5% von den Herstellungskosten vorzunehmen.

4. Ermittlung der Herstellungskosten:

Materialeinzelkosten	34 000,- DM
+ Materialgemeinkosten 20%	6 800,- DM
Fertigungseinzelkosten	50 000,- DM
+ Fertigungsgemeinkosten 70%	35 000,- DM
	125 800,- DM

5. **Entwicklung der Bilanzposten**

			Auswirkungen	
	StB	PB	Gewinn	Privat
Grund und Boden				
31.12.01	10 000,-	–	–	NE ./. 10 000,-
31.12.02	10 000,-	–	–	–
31.12.03	10 000,-	–	–	–
b) Gebäude				
Dezember 01	88 000,-	125 800,-	+ 41 800,-	NE ./. 4 000,-
./. AfA	4 400,-	524,-	+ 3 876,-	–
31.12.01	83 600,-	125 276,-		
./. AfA	8 800,-	6 290,-	+ 2 510,-	–
31.12.02	74 800,-	118 986,-		
./. AfA	8 800,-	6 290,-	+ 2 510,-	–
31.12.03	66 000,-	112 696,-		

Querprobe:
Differenz 46 696,-   Ergebnis 46 696,-

6. Überprüfung durch Bilanzkonto

	Wj 01		
Gebäude	41 676,-	Grund und Boden	10 000,-
Einlagen	14 000,-	Gewinn	45 676,-
	55 676,-		55 676,-

	Wj 02		
Gebäude	44 186,-	Kapitalvortrag	31 676,-
		Grund und Boden	10 000,-
		Gewinn	2 510,-
	44 186,-		44 186,-

	Wj 03		
Gebäude	46 696,-	Kapitalvortrag	34 186,-
		Grund und Boden	10 000,-
		Gewinn	2 510,-
	46 696,-		46 696,-

FALL 17

Nutzungsrecht am Ehegattengrundstück

Sachverhalt:

Bilanzübersicht	StB 31.12.00	StB 31.12.01	StB 31.12.02
Grund und Boden	120 000,-	120 000,-	120 000,-
Gebäude	-	190 000,-	180 000,-

Das Grundstück steht im Miteigentum der Eheleute. Der Grund und Boden (600 qm) wurde im Januar 00 für 120 000,- DM (einschließlich aller Erwerbsnebenkosten) umsatzsteuerfrei vom Stpfl. erworben; die Bezahlung des Kaufpreises und der Nebenkosten erfolgt aus betrieblichen Mitteln. Nach Erwerb errichteten die Ehegatten mittels gemeinsamer Finanzierung ein Gebäude, dessen Herstellungskosten 500 000,- DM betrugen und das am 1.4.01 bezugsfertig wurde. Die gesamte Nutzfläche des Gebäudes beträgt 300 qm, hiervon werden 40 v. H. vom Stpfl. als Verkaufsbüro betrieblich genutzt, die restlichen 60 v. H. dienen den Eheleuten als Wohnung.

Berichtigung der Schlußbilanz 123

Das Gebäude wurde mit 40 v. H. der Herstellungskosten in den Steuerbilanzen wie folgt ausgewiesen:

Zugang 1.4.01	200 000,- DM
./. AfA gem. § 7 Abs. 5 EStG 5%	10 000,- DM
31.12.01	190 000,- DM
./. AfA 5%	10 000,- DM
31.12.02	180 000,- DM

Zwischen den Eheleuten gilt es als vereinbart, daß der auf die Ehefrau entfallende Miteigentumsanteil an dem betrieblich genutzten Grundstücksteil vom Stpfl. unentgeltlich genutzt werden darf. Die auf diesen Teil des Grundstücks entfallenden Bauaufwendungen betrugen nach zutreffender Schätzung 80 000,- DM. Die Nutzungsmöglichkeit durch den Stpfl. dürfte 25 Jahre betragen. Von den in den Jahren 01 und 02 angefallenen Grundstücksunterhaltsaufwendungen hat der Stpfl. die auf den betrieblich genutzten Teil entfallenden als Vorsteuer bzw. Aufwand behandelt. Der Gesamtaufwand betrug in 01 = 10 000,-DM, davon betrieblich 6000,- DM; in 02 14 000,- DM, davon betrieblich 9 000,- DM.
Auf 200 qm des Grundstücks unterhält die Ehefrau ihren Hausgarten.

Frage: Mit welchem Wert sind die Wirtschaftsgüter in der PB auszuweisen? Welche Auswirkungen ergeben sich für Gewinn und Privat?

Lösung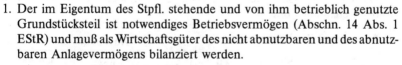

1. Der im Eigentum des Stpfl. stehende und von ihm betrieblich genutzte Grundstücksteil ist notwendiges Betriebsvermögen (Abschn. 14 Abs. 1 EStR) und muß als Wirtschaftsgüter des nicht abnutzbaren und des abnutzbaren Anlagevermögens bilanziert werden.
2. Der Grund und Boden ist mit 200 qm (Hausgarten) Privatvermögen und kann nicht als Betriebsvermögen behandelt werden (BFH, BStBl 1972 II S. 874; BFH, BStBl 1976 II S. 378 iVm Abschn. 14 Abs. 1 S. 4 EStR), dies gilt auch für den übrigen Grund und Boden mit 60%iger anteiliger Privatnutzung. Die Berichtigung hat normalerweise zum Buchwert zu erfolgen (BFH, BStBl 1976 II S. 378); im vorliegenden Fall sind Entnahmen nach § 4 Abs. 1 S. 2 EStG gegeben, denn der Kaufpreis wurde mit betrieblichen Mitteln des Stpfl. bezahlt.

Der Grund und Boden ist als Anlagevermögen mit (40% von 120 000,- DM abzüglich Hausgarten 40 000,- DM = 32 000,- DM zu 50%=) 16 000,- DM zu bilanzieren.

3. Das Wirtschaftsgut »eigenbetrieblich genutzter Gebäudeteil« (Abschn. 13b Abs. 2 EStR) ist mit (40% von 500 000,- DM = 200 000,- DM zu 50%=) 100 000,- DM unter Vornahme der AfA gem. § 7 Abs. 5 iVm § 7 Abs. 5a EStG in Höhe von 5 v. H. als abnutzbares Anlagevermögen nach § 6 Abs. 1 Nr. 1 EStG auszuweisen.

4. Durch die Einräumung der unentgeltlichen betrieblichen Nutzung des Miteigentumsanteils der Ehefrau durch den Gewerbebetrieb des Stpfl. hat dieser ein betriebliches Nutzungsrecht erlangt (BFH, BStBl 1978 II S. 6, 1980 II S. 244); eine Rechtsposition, die ihm gegen seinen Willen nicht mehr entzogen werden kann und die für ihn einen wirtschaftlichen Wert darstellt (BFH, BStBl 1981 II S. 68). M. E. erstreckt sich das Nutzungsrecht sowohl auf den Gebäudeteil als auch auf den anteilig genutzten Grund und Bodenanteil (BFH Gr.S., BStBl 1988 II S. 348).

5. Die AfA des Nutzungsrechts kann sich nach der Rechtsprechung nur auf den Gebäudeteil des Rechts erstrecken (BFH, BStBl 1979 II S. 399, 507, BStBl 1981 II S. 68). Sie bemißt sich nach § 7 Abs. 1 EStG auf 4 v. H.; im Wj 01 nur für neun Monate.

Bei Wegfall des bilanzierten Nutzungsrechts tritt eine Gewinnrealisierung in Höhe der Differenz zwischen der Ausgleichsforderung (§ 951 iVm § 812 BGB) gegenüber dem Eigentümer und dem Restbuchwert des aktivierten Nutzungsrechts ein (BFH, BStBl 1988 II S. 493).

6. Die Grundstücksunterhaltungskosten sind zutreffend als Betriebsausgaben behandelt worden.

7. **Entwicklung der Bilanzposten**

	StB	PB	Gewinn	Privat	anderer Bilanzposten
a) Grund und Boden				PE	(Nutzungsrecht)
31.12.00	120 000,-	16 000,-	–	+ 88 000,-	+ 16 000,-
31.12.01	120 000,-	16 000,-	–	–	–
31.12.02	120 000,-	16 000,-	–	–	–

Querprobe:
Differenz   104 000,-   Ergebnis   104 000,-

b) Gebäude

				NE	(Nutzungsrecht)
Zugang 1.4.01	200 000,-	100 000,-		./. 20 000,-	+ 80 000,-
./. AfA 5% degr.	10 000,-	5 000,-	+ 5 000,-		
31.12.01	190 000,-	95 000,-			
./. AfA 5% degr.	10 000,-	5 000,-	+ 5 000,-	–	–
31.12.02	180 000,-	90 000,-			

Querprobe:
Differenz   90 000,-   Ergebnis   90 000,-

c) Nutzungsrecht

Grund und Boden	–	16 000,-			
Gebäude	–	80 000,-		./. 96 000,-	
AfA 4% f. 9 Mon.	–	96 000,-	./. 2 400,-	(Nutzungsrecht)	
	–	2 400,-		–	–
31.12.01	–	93 600,-			
./. AfA 4%	–	3 200,-	./. 3 200,-	–	–
31.12.02	–	90 400,-			

Querprobe:
Differenz   90 400,-   Ergebnis   90 400,-

FALL 18

Maschinen

Sachverhalt:
Bilanzübersicht

	StB 31.12.01	StB 31.12.02	StB 31.12.03
Turmdrehkran	18 000,-	121 296,-	90 972,-

Im Juni des Wj 02 erwarb der Stpfl. für 155 000,- DM zzgl. 21 700,- DM USt einen Turmdrehkran, der sofort für betriebliche Zwecke eingesetzt wurde. Er gab einen vor sieben Jahren angeschafften Lastenaufzug, der mit 25 080,- DM auf den Kaufpreis angerechnet wurde, in Zahlung. Der Lastenaufzug hatte am 31.12.01 einen Buchwert von 18 000,- DM, der bei Hingabe des Wirtschaftsgutes als Aufwand gebucht wurde. Den restlichen Kaufpreis überwies der Stpfl. von seinem betrieblichen Bankkonto.

Im Oktober des Wj 02 ging folgende Rechnung beim Stpfl. ein:

Turmdrehkran	155 000,- DM
+ 14% USt	21 700,- DM
	176 700,- DM
./. Lastenaufzug	25 080,- DM
noch zu zahlen	151 620,- DM

Folgende Buchungen wurden vorgenommen:

Wj 02: Maschinen an Bank 151 620,- DM
         AfA an Maschinen 30 324,- DM
Wj 03: AfA an Maschinen 30 324,- DM

Der Turmdrehkran hat eine betriebsgewöhnliche Nutzungsdauer von fünf Jahren.

Frage: Mit welchem Wert ist das Wirtschaftsgut in der PB anzusetzen? Welche Auswirkungen ergeben sich auf den Gewinn und die Umsatzsteuer? Wie kann das Ergebnis rechnerisch kontrolliert werden?

Hinweis: Der EW des Gewerbebetriebs beträgt 230 000,- DM, das Gewerbekapital wurde mit 450 000,- DM ermittelt.

▶ Lösung

1. Der Turmdrehkran ist als abnutzbares Anlagevermögen mit den Anschaffungskosten abzüglich AfA zu bilanzieren (§ 6 Abs. 1 Nr. 1 EStG). Er wurde im Wege des Tausches mit Baraufgabe erworben. Die Anschaffungskosten ermitteln sich in einem solchen Fall wie folgt (BFH, BStBl 1964 III S. 561):

Restzahlung	151 620,- DM
+ gemeiner Wert des hingegebenen WG	25 080,- DM
	176 700,- DM
./. darin enthaltene USt	21 700,- DM
Anschaffungskosten	155 000,- DM

Berichtigung der Schlußbilanz 127

Die in Rechnung gestellte Vorsteuer gehört gem. § 9b Abs. 1 EStG nicht zu den Anschaffungskosten.

2. Durch die Inzahlunggabe des voll abgeschriebenen Lastenaufzuges wird ein sonst. betriebl. Ertrag von 22 000,- DM erzielt; außerdem ist der Vorgang als Lieferung gem. § 1 Abs. 1 Nr. 1 UStG umsatzsteuerpflichtig.

3. Die Absetzung für Abnutzung für den Turmdrehkran ist im Wj 02 nur für ein Jahr zulässig (Abschn. 43 Abs. 8 EStR); es sind die Voraussetzungen der Sonder-AfA gem. § 7g (EStG 1988) erfüllt.

4. **Entwicklung des Bilanzpostens**

	StB	PB	Auswirkung	
			Gewinn	*USt*
Turmdrehkran				
31.12.01	18 000,-	18 000,-		
./. Abgang	18 000,-	18 000,-		
	-,-	-,-		
+ Zugang	151 620,-	151 620,-		
+ gem. Wert	-	25 080,-	+ 22 000,-	+ 3 080,-
./. Vorsteuer	-	21 700,-	-	./. 21 700,-
	151 620,-	155 000,-		
./. AfA 30% degr.	30 324,-	46 500,-	./. 16 176,-	
./. AfA § 7g EStG*)				
20% v. 155 000,-	-	31 000,-	./. 31 000,-	
31.12.02	121 296,-	77 500,-		(Fortführung
				+ 3 080,-
./. AfA 30% degr.	30 324,-	23 250,-	+ 7 074,-	./. 21 700,-)
31.12.03	90 972,-	54 250,-		

Querprobe:
Differenz 36 722,- Ergebnis 36 722,-

*) **Anmerkung:** Die Sonder-AfA gem. § 7g EStG kann in flexibler Art über einen Zeitraum von fünf Jahren in Anspruch genommen werden.

5. **Überprüfung durch Bilanzkonto**

Wj 01

Vorsteuer	21 700,-	Maschinen	43 796,-
Verlust	25 176,-	USt-Schuld	3 080,-
	46 876,-		46 876,-

	Wj 02		
Kapitalvortrag	25 176,-	Maschinen	36 722,-
Vorsteuer	21 700,-	USt-Schuld	3 080,-
		Gewinn	7 074,-
	46 876,-		46 876,-

FALL 19

Maschinelle Anlagen

Sachverhalt:

Bilanzübersicht	StB 31.12.08	StB 31.12.09	StB 31.12.10
Maschinelle Anlagen	260 000,-	401 250,-	243 750,-

Im Jahre 09 erwarb der Stpfl. eine neue Spritzgußanlage zur Fertigung von Kunststoffenstern bei einer Maschinenfabrik in Mannheim. Dem Kauf im März 09 gingen gründliche Verhandlungen voraus; dabei entstanden für die Besichtigung verschiedener Anlagen in der Bundesrepublik und für den Kauf 5 000,- DM (ohne USt) an Reisekosten, die als Aufwand gebucht wurden.

Am 20.6.09 wurde die Spritzgußanlage in Mannheim fertiggestellt und noch am gleichen Tag vom Stpfl., dem an einer baldigen Inbetriebnahme gelegen war, mit eigenem Lastkraftwagen und eigenen Arbeitnehmern nach Münster geholt. Als Kosten lassen sich aus den bereits als Aufwand gebuchten Gemeinkosten für Löhne 1 800,- DM, für Benzin 200,- DM und anteilige Fahrzeugkosten (AfA, Reparatur-Kostenteile etc.) 800,- DM (jeweils ohne USt) ermitteln.

Die Prämie für die besonders für diesen Transport abgeschlossene Transportversicherung betrug 1 200,- DM; sie wurde als Aufwand gebucht.

Anfang Juni 09 wurde bereits von einer eigenen Baugruppe des Stpfl. das Fundament und der Sockel für die neue Anlage fertiggestellt. Dabei enstanden für Löhne 3 000,- DM und für Material 2 000,- DM (ohne USt) an Kosten, die ebenfalls als Aufwand gebucht wurden.

Die Rechnung für die neue Spritzgußanlage (Rechn.-Datum vom 21.6.09) lautete über 300 000,- DM zzgl. 42 000,- DM USt. Sie wurde sofort unter Abzug von 3% Skonto bezahlt; gebucht wurde:

Berichtigung der Schlußbilanz 129

Maschinelle Anlagen	300 000,- DM		
Vorsteuer	42 000,- DM	an Bank	331 740,- DM
		an Skonto	10 260,- DM

Am 22.6.09 wurde mit der Montage (Aufstellen, Anschluß an Versorgungsleitungen und Vorproduktionsanlagen) begonnen. Es entstanden noch einmal Kosten für Löhne und Material von 30 000,- DM (ohne USt), die als entsprechende Aufwandsart gebucht wurden.
Die Anlage nahm nach Abschluß der Montagearbeiten am 1.8.09 die Produktion auf. Da sie für den Betrieb des Stpfl. ganz neuartig war, benötigten seine Arbeitnehmer den ganzen Monat, um schließlich ab 1.9.09 verkaufsfähige Produkte auf der Spritzgußanlage herstellen zu können. In der Anlaufphase im August 09 entstanden für die Einarbeitung 10 000,- DM (ohne USt) an Fertigungsmaterial und 30 000,- DM an Fertigungslöhnen; sie wurden als Aufwand behandelt. Die Anlage hat eine betriebsgewöhnliche Nutzungsdauer von acht Jahren.

Entwicklung der Bilanzposition »Maschinelle Anlagen«

StB-Wert **31.12.08**		260 000,- DM
+ Zugang »Spritzgußanlage«		300 000,- DM
./. AfA »Altbestand«	140 000,- DM	
./. AfA »Zugang« 12,5 v.H. für ½ Jahr	18 750,- DM	158 750,- DM
StB-Wert **31.12.09**		401 250,- DM
./. AfA »Altbestand«	120 000,- DM	
./. AfA »Zugang« 12,5 v.H. für 1 Jahr	37 750,- DM	157 500,- DM
StB-Wert **31.12.10**		243 750,- DM

Frage: Mit welchem Wert ist das Wirtschaftsgut in den PB auszuweisen? Welche Auswirkungen ergeben sich für Gewinn und Umsatzsteuer?

Lösung ◀

1. Die im Jahre 09 erworbene Spritzgußanlage ist als Wirtschaftsgut des abnutzbaren Anlagevermögens gem. § 6 Abs. 1 Nr. 1 EStG mit den Anschaffungskosten abzüglich AfA zu bewerten. Zu den Anschaffungskosten gehören nur solche Aufwendungen, die Einzelkosten darstellen (BFH, BStBl 1986 II S. 60). Alle Gemeinkosten, die im Zusammenhang mit dem

Erwerbsvorgang anfallen, rechnen nicht dazu, sondern sind laufende Betriebsausgaben bzw. Aufwand. Einzelkosten sind solche Kosten, deren Maßeinheiten (Zeit, Menge) für den einzelnen Gegenstand direkt bewertet werden können. Skontoerträge mindern die Anschaffungskosten (BFH, BStBl 1972 II S. 422; BFH, BStBl 1971 II S. 323).

2. Die Spritzgußanlage hat der Stpfl. am 21.6.09 angeschafft. Gem. § 9a EStDV ist Zeitpunkt der Anschaffung der Zeitpunkt der Lieferung. Da die Montage durch ihn selbst vorgenommen wurde, bleibt der Zeitpunkt der Lieferung – Übernahme der Anlage vom Hersteller – der Abholtag. Damit ist die Anlage in der ersten Hälfte des Wj 09 angeschafft worden, und die AfA ist unter Beachtung der Vereinfachungsregelung des Abschn. 43 Abs. 8 EStR für ein Jahr vorzunehmen. Der Umfang der Anschaffungskosten wird durch die Aufwendungen bestimmt, die geleistet werden, um das Wirtschaftsgut zu erwerben und in einen betriebsbereiten Zustand zu versetzen (BFH, BStBl 1985 II S. 690; Abschn. 32a EStR).

3. Neben dem Kaufpreis gehören zu den Anschaffungskosten der Spritzgußanlage.

Kaufpreis	300 000,– DM
./. Skonto	9 000,– DM
+ Transportversicherung	1 200,– DM
+ Fundamentierung	5 000,– DM
+ Montage	30 000,– DM
steuerl. Anschaffungskosten	327 200,– DM

4. **Entwicklung der Bilanzposten**

	StB	PB	Auswirkungen	
			Gewinn	*USt*
Maschinelle Anlagen				
31.12.08	260 000,–	260 000,–	+ 36 200,–	
+ Zugang 09	300 200,–	327 000,–	./. 10 260,–	+ 1 260,–
	560 000,–	587 200,–		
./. AfA »alt«	140 000,–	140 000,–		
./. AfA »Zugang«	18 750,–	40 900,–	./. 22 150,–	
31.12.09	401 250,–	406 300,–		(Fortführung
./. AfA »alt«	120 000,–	120 000,–		+ 1 260,–)
./. AfA »Zugang«	37 500,–	40 900,–	./. 3 400,–	
31.12.10	243 750,–	245 400,–		

Querprobe:

Differenz 1 650,–   Ergebnis 1 650,–

Berichtigung der Schlußbilanz 131

FALL 20

Maschinen (Mietkauf)

Sachverhalt:

Bilanzübersicht	StB 31.12.02	StB 31.12.03
Fertigungsmaschine	112 860,-	100 320,-

Auf der »Bau-Ma« mietete der Stpfl. eine neu entwickelte Fertigungsmaschine für monatlich 5000,- DM zzgl. 700,- DM USt. In dem ab 1.3. des Wj 01 abgeschlossenen Mietvertrag war ihm das Recht eingeräumt worden, unter Anrechnung der geleisteten Mieten die Maschine, die eine betriebsgewöhnliche Nutzungsdauer von 10 Jahren hat, zu erwerben. Der Mietvertrag ist jeweils zum 1.3. und 1.9. eines Jahres kündbar. Der Nettokaufpreis der Maschine beträgt 180 000,- DM. Zwecks Erprobung hatte der Stpfl. die Maschine zunächst gemietet; am 1.5. des Wj 02 entschloß er sich zum Kauf.

Folgende Rechnung wurde ausgestellt:

Kaufpreis (netto)	180 000,- DM
./. gezahlte Mieten vom 1.3.-1.5.02 (netto)	70 000,- DM
	110 000,- DM
+ 14% USt	15 400,- DM
Restkaufpreis	125 400,- DM

Die monatlichen Mietzahlungen hat der Stpfl. als Aufwand bzw. Vorsteuer gebucht.

Der Restkaufpreis wurde in der Weise gezahlt, daß eine Anzahlung von 35 400,-DM geleistet wurde; über den verbleibenden Rest von 90 000,- DM wurde ein 3-Monats-Akzept ausgestellt. Die dem Lieferanten durch eine vorgenommene Wechseldiskontierung entstandenen Kosten (6% Diskont und 200,- DM Spesen) wurden dem Stpfl. besonders berechnet. Eine Bezahlung und Buchung dieser Kosten ist bisher nicht erfolgt.

Am 1.5. des Wj 02 waren folgende Buchungen vorgenommen worden:

Maschinen	125 400,- DM	an Bank	35 400,- DM
		an Wechsel	90 000,- DM

Die Bilanzposten der StB wurden wie folgt entwickelt:

Kaufpreis	125 400,- DM
./. AfA 10%	12 540,- DM
31.12.02	112 860,- DM
./. AfA 10%	12 540,- DM
31.12.03	100 320,- DM

Frage: Mit welchem Wert ist das Wirtschaftsgut in der PB auszuweisen? Welche Auswirkungen ergeben sich für Gewinn, Umsatzsteuer und andere Bilanzposten?

▶ **Lösung**

1. Durch Vertrag war dem Stpfl. als Mieter das Recht eingeräumt worden, die gemietete Maschine unter Anrechnung der gezahlten Mieten auf den Kaufpreis zu erwerben. Es liegt ein echter Mietkaufvertrag vor; die Annahme eines verdeckten Kaufvertrages scheidet aus (BFH, BStBl 1971 II S. 133; vgl. auch BFH, BStBl 1978 II S. 507).

2. Die Anschaffungskosten für die Fertigungsmaschine am 1. Mai des Wj 02, Tag der Kaufoption durch den Stpfl., sind wie folgt zu ermitteln:

Restkaufpreis	110 000,- DM
+ angerechnete Miete	70 000,- DM
	180 000,- DM
./. Wertminderung für die Zeit vom 1.3.01–1.5.02 = 14 Monate	21 000,- DM
Anschaffungskosten	159 000,- DM

Die verrechenbare Vorsteuer rechnet gem. § 9b Abs. 1 EStG nicht zu den Anschaffungskosten.

Berichtigung der Schlußbilanz

3. Die Absetzungen für Abnutzung sind für das Wj 02 nach der Restnutzungsdauer (= 8 Jahre und 10 Monate = 106 Monate) zu berechnen. Die Vereinfachungsregelung des Abschn. 43 Abs. 8 EStR ist anzuwenden.

4. Die aufgegebenen Wechseldiskontierungskosten müssen als »sonstige Verbindlichkeiten« bilanziert werden.

Die Höhe der angefallenen Kosten ergibt sich aus folgender Berechnung:

Diskont (90 000,- DM zu 6% für 90 Tage) =	1 350,- DM
Spesen	200,- DM
	1 550,- DM
+ 14% USt	217,- DM
	1 767,- DM

5. **Entwicklung der Bilanzposten**

	StB	PB	Auswirkung Gewinn	Auswirkung USt
a) **Fertigungsmaschine**				
Restkaufpreis	125 400,-	110 000,-	-	./. 15 400,-
+ angerechnete Miete	-	70 000,-	+ 70 000,-	
	125 400,-	180 000,-		
./. Wertverzehr	-	21 000,-	./. 21 000,-	-
Anschaffungskosten	125 400,-	159 000,-		
./. AfA Wj 02	12 540,-	18 000,-	./. 5 460,-	
31.12.02	112 860,-	141 000,-		(Fortführung
./. AfA Wj 03	12 540,-	18 000,-	./. 5 460,-	./. 15 400,-)
31.12.03	100 320,-	123 000,-		

Querprobe:
Differenz   22 680,-   Ergebnis   22 680,-

b) **sonstige Verbindlichkeiten**	31.12.02	31.12.03
lt. PB	1 767,- DM	1 767,- DM
lt. StB	-	-
Differenz	1 767,- DM	1 767,- DM
Auswirkung: Gewinn	./. 1 550,- DM	-
USt-Schuldkonto	./. 217,- DM	./. 217,- DM

FALL 21

Fuhrpark

Sachverhalt:

Bilanzübersicht	StB 31.12.01	StB 31.12.02	StB 31.12.03
Personenkraftwagen	32 401,-	21 601,-	10 801,-

Ab Mai des Wj 01 mußte der Stpfl. einen Sportwagen, den er im Wj 00 als Privatfahrzeug geschenkt erhalten hatte und zunächst ausschließlich für private Rallyefahrten und Rennen nutzte, nachhaltig zu 70% geschäftlich in den Wj 01-03 einsetzen. Während dieser Zeit wurde das Fahrzeug nicht für Fahrten zwischen Wohnung und Betrieb genutzt.

Von Anfang an hat der Stpfl. dieses Fahrzeug als Privatvermögen behandelt und weder im Anlageverzeichnis noch in den Bilanzen der Wj 31.12.01-31.12.03 ausgewiesen.

Der Schenker hatte im Juni des Wj 00 für diesen Sportwagen, dem Anfang Mai des Wj 01 noch eine betriebsgewöhnliche Nutzungsdauer von 4 Jahren zuzumessen ist, 23 000,- DM zzgl. 3220,- DM USt als Kaufpreis gezahlt. Anfang Mai des Wj 01 wurde dieses Automobil im gleichwertigen Pflege- und Fahrzustand auf dem Gebrauchtwagenmarkt zum Preis von 19 000,- DM zzgl. 2660,- DM USt gehandelt; einschließlich aller Nebenkosten.

In den Wj 01-03 sind alle anfallenden Betriebskosten (Treibstoffe, Wartungen, Versicherungen und Steuern) aus privaten Mitteln des Stpfl. bezahlt worden. Sie haben ebensowenig wie die AfA das Betriebsergebnis dieses Zeitraums beeinflußt. Die Betriebskosten des ausschließlich im Inland eingesetzten Fahrzeuges betrugen:

	Wj 01	Wj 02	Wj 03
	3 600,- DM (ab Mai)	4 200,- DM	5 000,- DM
+ 14% USt.	351,- DM	434,- DM	574,- DM
insgesamt	3 951,- DM	4 634,- DM	5 574,- DM

Der Bilanzposten »Fuhrpark« lt. StB entwickelt sich wie folgt:

1.1.01	Bestand	43 201,- DM
./. AfA		10 800,- DM
31.12.01		32 401,- DM
./. AfA		10 800,- DM

Berichtigung der Schlußbilanz 135

31.12.02	21 601,- DM
./. AfA	10 800,- DM
31.12.03	10 801,- DM

Frage: Mit welchem Wert ist das Wirtschaftsgut in der PB anzusetzen? Welche Auswirkungen ergeben sich auf Gewinn und Privat? In welcher Form kann das gefundene Ergebnis kontrolliert werden?

Lösung ◄

1. Ab dem 1.5.01 stellt der Sportwagen notwendiges Betriebsvermögen dar; er ist als abnutzbares Anlagevermögen abzüglich AfA zu bilanzieren (§ 5 Abs. 1 iVm § 6 Abs. 1 Nr. 1 EStG, Abschn. 14a EStR).
Der Ansatz hat zum Teilwert zu erfolgen, denn dieser ist niedriger als die fortgeführten Anschaffungskosten (26 220,- ./. AfA 5 244,- = 20 976,-DM) gem. § 6 Abs. 1 Nr. 5 EStG. Der Teilwert beträgt 19 000,- DM; er wird durch verrechenbare Vorsteuern gem. § 9b Abs. 1 EStG nicht beeinflußt. Die AfA für das Wj 01 ist unter Beachtung des Abschnitts 43 Abs. 8 EStR vorzunehmen.

2. **Entwicklung der Bilanzposten**

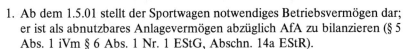
Auswirkungen

Fuhrpark	StB	PB	Gewinn	Privat
1.1.01	43 201,-	43 201,-		NE +
+ Zugang	-	19 000,-		19 000,-
./. AfA (alt)	10 800,-	10 800,-		
./. AfA (neu)	-	4 750,-	./. 4 750,-	-
31.12.01	32 401,-	46 651,-		
./. AfA	10 800,-	15 550,-	./. 4 750,-	-
31.12.02	21 601,-	31 101,-		
./. AfA	10 800,-	15 550,-	./. 4 750,-	-
31.12.03	10 801,-	15 551,-		

Querprobe:
Differenz 4 750,-   Ergebnis 4 750,-

3. Die durch den Sportwagen verursachten Kosten sind in vollem Umfang Betriebsausgaben gem. § 4 Abs. 4 EStG. Auch ist die darauf lastende Vorsteuer nach § 9b Abs. 1 EStG verrechenbar.

Von den Gesamtkosten (Unterhaltungskosten zzgl. AfA) sind 30% in den Wj 01–03 als Entnahmen nach § 4 Abs. 1 S. 2 iVm § 6 Abs. 1 Nr. 4 EStG anzusetzen. Die private Nutzung des Sportwagens ist als Eigenverbrauch gem. § 1 Abs. 1 Nr. 2b UStG umsatzsteuerpflichtig. Die anfallende Umsatzsteuer kann nicht abgezogen werden (§ 12 Nr. 3 EStG). Die Entnahmen berechnen sich für das einzelne Wj wie folgt:

Wj	Betriebs-kosten	AfA	insgesamt	30% EV + 14%	= PE
01	3 600,-	4 750,-	8 350,-	2 505,- + 351,-	= 2 856,-
02	4 200,-	4 750,-	8 950,-	2 685,- + 376,-	= 3 061,-
03	5 000,-	4 750,-	9 750,-	2 925,- + 410,-	= 3 335,-

4. **Gewinnauswirkungen insgesamt:**

	Wj 01	Wj 02	Wj 03
./. Kfz-Kosten	./. 3 600,-	./. 4 200,-	./. 5 000,-
./. AfA	./. 4 750,-	./. 4 750,-	./. 4 750,-
+ private Pkw-Nutzung	+ 2 505,-	+ 2 685,-	./. 2 925,-
	./. 5 845,-	./. 6 265,-	./. 6 825,-

5. **Privatkonten**

	Wj 01	Wj 02	Wj 03
a) **Entnahmen**	+ 2 856,-	+ 3 061,-	+ 3 335,-
b) **Einlagen**	+ 19 000,-	–	–
	+ 3 951,-	+ 4 634,-	+ 5 574,-
	+ 22 951,-	+ 4 634,-	+ 5 574,-

6. **Entwicklung des USt-Schuldkontos**

	31.12.01	31.12.02	31.12.03
USt auf EV	351,-	351,-	351,-
USt auf EV		376,-	376,-
USt auf EV			410,-
./. Vorsteuer	351,-	351,-	351,-
./. Vorsteuer		434,-	434,-
./. Vorsteuer			574,-
	–,–	./. 58,-	./. 222,-

Berichtigung der Schlußbilanz 137

7. Überprüfung durch Bilanzkonto

Wj 01

Kfz	14 250,-		Einlagen	19 000,-
Entnahmen	2 856,-		Einlagen	3 951,-
Verlust	5 845,-			
	22 951,-			22 951,-

Wj 02

Kfz	9 500,-		Kapitalvortrag	14 250,-
Entnahmen	3 061,-		Einlagen	4 634,-
USt-Schuld	58,-			
Verlust	6 265,-			
	18 884,-			18 884,-

Wj 03

Kfz	4 750,-		Kapitalvortrag	9 558,-
Entnahmen	3 335,-		Einlagen	5 574,-
USt-Schuld	222,-			
Verlust	6 825,-			
	15 132,-			15 132,-

FALL 22

Festwert für Anlagevermögen

Sachverhalt:

Bilanzübersicht	StB 31.12.05	StB 31.12.06	StB 31.12.07
Festwert	100 000,-	100 000,-	100 000,-

Für technisch aufeinander abgestimmte und genormte Gerüst- und Schalungsteile mit einer betriebsgewöhnlichen Nutzungsdauer von fünf Jahren wurde zulässigerweise erstmals zum 31.12.00 ein Festwert von 100 000,- DM gebildet. In unveränderter Höhe wurde dieser Wert in den HB/StB zum 31.12.05–31.12.07 bilanziert. Alle Zugänge an technisch aufeinander abgestimmte und genormte Gerüst- und Schalungsteile wurden über Aufwand gebucht, und zwar:

im Wj 05   70 000,- DM (ohne USt)
im Wj 06   60 000,- DM (ohne USt)
im Wj 07   68 000,- DM (ohne USt)

Die bei den Anschaffungen angefallene Vorsteuer ist zutreffend behandelt worden.

Zum 31.12.05, einem Hauptfeststellungszeitpunkt des Einheitswertes des Betriebsvermögens nach § 21 BewG, wurde der Bestand an technisch aufeinander abgestimmten und genormten Gerüst- und Schalungsteilen aufgenommen. Für die vorhandenen Bestände wurden folgende Werte ermittelt:

	Anschaffungskosten	Teilwert
Altbestände aus Festwert 31.12.00	–	60 000,- DM
Zugänge aus Wj 01–04	360 000,- DM	340 000,- DM
Zugänge aus Wj 05	65 000,- DM	70 000,- DM

Frage: Mit welchen Werten sind in den einzelnen Bilanzen Festwerte auszuweisen?

Welche Gewinnauswirkungen ergeben sich aus etwaigen Änderungen?

▶ Lösung

1. Die Festbewertung ist nach § 240 Abs. 4 iVm § 256 S. 2 HGB iVm § 5 Abs. 1 EStG zulässig. Nach Abschn. 31 Abs. 5 EStR ist mindestens an jedem dem Hauptfeststellungszeitpunkt für die Feststellung des Einheitswertes des Betriebsvermögens vorangehenden Bilanzstichtag, spätestens aber an jedem fünften Bilanzstichtag für Gerüst- und Schalungsteile, die zulässigerweise mit einem Festwert angesetzt wurden, eine körperliche Bestandsaufnahme vorzunehmen.

2. Unter Beachtung des koordinierten Erlasses der Finanzminister der Länder des Bundesgebietes (BStBl 1961 I S. 194) iVm Abschn. 31 Abs. 5 EStR ist der Festwert mit 40% der Anschaffungskosten bzw. des niedrigeren Teilwerts zu berechnen:

40% aus Altbestand	24 000,- DM
40% aus Zugängen Wj 01–04	136 000,- DM
40% aus Zugang Wj 05	26 000,- DM
Festwert 31.12.05	186 000,- DM

3. Zum 31.12.05 ist der Festwert aufzustocken, weil die Abweichung zum bisherigen mehr als 10% beträgt. Es ist jedoch nicht der ganze neu ermittelte Festwert anzusetzen, denn er erreicht aus den Zugängen nur eine Höhe von 170 000,- DM.
4. Erst zum 31.12.06 ist eine Aufstockung infolge der entsprechenden Zugänge auf 186 000,- DM vorzunehmen. Die über den Anschaffungsbetrag des Wj 06 hinausgehenden Kosten und die Anschaffungskosten des Wj 07 sind als Aufwand zu behandeln.
5. **Entwicklung des Bilanzpostens**

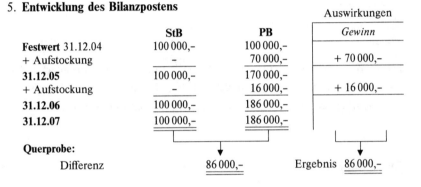

FALL 23

Leasing (Anmietung)

Sachverhalt: Im Januar des Wj 01 schloß der Stpfl. einen Mietvertrag mit einer GmbH ab, die die Vermietung von Anlagegegenständen betreibt. Es wurde eine Stahlblechpresse für die Jahre 01–05 angemietet. Der Mietvertrag über die fünfjährige Nutzung der Maschine ist innerhalb dieser Zeit unkündbar, sofern der Stpfl. seinen Mietverpflichtungen pünktlich nachkommt. Lt. Vertrag trägt der Stpfl. den Untergang bzw. die Verschlechterung der Mietsache. Er ist verpflichtet, auf seine Kosten für die Stahlblechpresse während der Mietzeit eine Schadensversicherung abzuschließen. Der Stpfl. ist jedoch nicht berechtigt, die Presse nach Ablauf der Mietzeit von fünf Jahren zu erwerben noch den Mietvertrag zu verlängern.

Den jährlichen Mietzahlungen von 30 000,- DM zzgl. 4 200,- DM USt hatte die Vermieterin eigene Anschaffungskosten von 105 000,- DM zzgl. 14 700,-DM USt zugrunde gelegt. Die betriebsgewöhnliche Nutzungsdauer derartiger Wirtschaftsgüter beträgt fünf Jahre.

Der Stpfl. hatte die Mietzahlungen in den Wj 01–03 wie folgt gebucht:

Miete   30 000,- DM
Vorsteuer   4 200,- DM   an Bank   34 200,- DM

Außerdem waren im Januar des Wj 01 Fundamentierungs- und Anschlußkosten angefallen. Gebucht wurden diese:

Sonst. betriebl. Aufwand   5 000,- DM
Vorsteuer   700,- DM   an Bank   5 700,- DM

Frage: Mit welchen Werten sind die Wirtschaftsgüter in der PB anzusetzen?
Welche Auswirkungen ergeben sich auf den Gewinn?
Wie kann das gefundene Ergebnis rechnerisch kontrolliert werden?

▶ **Lösung**

1. Mit Abschluß des Vertrages ist der Stpfl. wirtschaftlicher Eigentümer (§ 39 Abs. 2 AO) der Stahlpresse geworden, denn die Leasing-GmbH ist auf Dauer von der Einwirkung auf das Wirtschaftsgut ausgeschlossen. Nach Ablauf der unkündbaren Grundmietzeit ist die Presse verbraucht (BFH, BStBl 1970 II S. 264, BStBl 1971 II S. 133; BMF vom 19.4.1971, BStBl 1971 S. 264; BMF vom 21.3.1972, DB 1972 S. 651. Die Grundmietzeit beträgt mehr als 90 v. H. der betriebsgewöhnlichen Nutzungsdauer. Als wirtschaftlicher Eigentümer hat der Stpfl. die Stahlblechpresse mit den Anschaffungskosten der Leasing-GmbH zu bilanzieren. Zu den Anschaffungskosten rechnen die Fundamentierungs- und Anschlußkosten abzüglich der verrechenbaren Vorsteuer (§ 9b Abs. 1 EStG, BFH, BStBl 1986 II S. 60). Es ist ohne Bedeutung, daß weder Kauf- noch Mietverlängerungsoption besteht.

Die Leasing-Gesellschaft erbringt eine Dauerleistung in Form von Teilleistungen. Die Umsatzsteuer entsteht jeweils mit Ablauf des monatlichen Voranmeldungszeitraums für den die Leasingrate zu entrichten ist; zum selben Zeitpunkt ist beim Empfänger der Vorsteuerabzug (§ 15 Abs. 1 UStG) gegeben (§ 13 UStG, Abschn. 177 Abs. 4 UStR).

Berichtigung der Schlußbilanz 141

2. Die Leasing-Raten sind in einen Zins- und Kosten- sowie Tilgungsanteil aufzuteilen. Es ist dabei zu beachten, daß der Zinsanteil ständig abnimmt. Die Berechnung der Zins- und Kostenanteile hat nach der Summenformel für eine endliche arithmetische Reihe zu erfolgen (BdF vom 13.12.1973 – IV B2 – S 2170 – 94/73, steuerliche Bp 1974 S. 86–87).

3. Aufgrund des Vertrages mit der Leasing-GmbH besteht eine Verbindlichkeit in Höhe der für die fünfjährige unkündbare Grundmietzeit eingegangenen Zahlungsverpflichtung (Jahresrate von 30 000,- DM) = 150 000,- DM.

4. **Entwicklung der Bilanzposten**

			Auswirkung	
	StB	PB	Gewinn	anderer Bilanzposten
Stahlblechpresse				
Ak Januar Wj 01	–	105 000,-	–	Verbindlichk. +150 000,-
+ Fundamentierungs- und Anschlußkosten	–	5 000,-	+ 5 000,-	akt. RAP + 45 000,-
		110 000,-		
./. AfA	–	22 000,-	./. 22 000,-	–
31.12.01	–	88 000,-		
./. AfA	–	22 000,-	./. 22 000,-	–
31.12.02	–	66 000,-		
./. AfA	–	22 000,-	./. 22 000,-	–
31.12.03	–	44 000,-		

Anmerkung: Es besteht auch die Möglichkeit der degressiven AfA gem. § 7 Abs. 2 EStG.

5. **Berechnung der Zins-, Kosten- und Tilgungsteile für die Grundmietzeit**

Summe der Leasing-Raten (ohne USt)
5 x 30 000,- DM   150 000,- DM
Anschaffungskosten der Leasing-GmbH   105 000,- DM
Zinsen und Kosten für 5 Jahre   45 000,- DM

Es handelt sich hierbei um Ausgaben vor dem Bilanzstichtag, die Aufwand für eine bestimmte Zeit nach diesem Tag darstellen. Somit ist gem. § 5 Abs. 4 EStG eine aktive RAP zu bilden, die nach der Summenformel für eine endliche arithmetische Reihe jährlich Aufwand wird, und zwar:

im Wj 01	5/15 von 45 000,- DM =	15 000,- DM
im Wj 02	4/15 von 45 000,- DM =	12 000,- DM
im Wj 03	3/15 von 45 000,- DM =	9 000,- DM

Entwicklung des Bilanzpostens

			Auswirkung
Aktive RAP	StB	PB	*Gewinn*
Kostenaufwand	-	45 000,-	
./. Verrechnung	-	15 000,-	./. 15 000,-
31.12.01	-	30 000,-	
./. Verrechnung	-	12 000,-	./. 12 000,-
31.12.02	-	18 000,-	
./. Verrechnung	-	9 000,-	./. 9 000,-
31.12.03	-	9 000,-	

6. Als sonstige Verbindlichkeiten sind die in der unkündbaren Grundmietzeit zu zahlenden Mieten zu passivieren (§ 246 Abs. 1 HGB iVm § 5 Abs. 1 EStG).

Entwicklung des Bilanzpostens

Sonstige Verbindlichkeiten	StB	PB
Januar des Wj 01	-	150 000,- DM
./. Tilgung		30 000,- DM
31.12.01	-	120 000,- DM
./. Tilgung		30 000,- DM
31.12.02	-	90 000,- DM
./. Tilgung		30 000,- DM
31.12.03	-	60 000,- DM

7. Die in den Wj 01-03 als Aufwand gebuchten Mieten sind zu stornieren. Dadurch muß der Gewinn erhöht werden:

im Wj 01	um 30 000,- DM
im Wj 02	um 30 000,- DM
im Wj 03	um 30 000,- DM

8. Ist bei Beendigung des Leasing-Vertrages vom Leasing-Nehmer eine Entschädigung zu leisten, ist bei pflichtwidrigem Verhalten nicht steuerbarer Schadensersatz gegeben. Bei einvernehmlicher Aufhebung unterliegt die Abstandszahlung der Umsatzsteuer (StEK UStG § 1 Abs. 1 Nr. 106).

9. Überprüfung durch Bilanzkonto

Wj 01

Presse	88 000,-	Verbindlichkeiten	120 000,-
RAP	30 000,-	Verlust	2 000,-
	118 000,-		118 000,-

Wj 02

Kapitalvortrag	2 000,-	Verbindlichkeiten	90 000,-
Presse	66 000,-	Verlust	4 000,-
RAP	18 000,-		
	86 000,-		86 000,-

Wj 03

Kapitalvortrag	6 000,-	Verbindlichkeiten	60 000,-
Presse	44 000,-	Verlust	1 000,-
RAP	9 000,-		
	59 000,-		59 000,-

10. Alternative Lösung

Nach dem BMF-Schreiben vom 19.4.1971, BStBl 1971 I S. 264 ist es nicht erforderlich, den während der Grundmietzeit in den Leasingraten enthaltenen Zins- und Kostenanteil als Verbindlichkeit zu passivieren.

Für die Lösung des Falles bedeutet dies, daß die Verbindlichkeiten im Januar des Wj 01 105 000,- DM betragen. Die Tilgung beläuft sich dann auf

(30 000,- ./. 15 000,-) = 15 000,- DM im Wj 01
(30 000,- ./. 12 000,-) = 18 000,- DM im Wj 02
(30 000,- ./. 9 000,-) = 21 000,- DM im Wj 03

Ein Ausweis eines aktiven RAP (§ 5 Abs. 4 EStG) ist dann nicht möglich. Die Mieteinzahlungen von jährlich 30 000,- DM sind gewinnerhöhend, und der nach der Summenformel für eine endliche arithmetische Reihe ermittelte Zins- und Kostenanteil ist in den Wj 01 = 15 000,- DM, 02 = 12 000,- DM und 03 = 9000,- DM gewinnmindernd zu behandeln.

FALL 24

Leasing (Vermietung)

Sachverhalt: Am 1.7.09 wurde ein fünf Monate zuvor bestellter Kleintransporter (betriebsgewöhnliche Nutzungsdauer acht Jahre) an den Stpfl. ausgeliefert. Infolge zwischenzeitlich eingetretener Umstrukturierung hatte er keine sofortige betriebliche Verwendung für den Transporter. Wider Erwarten gelang es ihm, am 2.7.09 mit einem befreundeten Unternehmer einen Mietvertrag über die Vermietung des Fahrzeugs zu folgenden Bedingungen abzuschließen:

- in der Zeit vom 2.7.09–2.7.12 kann der Mietvertrag beiderseitig nicht gekündigt werden,
- die jährliche Miete beträgt 15 000,– DM zzgl. 2100,– DM USt,
- bis zum 2.7.12 hat der Mieter zugunsten des Stpfl. das Fahrzeug »Kasko« zu versichern,
- ab dem 2.7.12 hat der Mieter das Recht, den Transporter zum Kaufpreis von 4000,– DM (ohne USt) zu erwerben.

Für den Stpfl. betrugen die Anschaffungskosten, die dem Mietvertrag zugrunde lagen, 40 000,– DM zzgl. 5600,– DM USt; gebucht wurde: Fuhrpark 40 000,– DM, Vorsteuer 5600,– DM, an Bank 45 600,– DM.

Die Bilanzposition »Fuhrpark« entwickelt sich wie folgt:

StB-Wert 31.12.08 »Altbestand«		130 000,– DM
+ Zugang Kleintransporter		40 000,– DM
./. AfA »Altbestand«	60 000,– DM	
./. AfA »Zugang« 25 v. H. degr.		
für ½ Jahr von 40 000,– DM	<u>5 000,– DM</u>	<u>65 000,– DM</u>
StB-Wert 31.12.09		105 000,– DM
./. AfA »Altbestand«	60 000,– DM	
./. AfA »Zugang« 25 v. H. degr.		
von 40 000,– DM	<u>10 000,– DM</u>	<u>70 000,– DM</u>
StB-Wert 31.12.10		35 000,– DM

Die Mietzahlungen wurden wie folgt gebucht:

Wj 09: Bank		8 550,– DM	an Mietertrag	7 500,– DM
			an USt-Schuld	1 050,– DM
WJ 10: Bank		17 100,– DM	an Mietertrag	15 000,– DM
			an USt-Schuld	2 100,– DM

Berichtigung der Schlußbilanz

Frage: Mit welchen Werten sind die Wirtschaftsgüter in den PB anzusetzen? Welche Auswirkungen ergeben sich für Gewinn, Umsatzsteuer und andere Bilanzposten?

Lösung ◄

1. Der Stpfl. hat mit dem Mieter am 2.7.09 einen Leasingvertrag abgeschlossen. Nach den dort getroffenen Vereinbarungen ist der Mieter als wirtschaftlicher Eigentümer (§ 39 Abs. 2 AO) des Kleintransporters von Anbeginn anzusehen, denn die Grundmietzeit ist weniger als 40 v. H. der betriebsgewöhnlichen Nutzungsdauer, und der Buchwert nach Ablauf der Grundmietzeit am 2.7.12 deckt sich mit dem vereinbarten Kaufpreis. Der Kleintransporter ist als Anlagevermögen dem Mieter als wirtschaftlichem Eigentümer zuzurechnen (BdF-Erlaß vom 19.4.1971, BStBl I S. 264).

2. Der Stpfl. hat damit den Kleintransporter an den Mieter »veräußert« und somit eine Kaufpreisforderung in Höhe der an Leasing-Raten zugrunde gelegten Anschaffungskosten zuzügl. der durch die Lieferung entstandenen Umsatzsteuer (Bemessungsgrundlage = Entgelt, alles was der Leasing-Nehmer vereinbarungsgemäß aufzuwenden hat – § 10 Abs. 1 Satz 2 UStG –, d. h. sämtliche für die Grundmietzeit vereinbarten Leasingraten einschließlich des vereinbarten Kaufpreises = 14 v. H. von 49 000,- DM = 6 860,- DM) zu aktivieren (BFH, BStBl 1971 II S. 34; Abschn. 25 Abs. 4 UStR).

3. Die Leasing-Raten sind in einen Zins- und Kostenanteil, der als Ertrag des entsprechenden Wirtschaftsjahrs auszuweisen ist, und in einen Anteil Tilgung der Kaufpreisforderung aufzuteilen (Erl. FinMin NW vom 15.6.1973 S 2170 – 5/21 – VB 1). Der Zins- und Kostenanteil für die Grundmietzeit beträgt (Summe der Netto-Leasing-Raten 49 000,- DM ./. AK 40 000,- DM) 9 000,- DM. Unter Beachtung des Erl. FinMin NW vom 13.12.1973 S 2170 – 5/41 – VB 1 – sind die Summe der Zins- und Kostenanteile nach der Summenformel für eine endliche arithmetische Reihe auf die Grundmietzeit zu verteilen.

Wj 09:	3/6 von 9 000,- DM für 6 Monate =	2 250,- DM
Wj 10:	3/6 von 9 000,- DM für 6 Monate = 2 250,-	
	+ 2/6 von 9 000,- DM für 6 Monate = <u>1 500,-</u>	3 750,- DM

4. Die Differenz zur jährlichen Leasing-Rate ist als Tilgung der Kaufpreisforderung zu behandeln; dies gilt auch für die Umsatzsteuer, die mangels entsprechenden Leistungsaustausches zu berichtigen ist.

Ein Ausweis des Kleintransporters als Wirtschaftsgut des abnutzbaren Anlagevermögens ist nicht zulässig, denn der »Erwerber« ist wirtschaftlicher Eigentümer (§ 39 Abs. 2 AO).

5. Entwicklung der Bilanzposten

	StB	PB	Auswirkungen		
			Gewinn	USt	anderer Bilanzposten
a) Kaufpreisforderung					
Wert 2.7.09	–	46 860,–		+ 6 860,–	Fuhrpark ./. 40 000,–
./. Tilgung (8 550–2 250)	–	6 300,–	./. 5 250,–	./. 1 050,–	
31.12.09	–	40 560,–			
./. Tilgung (17 100–3 750)	–	13 350,–	./. 11 250,–	./. 2 100,–	–
31.12.10	–	27 210,–			

Querprobe:
Differenz 27 210,–   Ergebnis 27 210,–

	StB	PB	Auswirkungen	
			Gewinn	anderer Bilanzposten
b) Fuhrpark				
31.12.08	130 000,–	130 000,–	–	Kaufpreisforderung + 40 000,–
+ Zugang	40 000,–	–		
	170 000,–	130 000,–		
./. AfA	65 000,–	60 000,–	+ 5 000,–	–
31.12.09	105 000,–	70 000,–		
./. AfA	70 000,–	60 000,–	+ 10 000,–	–
31.12.10	35 000,–	10 000,–		

Querprobe:
Differenz 25 000,–   Ergebnis 25 000,–

FALL 25

Wertpapiere (Aktien)

Sachverhalt:

Bilanzübersicht	StB 31.12.01	StB 31.12.02	StB 31.12.03
Aktien	32 000,-	26 000,-	36 000,-
sonstige Forderungen	2 250,-	1 200,-	3 000,-

Zur dauernden Verstärkung seines Betriebskapitals hatte der Stpfl. im November des Wj 01 nominell 20 000,- DM Aktien zum Kurse von 150% erworben.

Die angefallenen Gebühren: Börsenumsatzsteuer, Provision und Maklerkosten in Höhe von insgesamt 450,- DM (= 1,5% des Kurswertes) sind dem Konto »sonst. betriebl. Aufwendungen« im Wj 01 belastet worden.

Die Kurswerte betrugen: 31.12.01   160%
                         31.12.02   130%
                         31.12.03   180%

Die Wertpapiere sind in den HB und StB mit dem jeweiligen Kurswert ausgewiesen worden.

Die für die Wj 01-03 durch die Hauptversammlung beschlossenen Dividenden

Wj 01	15%	Beschlußfassung am 15.5.02 (auf den Nominalwert)
Wj 02	8%	Beschlußfassung am 20.6.03
Wj 03	20%	Beschlußfassung am 5.5.04

hat der Stpfl. an den Bilanzstichtagen 31.12.01-31.12.03 mit dem Auszahlungsbetrag als »sonstige Forderungen« aktiviert, weil er bei Eingang der Zahlung die StB des vorangegangenen Wj noch nicht aufgestellt hatte. Die Aktiengesellschaft hat 25% Kapitalertragsteuer von der Bruttodividende einbehalten und im Jahr der Beschlußfassung den Nettobetrag ausgezahlt. Die Höhe der anzurechnenden Körperschaftsteuer wurde durch eine Bescheinigung (§ 44 ff KStG) mitgeteilt.

Frage: Mit welchen Werten sind die Wirtschaftsgüter in der PB anzusetzen? Welche Auswirkungen ergeben sich für Gewinn und Privat?

▶ **Lösung**

1. Die Wertpapiere gehören zum nicht abnutzbaren Anlagevermögen und sind nach § 6 Abs. 1 Nr. 2 EStG mit den Anschaffungskosten oder dem niedrigeren Teilwert anzusetzen. Im Falle der Gewinnermittlung nach § 5 Abs. 1 EStG wird der Ansatz des niedrigeren Teilwerts bei dauernder Wertminderung zur Verpflichtung. Bei der Ermittlung dieses Wertes sind die Erwerbsnebenkosten entsprechend zu berücksichtigen (BFH, BStBl 1966 III S. 643).
   Zu den Anschaffungskosten rechnen neben dem Kaufpreis alle Erwerbsnebenkosten wie z. B. Börsenumsatzsteuer, Provision, Maklergebühr; die AK betragen 30 450,- DM.

2. Für die einzelnen Wertansätze ist nach § 5 Abs. 1 EStG (Maßgeblichkeitsgrundsatz) zu beachten, inwieweit in der Handelsbilanz ein Wahlrecht für die Höhe der Bilanzierung ausgeübt wird. Dieses Wahlrecht ist für die Steuerbilanz, als eine aus der Handelsbilanz nur abgeleitete Bilanz, bindend, es sei denn, es verstößt der Höhe nach gegen zwingende Bewertungsgrundsätze des § 6 Abs. 1 Nr. 3 EStG.

3. **Entwicklung des Bilanzpostens**

	StB	PB	Auswirkung Gewinn
Aktien	32 000,-	30 000,-	./. 2 000,-
+ Nebenkosten	-	450,-	+ 450,-
31.12.01	32 000,-	30 450,-	
a.o. Aufwand ./.	6 000,-	4 060,-	+ 1 940,-
31.12.02	26 000,-	26 390,-	
a.o. Ertrag +	10 000,-	4 060,-	./. 5 940,-
31.12.03	36 000,-	30 450,-	

4. Die Dividenden sind erst mit dem Tage der Beschlußfassung durch die Hauptversammlung entstanden. Ein vorzeitiger Ausweis als »sonstige Forderung« ist unzutreffend.

   Als »sonstige Forderungen« müssen die auf die Einkommensteuerschuld anzurechnende Körperschaftsteuer (§ 36 Abs. 2 Nr. 3 EStG) in Höhe von 9/16 der Einnahmen ausgewiesen werden (§ 20 Abs. 1 Nr. 1 und Nr. 3 iVm § 20 Abs. 3 EStG).

Bruttodividende	Wj 01	Wj 02	Wj 03
	3 000,-	1 600,-	4 000,- DM
+ 9/16 KöSt	1 688,-	900,-	2 250,- DM
= Betriebseinnahmen:	4 688,-	2 500,-	6 250,- DM
einbehaltene KapErtSt	750,-	400,-	1 000,- DM

5. Entwicklung der Bilanzposten

Sonstige Forderungen	31.12.01	31.12.02	31.12.03
lt. StB	2 250,-	1 200,-	3 000,-
lt. PB	-,-	-,-	-,-
Differenz	2 250,-	1 200,-	3 000,-

Gewinnauswirkung:	Wj 01	Wj 02	Wj 03
	./. 2 250,-	+ 2 250,-	-
	-	./. 1 200,-	+ 1 200,-
	-	-	./. 3 000,-
	-	+ 750,-	+ 400,-
	-	+ 1 688,-	+ 900,-
insgesamt:	./. 2 250,-	+ 3 488,-	./. 500,-
Privatkonto: Entnahmen	-	+ 2 438,-	+ 1 300,-

FALL 26

Wertpapiere (festverzinslich)

Sachverhalt:

Bilanzübersicht	StB 31.12.01	StB 31.12.02
Wertpapiere	152 600,-	152 600,-

Der Stpfl. erwarb am 10.1.01 bei seiner Bank Sparbriefe (Zero-Bonds) über nominell 200 000,- DM für 152 600,- DM und bezahlte den Anschaffungspreis vom betrieblichen Bankkonto; gebucht wurde: Wertpapiere an Bank

152 600,- DM. Die Wertpapiere haben eine Laufzeit von vier Jahren. Der Anschaffungspreis, für den an den Bilanzstichtagen 31.12.01 und 31.12.02 Sparbriefe gleicher Art erworben werden können, errechnet sich durch Abzinsung zum banküblichen Zinssatz für solche Anlagewerte. Die Wertpapiere haben auf den 31.12.01 einen Wert von 163 280,- DM und auf den 31.12.02 von 174 720,- DM.

Frage: Sind die Wertpapiere Betriebsvermögen, und mit welchen Werten sind sie in den PB auszuweisen?
Welche Auswirkungen ergeben sich für den Gewinn?

▶ **Lösung**

1. Die Sparbriefe sind notwendiges Betriebsvermögen, denn bisheriges Betriebsvermögen in Form von Geld wurde in eine andere Anlageform getauscht. Der Stpfl. hat nicht zu erkennen gegeben, daß er eine private Anlage beabsichtigt.
2. Die Zero-Bonds sind als Betriebsvermögen mit dem Ausgabebetrag (steuerl. AK) zu aktivieren. Der während der Laufzeit anfallende jährlich anteilige Zinsbetrag ist den Anschaffungskosten nach § 6 Abs. 1 Nr. 2 EStG gewinnerhöhend zuzuschreiben (vgl. Bordewin, WPg 1986 S. 263). Das BMF-Schreiben v. 24.1.1985, BStBl 1985 I S. 77 betrifft nur die privat gehaltenen Zero-Bonds.
3. **Entwicklung der Bilanzposten**

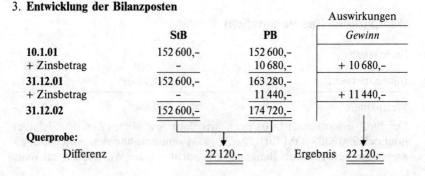

	StB	PB	Auswirkungen Gewinn
10.1.01	152 600,-	152 600,-	
+ Zinsbetrag	-	10 680,-	+ 10 680,-
31.12.01	152 600,-	163 280,-	
+ Zinsbetrag	-	11 440,-	+ 11 440,-
31.12.02	152 600,-	174 720,-	

Querprobe:
Differenz 22 120,-   Ergebnis 22 120,-

FALL 27

Beteiligung an einer Kapitalgesellschaft

Sachverhalt:

Bilanzübersicht	StB 31.12.01	StB 31.12.02	StB 31.12.03
GmbH-Anteile	62 000,-	54 700,-	54 700,-

Zusammen mit einem Freund hat der Stpfl. im Wj 00 zum besseren Vertrieb der Erzeugnisse aus seiner Einzelfirma eine Vertriebs-GmbH mit Stammkapital von 80 000,- DM gegründet. (Nennwert je Geschäftsanteil 1 000,- DM) Er zeichnete 50 Geschäftsanteile und bezahlte sie vom privaten Sparbuch. Die Beteiligung sah er als Privatvermögen an. Die Anschaffungsnebenkosten betrugen 1 000,- DM (ohne USt).

Am 15.12. des Wj 01 legte er die Beteiligung als gewillkürtes Betriebsvermögen zwecks Kapitalverstärkung in sein Betriebsvermögen ein. Gebucht wurde:

GmbH-Anteile   an Einlagen   62 000,- DM (Teilwert)

Die GmbH-Anteile hatten am 31.12.01 ebenfalls einen Teilwert von 62 000,- DM.

Anläßlich des 18. Geburtstages seiner Tochter am 7.5.02 schenkte der Stpfl. ihr fünf GmbH-Anteile mit einem Teilwert von 7 300,- DM. Gebucht wurde:

Entnahmen   an GmbH-Anteile   7 300,- DM

Am 31.12.03 sank infolge unverhoffter Umsatzrückgänge der Teilwert der GmbH-Anteile auf 40 000,- DM. Eine zukünftige Besserung ist nicht abzusehen.

Darüber hinaus war der Stpfl. in den Wj 01-03 Geschäftsführer der GmbH mit einem monatlichen Gehalt von 3000,- DM. Die monatlichen Gehaltszahlungen wurden auf ein privates Sparbuch der Ehefrau überwiesen. Buchungen sind bei der Einzelfirma nicht erfolgt.

Anmerkung: Die Veranlagung des Kj 00 ist bestandskräftig und kann nach den Vorschriften der AO nicht mehr berichtigt werden.

Frage: Mit welchem Wert ist das Wirtschaftsgut in den PB anzusetzen? Welche Auswirkungen ergeben sich für Gewinn und Privat?

▶ **Lösung**

1. Die GmbH-Beteiligung ist seit dem Erwerb der Anteile im Wj 00 notwendiges Betriebsvermögen der Einzelfirma. Sie hätte als Wirtschaftsgut des nicht abnutzbaren Anlagevermögens im Wj 00 mit den Anschaffungskosten bilanziert werden müssen (§ 5 Abs. 1 iVm § 6 Abs. 1 Nr. 2 EStG). Ein Ausweis des höheren Teilwerts ist zum 31.12.01 unzulässig.

   Die Berichtigung hat in der PB zum 1.1.01 zu erfolgen, denn der fehlerhafte Bilanzansatz hat sich bisher nicht auf die Steuer ausgewirkt (Abschn. 15 Abs. 1 EStR), anzusetzen sind die Anschaffungskosten von 51 000,- DM (BFH, BStBl 1978 II S. 191). Die gebuchten Einlagen sind als tatsächliche Vorgänge im Wj 01 nicht gegeben; sie müssen storniert werden.

2. Der Buchwert der fünf geschenkten GmbH-Anteile betrug im Zeitpunkt der Schenkung 5 100,- DM. Die Schenkung an die Tochter ist eine Entnahme gem. § 4 Abs. 1 S. 2 EStG, die nach § 6 Abs. 1 Nr. 4 EStG mit dem Teilwert zu bewerten ist. Es entsteht somit ein sonst. betriebl. Ertrag in Höhe von (Buchwert 5 100,- DM zu Teilwert 7 300,- DM) 2 200,- DM.

3. Zum 31.12.03 ist der Stpfl. sowohl nach handelsrechtlichen als auch nach steuerlichen Vorschriften verpflichtet, den niedrigeren Teilwert von 40 000,- DM zu bilanzieren (§ 253 Abs. 3 HGB iVm § 5 Abs. 1 und § 6 Abs. 1 Nr. 2 EStG). Die eingetretene Wertminderung ist nicht nur vorübergehend.

4. **Entwicklung des Bilanzpostens**

	StB	PB	Auswirkungen		
			Gewinn	Privat	Kapital
1.1.01	-	51 000,-	-	-	+ 51 000,-
Einlage	62 000,-	-	-	NE ./. 62 000,-	
31.12.01	62 000,-	51 000,-			
./. Abgang	7 300,-	5 100,-	+ 2 200,-	-	-
31.12.02	54 700,-	45 900,-			
./. Teilwertabschreibung	-	5 900,-	./. 5 900,-	-	-
31.12.03	54 700,-	40 000,-			

Querprobe:

Differenz 14 700,-   Ergebnis 14 700,-

5. Die Bezüge als Gesellschafter-Geschäftsführer der GmbH stellen Einnahmen aus nicht selbständiger Arbeit gem. § 19 EStG dar und sind als gewerblicher Gewinn der Einzelfirma nicht zu erfassen.

FALL 28

Beteiligung an einer Personengesellschaft

Sachverhalt:

Bilanzübersicht	StB 31.12.01	StB 31.12.02	StB 31.12.03
OHG-Beteiligung	73 750,-	88 500,-	101 750,-

Am 1.3. des Wj 01 beteiligte sich der Stpfl. an der bereits bestehenden »Mensa OHG« – Herstellung von Fertiggerichten – als Teilhaber. Für eine 20%ige Beteiligung mußte er 80 000,- DM aufwenden. Dafür wurden ihm auf seinem Kapitalkonto in der OHG 60 000,- DM gutgeschrieben. Der Mehrbetrag von 20 000,- DM wurde den Kapitalkonten der übrigen Gesellschafter gutgebracht. Dieser Mehrbetrag entfiel zu 10 000,- DM auf anteilige stille Reserven im Anlagevermögen und zu je 5 000,- DM auf solche im Umlaufvermögen bzw. auf einen anteiligen Firmen- und Geschäftswert der OHG. Der Stpfl. hat diese Beteiligung als Betriebsvermögen behandelt.

Bei der Entwicklung des Kontos »Beteiligungen« hat er die Mehrzahlung für das Anlagevermögen mit jährlich 10%, die für den Firmen- und Geschäftswert mit 5% und die für das Umlaufvermögen sofort im Wj 01 als sonst. betriebl. Aufwand abgeschrieben. Die von der OHG ausgezahlten Gewinnanteile, und zwar:

   am 15.5.02 16 000,- DM
   am 20.6.03 14 500,- DM
   am 10.4.04 17 000,- DM

hat er als »Beteiligungen an sonst. betriebl. Ertrag« gebucht. Das Geld vereinnahmte er privat; eine Buchung erfolgte insoweit nicht. Aufgrund der bestandskräftigen Bescheide der »Mensa-OHG« über die einheitliche und gesonderten Gewinnfeststellungen ergeben sich folgende Gewinnanteile für den Stpfl.:

Wj 01	20 400,- DM	
Wj 02	23 000,- DM	
Wj 03	20 600,- DM	

Die Bilanzposition »OHG-Beteiligung« wurde wie folgt entwickelt:

Zugang 1.3.01	80 000,- DM	
./. Abschreibung Anlagevermögen	1 000,- DM	(Kto. sonst. betriebl. Aufwand)
./. Abschreibung Umlaufvermögen	5 000,- DM	(Kto. sonst. betriebl. Aufwand)
./. Abschreibung Firmen und Geschäftswert	250,- DM	
31.12.01	73 750,- DM	
./. Abschreibung Anlagevermögen	1 000,- DM	(Kto. sonst. betriebl. Aufwand)
./. Abschreibung Firmen- und Geschäftswert	250,- DM	(Kto. sonst. betriebl. Aufwand)
+ Gewinnanteil	16 000,- DM	(Kto. sonst. betriebl. Ertrag)
31.12.02	88 500,- DM	
./. Abschreibung Anlagevermögen	1 000,- DM	(Kto. sonst. betriebl. Aufwand)
./. Abschreibung Firmen- und Geschäftswert	250,- DM	(Kto. sonst. betriebl. Aufwand)
+ Gewinnanteil	14 500,- DM	(Kto. sonst. betriebl. Ertrag)
31.12.03	101 750,- DM	

Frage: Mit welchem Wert kann der Bilanzposten in der PB angesetzt werden? Welche Auswirkungen ergeben sich für Gewinn und Privat?

▶ **Lösung**

1. Bei der Bilanzierung und Bewertung von zum Betriebsvermögen gehörenden Beteiligungen an einer Personengesellschaft gehen Handels- und Steuerrecht verschiedene Wege. Der handelsrechtliche Begriff des Ver-

mögensgegenstandes (§ 266 Abs. 2 A III. 3. § 271 Abs. 1 HGB) deckt sich nicht mit dem steuerlichen Begriff des Wirtschaftsgutes (BFH, BStBl 1976 II S. 73, BStBl 1981 II S. 427). Entscheidende Unterschiede zur Beteiligung an einer Kapitalgesellschaft bestehen handelsrechtlich nicht, denn die Beteiligung an einer Personengesellschaft ist in der Handelsbilanz als selbständiger, einheitlicher Vermögensgegenstand mit den Anschaffungskosten, vermindert um etwaige Abschreibungen und erhöht um etwaige weitere Einlagen, anzusetzen (Adler–Düring–Schmaltz, Rechnungslegung und Prüfung der Aktiengesellschaft, 4. Aufl. Band 1, § 151 Tz 90 und BFH, BStBl 1981 II S. 427).

Für die Personengesellschaft ist nach § 179, 180 AO eine eigenständige Gewinnermittlung durchzuführen und der Anteil am Gewinn der Personengesellschaft dem Mitunternehmer außerhalb der eigenen Steuerbilanz zuzurechnen, auch wenn der Erwerb betrieblich veranlaßt war (BFH, BStBl 1986 II S. 182). Deshalb hat die Bilanzposition »Beteiligung an einer Personengesellschaft« keine selbständige Bedeutung, mangels fehlenden Wirtschaftsgutcharakters.

Dem Begriff nach könnte steuerlich dieser Bilanzposten lediglich als »Verrechnungskonto« gewertet werden. Dabei muß der Wertansatz des Postens »Beteiligung an einer Personengesellschaft« in der Bilanz des Mitunternehmers mit seinem in der Personengesellschaft geführten Kapitalkonto übereinstimmen (BFH, BStBl 1986 II S. 333).

Der Bilanzposten weist somit als Spiegelbild des Kapitalkontos in der Bilanz der Personengesellschaft alle Veränderungen durch Gewinn- und Verlustzuweisungen sowie Entnahmen und Einlagen aus (BFH, BStBl 1981 II S. 427).

2. Der Anspruch auf Gewinnbeteiligung aus einer Beteiligung an einer Personengesellschaft entsteht mit Ablauf des Wirtschaftsjahres der Personengesellschaft; er gilt steuerlich mit Ablauf des Wirtschaftsjahres der Personengesellschaft als bezogen.

Buchtechnisch ist er auf dem »Verrechnungskonto« durch die Buchung: Beteiligung an einer Personengesellschaft an Erträge aus Beteiligungen zu erfassen.

3. Abschreibungen auf gezahlte Mehrwerte sind nicht zulässig, denn sie wurden bereits im Rahmen der einheitlichen und gesonderten Gewinnfeststellung der OHG berücksichtigt. Zahlungen auf Gewinnanteile sind als Kapitalrückzahlungen erfolgsneutral; sie mindern aber den Wert der OHG-Beteiligung für den Beteiligten.

4. Entwicklung des Bilanzpostens

	StB	PB	Auswirkungen	
			Gewinn	Privat
Zugang 1.3.01	80 000,-	80 000,-		
./. Abschreibungen	6 250,-	–	+ 6 250,-	–
+ Gewinnanteil	–	20 400,-	+ 20 400,-	–
31.12.01	73 750,-	100 400,-		
./. Abschreibungen	1 250,-		+ 1 250,-	–
./. Auszahlungen	–	16 000,-	–	PE + 16 000,-
+ Gewinnanteil	16 000,-	23 000,-	+ 7 000,-	–
31.12.02	88 500,-	107 400,-		
./. Abschreibungen	1 250,-	–	+ 1 250,-	–
./. Auszahlungen	–	14 500,-	–	PE + 14 500,-
+ Gewinnanteil	14 500,-	20 600,-	+ 6 100,-	–
31.12.03	101 750,-	113 500,-		

Querprobe:

Differenz 11 750,-   Ergebnis 11 750,-

b) Umlaufvermögen

FALL 29

Roh-, Hilfs- und Betriebsstoffe

Sachverhalt:

Bilanzübersicht	StB 31.12.01	StB 31.12.02
Roh-, Hilfs- und Betriebsstoffe	10 500,-	12 000,-

Unter den Roh-, Hilfs- und Betriebsstoffbeständen hat der Stpfl. zum 31.12.01 und 31.12.02 2 000 kg einer bestimmten Schraubensorte aufgenommen und sie mit 7 260,- DM bewertet.

Berichtigung der Schlußbilanz

Folgende Einkäufe waren getätigt worden:

		Wj 01	Wj 02
20.03.01/02	4 000 kg	zu 3,20 DM je kg	zu 3,10 DM je kg
30.07.01/02	8 000 kg	zu 3,80 DM je kg	zu 3,70 DM je kg
28.10.01/02	1 000 kg	zu 4,00 DM je kg	zu 3,90 DM je kg
31.12.01/02	400 kg	zu 3,50 DM je kg	zu 3,80 DM je kg

Frage: Mit welchem Wert ist das Wirtschaftsgut in den PB anzusetzen? Welche Gewinnauswirkungen ergeben sich?

Lösung ◄

1. Zur Ermittlung der Anschaffungskosten ist bei vertretbaren Wirtschaftsgütern, deren Einkaufspreise schwanken, gem. Abschn. 36 Abs. 3 EStR eine Schätzung dieser im Wege der Durchschnittsbewertung vorzunehmen, falls nicht genaueste Aufzeichnungen über den Einkauf und die Verwendung der Wirtschaftsgüter vorliegen.

2. Im Wege dieser Durchschnittsbewertung wurden durchschnittliche Anschaffungskosten von (13 400 kg zu 48 600,- DM) = 3,63 DM pro kg ermittelt.

   Der Einkaufspreis (AK) für diese Waren beträgt aber nur 3,50 DM pro kg am 31.12.01. Gem. § 6 Abs. 1 Nr. 2 iVm § 5 Abs. 1 EStG ist dieser Wert als niedriger Teilwert pro kg für den Bestand anzusetzen.

   Der **PB-Wert zum 31.12.01** beträgt 2 000 kg x 3,50 DM = 7 000,- DM.

   Die durchschnittlichen Anschaffungskosten zum 31.12.02 betragen (13 400 kg zu 47 420,- DM) = 3,53 DM.

   Der **PB-Wert zum 31.12.02** beträgt 2 000 kg x 3,53 DM = 7 060,- DM.

3. **Entwicklung des Bilanzpostens**

	31.12.01	31.12.02
lt. Steuerbilanz	10 500,- DM	12 000,- DM
./. Teilwertabschlag/AK	260,- DM	200,- DM
lt. Prüferbilanz	10 240,- DM	11 800,- DM
Differenz	./. 260,- DM	./. 200,- DM
Gewinnauswirkung	./. 260,- DM	+ 260,- DM
		./. 200,- DM

FALL 30

Teilfertige Arbeiten

Sachverhalt:

Bilanzübersicht	StB 31.12.01	StB 31.12.02
Teilfertige Arbeiten	101 800,-	88 700,-

Die teilfertigen Arbeiten sind durch Inventur vollständig erfaßt. Die Bewertung wurde wie folgt vorgenommen:

	31.12.01	31.12.02
Materialeinsatz (Wiederbeschaffungspreis ohne USt)	55 000,-	43 000,-
+ Bruttolöhne lt. Lohnaufzeichnungen	46 800,-	45 700,-
Bilanzansatz	101 800,-	88 700,-

Die tatsächlichen Einkaufspreise des Materials betrugen (abzüglich Skonto, ohne USt) im Wj 01 53 600,- DM und im Wj 02 41 300,- DM. Die Bruttolohnaufzeichnungen sind vollständig und zutreffend.

Darüber hinaus wurde festgestellt, daß lt. Gewinn- und Verlustrechnung noch folgende Kosten angefallen waren:

	31.12.01	31.12.02
a) Materialgemeinkosten zum Fertigungsmaterial	12%	10%
b) Feiertagsbezahlung, Urlaubsgeld, Lohnfortzahlung im Krankheitsfall betragen zu den gezahlten Bruttolöhnen	10%	15%
c) Arbeitgeberanteil zur Sozialversicherung betragen zu den gezahlten Bruttolöhnen	10%	8%
d) Bruttogehälter kaufmännische Angestellte einschließlich Lohngemeinkosten (in Lohnaufzeichnungen nicht enthalten) betragen zu den gezahlten Bruttolöhnen	6%	4%
e) Maschinen-, Geräteeinsatz und Werkstattkosten betragen zu den gezahlten Bruttolöhnen	5%	8%
f) Bruttogehalt des Buchhalters beträgt zu den gezahlten Bruttolöhnen	50%	51%
g) Rückstellungen für Garantiearbeiten und Gewerbeertragsteuer betragen zu den gezahlten Bruttolöhnen	4%	5%

h) Rückstellung für Gewerbekapitalsteuer
beträgt zu den gezahlten Bruttolöhnen   0,5%   0,6%
i) Bauaufsicht durch den Unternehmer beträgt
zu den gezahlten Bruttolöhnen   10%   12%

Frage: Mit welchen Werten ist das Wirtschaftsgut in der PB anzusetzen? Welche Gewinnauswirkungen ergeben sich?

Lösung ◄

1. Teilfertige Arbeiten sind Forderungen besonderer Art. Sie sind als Wirtschaftsgüter des Umlaufvermögens gem. § 6 Abs. 1 Nr. 2 EStG mit den Herstellungskosten zu bewerten. Nach Abschn. 33 EStR gehören mindestens zu den Herstellungskosten: Materialeinsatz zzgl. Materialgemeinkosten; Bruttolöhne zzgl. Lohngemeinkosten (Feiertagsbezahlung; Arbeitgeberanteil zur Sozialversicherung, Maschineneinsatz, Gewerbekapitalsteuer). Die Gehälter für die kaufmännischen Angestellten, das Gehalt des Buchhalters und die Gewerbeertragsteuer gehören zu den allgemeinen Verwaltungskosten, die nicht in die Herstellungskosten einbezogen werden müssen (Abschn. 33 Abs. 2 EStR).

2. Aufwendungen für Garantiearbeiten fallen erst nach Fertigstellung und Abnahme an. Diese Beträge gehören deshalb zum Vertriebsbereich und nicht zu den Herstellungskosten. Auch können die Kosten für die Bauaufsicht des Unternehmers, die kalkulatorische Größen sind, nicht einbezogen werden (BFH, BStBl 1959 III S. 421).

3. **Ermittlung der Herstellungskosten**

	31.12.01	31.12.02
Materialeinzelkosten	53 600,- DM	41 300,- DM
+ Materialgemeinkosten 12 bzw. 10%	6 432,- DM	4 130,- DM
Lohneinzelkosten	46 800,- DM	45 700,- DM
+ Feiertagsbezahlung 10 bzw. 15%	4 680,- DM	6 855,- DM
+ Sozialversicherung 10 bzw. 8%	4 680,- DM	3 656,- DM
+ Maschinenkosten 5 bzw. 8%	2 340,- DM	3 656,- DM
+ Gewerbekapitalsteuer 0,5 bzw. 0,6%	234,- DM	274,- DM
	118 766,- DM	105 571,- DM

4. **Entwicklung der Bilanzposten**

Teilfertige Arbeiten	31.12.01	31.12.02
lt. StB	101 800,- DM	88 700,- DM
lt. PB	118 766,- DM	105 571,- DM
Differenz	+16 966,- DM	+16 871,- DM
Gewinnauswirkungen	+16 966,- DM	./.16 966,- DM
	–	+16 871,- DM

FALL 31

Fertige Erzeugnisse

Sachverhalt:

Bilanzübersicht	StB 31.12.01	StB 31.12.02	StB 31.12.03
Fertigerzeugnisse	201 500,-	185 250,-	175 500,-

Die vollständig inventurmäßig aufgenommenen Bestände an fertigen Erzeugnissen wurden wie folgt bewertet:

	31.12.01	31.12.02	31.12.03
Inventurbestand (Nettoverkaufspreis)	310 000,-	285 000,-	270 000,-
./. Abschlag für Vertriebskosten und Gewinn 35%	108 500,-	99 750,-	94 500,-
Bilanzwerte	201 500,-	185 250,-	175 500,-

Es wurden nur drei Artikel A, B und C hergestellt, die die gleiche Kostenstruktur aufweisen. Die Kosten der drei Artikelgruppen stehen in einem bestimmten Verhältnis zueinander. Es können deshalb die Herstellungskosten der fertigen Erzeugnisse an den einzelnen Bilanzstichtagen im Wege der Divisionskalkulation mit Verhältnisziffern ermittelt werden.

Folgende Berechnungsgrundlagen wurden festgestellt:

Artikelgruppen	A	B	C
Verhältnis der Herstellungskosten	2	1,5	2,5
Produktion in kg Wj 01	100 000	130 000	75 000
Produktion in kg Wj 02	150 000	100 000	90 000
Produktion in kg Wj 03	120 000	110 000	80 000

Herstellungskosten der gesamten Produktion:

Wj 01	Wj 02	Wj 03
2,340 Mio	2,660 Mio	2,580 Mio DM

An allen Bilanzstichtagen waren alle Artikelgruppen auf Lager. Die Bestände betrugen in kg:

Berichtigung der Schlußbilanz 161

	31.12.01	31.12.02	31.12.03
Artikelgruppe A	5 000	8 000	3 000
Artikelgruppe B	12 000	10 000	7 500
Artikelgruppe C	11 000	12 000	7 000

Frage: Mit welchen Werten ist das Wirtschaftsgut in den PB anzusetzen? Welche Gewinnauswirkungen ergeben sich dadurch?

Lösung ◀

1. Gem. § 6 Abs. 1 Nr. 2 EStG sind die Bestände an »Fertigen Erzeugnissen« mit den Herstellungskosten zu bewerten (§ 253, 255 HGB iVm § 5 Abs. 1 und § 6 Abs. 1 Nr. 2 EStG). Die vorgenommene Pauschalbewertung ist zu ungenau. Sie ist nur dann gerechtfertigt, wenn sie anhand effektiv vorhandener Kosten nachprüfbar ist (BFH, BStBl 1965 III S. 448).

2. Die Herstellungskosten der Bestände an »Fertigen Erzeugnissen« sind an den einzelnen Bilanzstichtagen im Wege der Divisionskalkulation mit Verhältnisziffern zu ermitteln.

3. **Ermittlung der einzelnen Bewertungsgrößen:**

   a) **Umrechnung der Produktion auf Einheitsmenge:**

   Wj 01
   kg = 100 000 x 2   = 200 000
   kg = 130 000 x 1,5 = 195 000
   kg =   75 000 x 2,5 = 187 500
   Einheitsmenge kg = 582 500

   Wj 02
   150 000 x 2   = 300 000
   100 000 x 1,5 = 150 000
     90 000 x 2,5 = 225 000
   kg = 675 000

   Wj 03
   kg = 120 000 x 2   = 240 000
   kg = 110 000 x 1,5 = 165 000
   kg =   80 000 x 2,5 = 200 000
   Einheitsmenge kg = 605 000

b) **Herstellungskosten je Mengeneinheit**

Wj 01
2 340 000 : 582 500 =
<u>4,02 DM</u>

Wj 02
2 660 000 : 675 000 =
<u>3,94 DM</u>

Wj 03
2 280 000 : 605 500 =
<u>4,26 DM</u>

c) **Herstellungskosten je kg**

Wj 01	Wj 02
Artikel A 4,02 x 2 = 8,04 DM	3,94 x 2 = 7,88 DM
Artikel B 4,02 x 1,5 = 6,03 DM	3,94 x 1,5 = 5,91 DM
Artikel C 4,02 x 2,5 = 10,05 DM	3,94 x 2,5 = 9,85 DM

Wj 03
Artikel A 4,26 x 2   = 8,52 DM
Artikel B 4,26 x 1,5 = 6,39 DM
Artikel C 4,26 x 2,5 = 10,65 DM

d) **Herstellungskosten je Artikel am jeweiligen Bilanzstichtag**

Wj 01

Artikel A	5 000 kg x	8,04	=	40 200,- DM
Artikel B	12 000 kg x	6,03	=	72 360,- DM
Artikel C	110 000 kg x	10,05	=	<u>110 550,- DM</u>
Bilanzwert 31.12.01				<u>223 110,- DM</u>

Wj 02

Artikel A	8 000 kg x	7,88	=	63 040,- DM
Artikel B	10 000 kg x	5,91	=	59 100,- DM
Artikel C	12 000 kg x	9,85	=	<u>118 200,- DM</u>
Bilanzwert 31.12.02				<u>240 340,- DM</u>

Wj 03

Artikel A	3 000 kg x	8,52	=	25 560,- DM
Artikel B	7 500 kg x	6,39	=	47 925,- DM
Artikel C	7 000 kg x	10,65	=	<u>74 550,- DM</u>
Bilanzwert 31.12.03				<u>148 035,- DM</u>

Berichtigung der Schlußbilanz 163

4. **Entwicklung der Bilanzposten**

Fertige Erzeugnisse	31.12.01	31.12.02	31.12.03
lt. StB	201 500,-	185 250,-	175 500,-
lt. PB	223 110,-	240 340,-	148 035,-
Differenz	+ 21 610,-	+ 55 090,-	./. 27 465,-
Gewinnauswirkung	+ 21 610,-	./. 21 610,-	-
	-	+ 55 090,-	./. 55 090,-
	-	-	./. 27 465,-

FALL 32

Handelswaren

Sachverhalt:

Bilanzübersicht	StB 31.12.01	StB 31.12.02	StB 31.12.03
Warenbestand	300 000,-	420 000,-	390 000,-
Verbindlichkeiten	150 000,-	175 000,-	240 000,-

Die Warenbestände sind jährlich ordnungsgemäß durch körperliche Inventur aufgenommen worden. An den einzelnen Bilanzstichtagen ergibt sich folgendes:

31.12.01

Der Bestand wurde mengenmäßig richtig erfaßt. Der Bilanzwert ergab sich nach Abzug eines rechnerischen Abschlages von 18 000,- DM für gestohlene und verdorbene Ware vom Wert lt. körperlicher Inventur. Eine Buchung der Aufwendungen war im Wj 01 nicht vorgenommen worden.

Außerdem sind im Bestand Waren enthalten, die aufgrund von Änderungen des modischen Geschmacks im Wj 02 nur zu erheblich herabgesetzten Preisen verkauft werden sollten und auch müssen. Die Anschaffungskosten dieser Waren betrugen 25 000,- DM; der Stpfl. hat sie mit einem Abschlag von 50 v. H. in der Inventur erfaßt. Der voraussichtlich zu erzielende Netto-Verkaufspreis beträgt 27 000,- DM; nach der Gewinn- und Verlustrechnung beträgt der durchschnittliche Reingewinn 15% des Nettoverkaufspreises und die nach Bilanzstichtag noch anfallenden Verwaltungs- und Vertriebskosten 3 000,- DM.

31.12.02

Am 30.12.02 wurden Waren für 60 000,- DM zzgl. 8 400,- DM USt auf Ziel eingekauft und richtig gebucht. Diese Wirtschaftsgüter sind in dem bilanzierten Bestand enthalten. Die Rechnung wurde am 15.1.03 unter Abzug von 3% Skonto bezahlt. Bei der Bewertung des Warenbestandes zum 31.12.02 wurde der Skonto in Höhe von 2 052,- DM als Minderung der Anschaffungskosten berücksichtigt. Die Vorsteuer wurde mit 8 400,- DM und die Verbindlichkeiten wurden mit 68 400,- DM zum 31.12.02 bilanziert. Bei der Bezahlung am 15.1.03 wurden 1 800,- DM als Skontoertrag und 252,- DM als Vorsteuerminderung gebucht.

31.12.03

Am 28.12.03 wurden Waren für 30 000,- DM zzgl. 4 200,- DM USt bei einem Herstellerwerk gekauft. Diese Wirtschaftsgüter befanden sich am Bilanzstichtag (31.12.03) bei der Transportfirma, die es übernommen hatte, die Waren zu befördern. Das Herstellerwerk übergab die Waren der Transportfirma am 31.12.03. Nach dem Kaufvertrag ging die Gefahr des zufälligen Untergangs mit der Übergabe der Waren an die Transportfirma an den Abnehmer über. Die Rechnung des Herstellerwerks ging am 10.1.04 ein und wurde am selben Tag gebucht. Im Wj 03 wurde der Geschäftsvorfall nicht gebucht. In der Inventur zum 31.12.03 wurden lediglich 30 000,- DM als »rollende Ware« dem vorhandenen aufgenommenen Bestand hinzugerechnet.

Frage: Mit welchen Werten sind die Wirtschaftsgüter in der PB anzusetzen? Welche Auswirkungen ergeben sich auf Gewinn, Umsatzsteuer und andere Bilanzposten?

▶ **Lösung**

1. 31.12.01

Gem. § 239, 240 HGB sind sämtliche Bestände an Waren als Wirtschaftsgüter des notwendigen Betriebsvermögens durch Inventur aufzunehmen und in der Bilanz auszuweisen, es sei denn, die Waren sind nicht mehr vorhanden oder es ist ihnen kein Wert mehr beizumessen. Deshalb haben sich die Verluste durch Diebstahl und Verderb bereits durch die Nichterfassung in der körperlichen Inventur gewinnmindernd ausgewirkt. Ein weiterer Abschlag vom Inventurwert ist nicht gerechtfertigt.

Berichtigung der Schlußbilanz 165

Der Teilwertabschlag darf nur in der Höhe vorgenommen werden, wie die erzielbaren Verkaufspreise die Selbstkosten (AK zzgl. noch entstehender Verwaltungs- und Vertriebskosten) und den betriebsüblichen, nachhaltig erzielbaren durchschnittlichen Reingewinn nicht mehr decken (BFH, BStBl 1964 III S. 426; BFH, BStBl 1984 II S. 35). Die bis zur Bilanzaufstellung erlangte bessere Erkenntnis über die erzielbaren Verkaufspreise ist zu berücksichtigen.

(erzielbarer VP = 27 000,- DM ./. (AK 25 000,- + Verw.-/Vertriebskosten 3 000,- + 15% Gewinn 4 050,-) = 32 050,- = zulässiger Teilwertabschlag 5 050,- DM)

2. **31.12.02**

Nach der Rechtsprechung (BFH, BStBl 1971 II S. 323) ist eine Minderung der Anschaffungskosten von Waren durch Skontoabzug nur gerechtfertigt, soweit der Skontoabzug auch tatsächlich bis zum Bilanzstichtag vorgenommen worden ist. Der Bilanzwert zum 31.12. des Wj 02 muß deshalb um 2 052,- DM erhöht werden (Abschn. 32a Abs. 3 EStR).

3. **31.12.03**

Am Bilanzstichtag ist der Stpfl. Eigentümer der Waren, weil vereinbarungsgemäß durch Übergabe der Waren an die Transportfirma das Eigentum auf ihn überging (§ 447 BGB). Die Verbindlichkeiten sind somit um 34 200,-DM zu erhöhen. Darüber hinaus ist eine sonstige Forderung von 4 200,-DM (noch nicht verrechenbare Vorsteuer) zu aktivieren. Diese Vorsteuer kann erst im Wj 04 verrechnet werden (§ 15 Abs. 1 UStG iVm § 9b Abs. 1 EStG).

Transportkosten als aktivierungspflichtige Anschaffungskosten vgl. BFH, BStBl 1986 II S. 60.

4. **Entwicklung der Bilanzposten**

Handelswaren	31.12.01	31.12.02	31.12.03
lt. StB	300 000,-	420 000,-	390 000,-
+ Änderungen	18 000,-	2 052,-	-
+ Teilwertkorrektur	7 450,-	-	-
lt. PB	325 450,-	422 052,-	390 000,-
Differenz	+ 25 450,-	+ 2 052,-	-
Gewinnauswirkungen	+ 25 450,-	./. 25 450,- + 2 052,-	- ./. 2 052,-
	+ 25 450,-	./. 23 398,-	./. 2 052,-

166 II. Einzelfälle zur Mehr- und Weniger-Rechnung

Sonstige Forderungen	31.12.01	31.12.02	31.12.03
lt. PB	-	-	4 200,-
Verbindlichkeiten			
lt. StB	150 000,-	175 000,-	240 000,-
+ Änderungen	-	-	34 200,-
lt. PB	150 000,-	175 000,-	274 200,-
Differenz	-	-	+ 30 000,-
Gewinnauswirkung	-	-	./. 30 000,-
Gewinnauswirkungen ingesamt:	+ 25 450,-	./. 23 398,-	./. 32 052,-

FALL 33

Handelswaren

Sachverhalt:

Bilanzübersicht	StB 31.12.01	StB 31.12.02	StB 31.12.03
	240 500,-	200 700,-	246 450,-

Der Stpfl. betreibt ein Handelsunternehmen der Werkzeugmaschinenbranche mit verschiedenen Warengruppen (Maschinenwerkzeuge, Handwerkzeuge und Kleinwerkzeuge). Das Wirtschaftsjahr entspricht dem Kalenderjahr.

Für die Warengruppe »Handwerkzeuge« wurde am 31.12.01 ein Bestand von 37 800,- DM in der Steuerbilanz ausgewiesen. Die körperliche Bestandsaufnahme ist dazu am 31.10.01 ordnungsgemäß durchgeführt worden; der Inventurwert, zu steuerlichen Anschaffungskosten bewertet, betrug an diesem Tage 46 000,-DM.

Der Steuerbilanzwert zum 31.12.01 wurde durch wertmäßige Fortschreibung wie folgt ermittelt:

Inventurwert zum 31.10.01 zu Ak	46 000,- DM
+ Einkauf 1.11.-31.12.01 zu Ak (netto)	35 200,- DM
./. Verkauf 1.11.-31.12.01 zu VP (netto)	43 400,- DM
Inventurwert zum 31.12.01	37 800,- DM

Berichtigung der Schlußbilanz 167

Diese Warengruppe wurde durchschnittlich mit einem Rohgewinnaufschlag von 25 v. H. kalkuliert.

Für die Warengruppe »Kleinwerkzeuge« ist am 31.1.03 für den Bilanzstichtag 31.12.02 die körperliche Inventur ordnungsgemäß vorgenommen worden. Es ergab sich ein zu Anschaffungskosten bewerteter Bestand von 24 200,- DM.

Der Steuerbilanzwert zum 31.12.02 wurde auf der Grundlage wertmäßiger Fortschreibung wie folgt errechnet:

Inventurwert zum 31.1.03 zu Ak	24 200,- DM
+ Einkauf 3.1.–31.1.03 zu Ak (netto)	16 000,- DM
./. Verkauf 3.1.–31.1.03 zu VP (netto)	27 100,- DM
Inventurwert zum 31.12.02	13 100,- DM

Diese Warengruppe wurde mit einem durchschnittlichen Rohgewinnaufschlagsatz von 33 ⅓ v. H. kalkuliert.

Der Inventurbestand zum 31.12.03 ist am Inventurstichtag ordnungsgemäß ermittelt und bewertet worden.

Frage: Mit welchen Werten sind die Wirtschaftsgüter in den PB anzusetzen? Welche Gewinnauswirkungen ergeben sich dadurch?

Lösung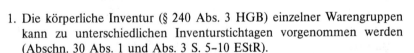

1. Die körperliche Inventur (§ 240 Abs. 3 HGB) einzelner Warengruppen kann zu unterschiedlichen Inventurstichtagen vorgenommen werden (Abschn. 30 Abs. 1 und Abs. 3 S. 5–10 EStR).
2. Die Inventurstichtage, für die Warengruppe »Handwerkzeuge«, zwei Monate vor dem Bilanzstichtag und für die Warengruppe »Kleinwerkzeuge«, einen Monat nach Bilanzstichtag, entsprechen den Grundsätzen ordnungsmäßiger Buchführung.
3. Die Fortschreibung kann nach folgender Formel (Abschn. 30 Abs. 3 S. 9 EStR) erfolgen: Wert des Warenbestandes am Bilanzstichtag = Wert des Warenbestandes am Inventurstichtag, + Wareneingang ./. Wareneinsatz (Warenumsatz abzüglich des durchschnittlichen Rohgewinns).

Für die Warengruppe »Handwerkzeuge« muß der am Inventurstichtag festgestellte Gesamtwert des Bestandes wertmäßig auf den Bilanzstichtag um die Ein- und Verkäufe fortgeschrieben und für die Warengruppe

»Kleinwerkzeuge« wertmäßig auf den Bilanzstichtag um die Ein- und Verkäufe zurückgerechnet werden.

4. **Ermittlung der PB-Werte**

»Handwerkzeuge« Bestand lt. Inventur	46 000,- DM
+ Einkauf 1.11.-31.12.01	35 200,- DM
./. Verkauf (Wareneinsatz 1.11.-31.12.01	
43 400,- ./. 8 680,- DM) =	34 720,- DM
(Rohgewinnaufschlagsatz von 25 v. H. entspricht	
einem Rohgewinnsatz von 20 v. H.)	
PB-Wert zum 31.12.01	46 480,- DM
»Kleinwerkzeuge« Bestand lt. Inventur	24 200,- DM
+ Verkauf (Wareneinsatz 3.1.-31.1.03	
27 100,- ./. 6 775,-) =	20 325,- DM
Rohgewinnaufschlagsatz von 33 ⅓ v. H.	
entspricht einem Rohgewinnsatz von 25 v.H.)	
./. Einkauf vom 3.1.-31.1.03	44 525,- DM
PB-Wert zum 31.12.02	28 525,- DM

5. **Entwicklung des Bilanzpostens**

	31.12.01	31.12.02	31.12.03
lt. StB	240 500,-	200 700,-	260 450,-
./. fehlerhafter Ansatz	37 800,-	13 100,-	-
+ richtiger Ansatz	46 480,-	28 525,-	-
lt. PB	249 180,-	216 125,-	260 450,-
Differenz	+ 8 680,-	+ 15 425,-	-
Gewinnauswirkungen	+ 8 680,-	./. 8 680,-	-
	-	+ 15 425,-	./. 15 425,-

FALL 34

Wertpapiere

Sachverhalt:

Bilanzübersicht	StB 31.12.01	StB 31.12.02	StB 31.12.03
Aktien	78 000,-	60 000,-	78 000,-

Der Stpfl. hatte im Wj 00 Aktien im Nennwert von 30 000,- DM zum Kurswert von 260% aus Betriebsmitteln erworben. Am 31.12. der jeweiligen Wirtschaftsjahre ergeben sich folgende Werte:

	Kurswert[*]	Wert in StB[*]
31.12.01	230%	260%
31.12.02	220%	200%
31.12.03	250%	260%

Aufgrund der Beschlüsse der Hauptversammlung wurden für die einzelnen Wj folgende Dividenden ausgeschüttet:

Für Wj 00 lt. Beschluß vom 10.10.01		18%
für Wj 01 lt. Beschluß vom 18. 9.02		10%
für Wj 02 lt. Beschluß vom 20.11.03		13%
für Wj 03 steht der Beschluß noch aus. Der Stpfl. rechnet mit einer Ausschüttung von 15%.		

Die Dividenden sind jeweils im Jahr der Beschlußfassung noch eingegangen und nach Abzug von 25% Kapitalertragsteuer von der Bank gutgeschrieben worden. Gebucht wurde lediglich jeweils nach Eingang des Bankauszuges:

Wj 01	Bank an Einlage	4 050,- DM
Wj 02	Bank an sonst. betriebl. Ertrag	2 250,- DM
Wj 03	Bank an Einlage	2 925,- DM

Die Höhe der anzurechnenden Körperschaftsteuer wurde durch eine Bescheinigung (§ 44 KStG) mitgeteilt.

Die Wertpapiere dienen der vorübergehenden Anlage von Betriebsmitteln. Sie sollen bei günstiger Gelegenheit einzeln oder insgesamt als Paket veräußert werden.

[*] **Anmerkung:** Die Werte verstehen sich einschließlich Erwerbsnebenkosten.

Frage: Mit welchem Wert ist das Wirtschaftsgut in der PB anzusetzen? Welche Auswirkungen ergeben sich für Gewinn und Privat?

▶ **Lösung**

1. Die Wertpapiere gehören zum Umlaufvermögen und sind gem. § 6 Abs. 1 Nr. 2 EStG mit den Anschaffungskosten oder dem niedrigeren Teilwert zu bilanzieren. Sie können als gewillkürtes Betriebsvermögen behandelt werden (Abschn. 14a Abs. 2 EStR).

2. Als Gewerbetreibender mit Gewinnermittlung nach § 5 Abs. 1 EStG hat der Stpfl. das handelsrechtliche Niederstwertprinzip zu beachten (§ 253 Abs. 3 HGB). Entsprechende Wahlrechte nach § 6 Abs. 1 Nr. 2 EStG sind unter Beachtung der handelsrechtlichen Bewertungsvorschriften eingeschränkt.

   Die Wertansätze in der **PB** betragen:

31.12.01	230%	(niedriger Teilwert)
31.12.02	220%	(niedriger Teilwert)
31.12.03	250%	(gestiegener Teilwert)

3. **Entwicklung der Bilanzposten**

Wertpapiere	31.12.01	31.12.02	31.12.03
lt. StB	78 000,-	60 000,-	78 000,-
lt. PB	69 000,-	66 000,-	75 000,-
Differenz	./. 9 000,-	+ 6 000,-	./. 3 000,-
Gewinnauswirkungen	./. 9 000,-	+ 9 000,-	-
	-	+ 6 000,-	./. 6 000,-
	-	-	./. 3 000,-

4. Die Dividendenerträge entstehen mit Beschlußfassung der Hauptversammlung der Aktiengesellschaft. Sie stellen im Bruttobetrag betrieblichen Ertrag dar. Die auf die Einkommensteuerschuld anzurechnende Körperschaftsteuer (9/16 der Bruttodividende) nach § 36 Abs. 2 Nr. 3 EStG sind Betriebseinnahmen. Die einbehaltene Kapitalertragsteuer und die anrechenbare Körperschaftsteuer sind Entnahmen gem. § 4 Abs. 1 S. 2 EStG.

Dividende	Wj 01 (18%)	Wj 02 (10%)	Wj 03 (13%)
Gewinnauswirkung	+ 8 438,-	+ 2 438,-	+ 6 094,-
Entnahmen (KapErtSt)	+ 1 350,-	+ 750,-	+ 975,-
Entnahmen (9/16 KSt)	+ 3 038,-	+ 1 688,-	+ 2 194,-
Einlagen	./. 4 050,-	-	./. 2 925,-

Berichtigung der Schlußbilanz 171

FALL 35

Sonstige Forderungen

Sachverhalt:

Bilanzübersicht	StB 31.12.00	StB 31.12.01	StB 31.12.02	StB 31.12.03
sonstige Forderungen	20 000,-	18 000,-	17 000,-	30 000,-

Mit Wirkung vom 1.7. des Wj 00 hat der Stpfl. einen vertraglichen Anspruch auf einen Umsatzbonus in Höhe eines bestimmten Prozentsatzes vom Wert der jeweiligen im Kalenderjahr gekauften Waren. Der Bonus wird überwiesen, wenn er nicht innerhalb eines Jahres mit Forderungen aus Lieferungen verrechnet werden kann.

In der StB zum 31.12.00 hat der Stpfl. versehentlich den Umsatzbonus für das Wj 00 in Höhe von 8 000,- DM zzgl. 1 120,- DM USt nicht aktiviert. Der Lieferant überwies den Betrag Anfang Februar des Wj 02 auf das Bankkonto des Stpfl. Dieser buchte:

Bank an Einlagen 9 120,- DM

Ab dem Wj 01 wird der Bonus gegen Ende Januar des folgenden Jahres gutgeschrieben und auf das betriebliche Bankkonto überwiesen. In den Wj 02 und 04 wurde gebucht:

Bank an sonst. betriebl. Ertrag und Umsatzsteuer

Der Bonus für das Wj 02 wurde im Wj 03 bar ausgezahlt; eine Buchung erfolgte nicht.

Folgende Bonusgutschriften wurden erteilt:

Für Wj 00 in Wj 01 über 8 000,- DM zzgl. 1 120,- DM USt
für Wj 01 in Wj 02 über 3 000,- DM zzgl. 420,- DM USt
für Wj 02 in Wj 03 über 7 000,- DM zzgl. 980,- DM USt
für Wj 03 in Wj 04 über 4 000,- DM zzgl. 560,- DM USt

Anmerkung: Die Steuerbescheide des Kj 00 sind bestandskräftig und können nach den Vorschriften der AO nicht mehr berichtigt werden.

Frage: Mit welchen Werten sind die Wirtschaftsgüter in der PB anzusetzen? Welche Auswirkungen ergeben sich für Gewinn, Umsatzsteuer und Privat?

▶ **Lösung**

1. Der Bonusanspruch gehört zum notwendigen Betriebsvermögen. In der Prüferbilanz zum 31.12. des Wj 00 kann er nicht mehr als Forderung ausgewiesen werden, weil die Bilanz einer nicht mehr berichtigungsfähigen Veranlagung zugrunde gelegen hat (Abschn. 15 Abs. 1 EStR).
2. Eine Änderung des Anfangsbetriebsvermögens des Wj 01 scheidet aus, denn der nicht bilanzierte Bonusanspruch hat sich auf die Höhe des endgültig unanfechtbar gewordenen Steuerbetrages für das Wj 00 ausgewirkt (BFH, BStBl 1962 III S. 273 iVm Abschn. 15 Abs. 1 EStR).
   Die Einlagen des Wj 02 sind zu berichtigen. Durch die vorgenommene Buchung ist begrifflich keine Einlage getätigt worden (§ 4 Abs. 1 S. 3 EStG). Das Wirtschaftsgut »Bonusforderung« ist bereits notwendiges Betriebsvermögen und kann deshalb nicht mehr eingelegt werden.
   In der ersten berichtigungsfähigen Schlußbilanz (31.12.01) ist der Bonusanspruch von 9 120,- DM als notwendiges Betriebsvermögen auszuweisen (Abschn. 15 Abs. 1 S. 5 EStR).
3. Der »Bonus« muß mit Ablauf des jeweiligen Wirtschaftsjahres, für das er erteilt worden ist, als sonstige Forderung aktiviert werden. Berichtigungen der Vorsteuer haben in dem Kalenderjahr zu erfolgen, in dem die Bonusgutschrift erteilt worden ist (§ 17, § 15 Abs. 1 UStG iVm § 9b Abs. 1 EStG). Durch den bar vereinnahmten Bonus über 7 980,- DM hat der Stpfl. eine Entnahme gem. § 4 Abs. 1 S. 2 EStG getätigt.
4. **Entwicklung der Bilanzposten**

Sonstige Forderungen	31.12.00	31.12.01	31.12.02	31.12.03
lt. StB	20 000,-	18 000,-	17 000,-	30 000,-
+ Bonusanspruch	-	9 120,-	-	-
+ Bonusanspruch	-	3 420,-	7 980,-	4 560,-
lt. PB	20 000,-	30 540,-	24 980,-	34 560,-
Differenz	-	+ 12 540,-	+ 7 980,-	+ 4 560,-
Gewinnauswirkungen	-	+ 11 000,-	./. 3 000,-	-
	-	-	+ 7 000,-	+ 4 000,-
Entnahmen	-	-	-	+ 7 980,-
Einlagen	-	-	./. 9 120,-	-
Sonstige Verbindlichkeiten (Vorsteuerberichtigung)	-	+ 1 540,-	+ 980,-	+ 560,-
USt-Schuldkonto	-	-	+ 1 120,-	+ 1 120,-
	-	-	-	+ 980,-

c) Verbindlichkeiten, Wertberichtigungen, Rückstellungen, Rücklagen

FALL 36

Verbindlichkeiten (Valuta)

Sachverhalt:

Bilanzübersicht	StB 31.12.01	StB 31.12.02	StB 31.12.03
Warenverbindlichkeiten	45 800,-	70 200,-	63 100,-

Aus einem Einkauf von Handelswaren am 25.11. des Wj 01 bzw. 20.2. des Wj 02 schuldete der Stpfl. einem französischen Lieferanten aus Orleans 20 000,-DM bzw. 10 000,- Französische Franken (FF).

Die Waren wurden im Dezember des Wj 01 bzw. im Mai des Wj 02 weiterveräußert. Infolge verschiedener Unklarheiten verzögerte sich die Begleichung der Rechnungsbeträge bis zum 20.1. des Wj 03.

Der offizielle Devisenkurs entwickelte sich zwischenzeitlich wie folgt:

    25.11.01   100 FF = 68,- DM
    31.12.02   100 FF = 70,- DM
    20.02.02   100 FF = 67,- DM
    31.12.02   100 FF = 69,- DM
    20.01.03   100 FF = 68,50 DM

In den StB zum 31.12.01 und 31.12.02 wurden die Verbindlichkeiten unverändert mit dem Buchwert vom 25.11.01 von 13 600,- DM bzw. vom 20.2.02 von 6 700,-DM bewertet.

Frage: Mit welchen Werten ist das Wirtschaftsgut in der PB anzusetzen? Welche Gewinnauswirkungen ergeben sich?

Lösung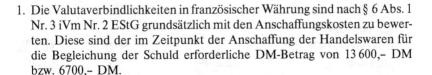

1. Die Valutaverbindlichkeiten in französischer Währung sind nach § 6 Abs. 1 Nr. 3 iVm Nr. 2 EStG grundsätzlich mit den Anschaffungskosten zu bewerten. Diese sind der im Zeitpunkt der Anschaffung der Handelswaren für die Begleichung der Schuld erforderliche DM-Betrag von 13 600,- DM bzw. 6700,- DM.

2. Nach § 5 Abs. 1 EStG ist, dem handelsrechtlichen Niederstwertprinzip folgend (§ 253 Abs. 3 HGB), die Schuld höher zu bewerten, wenn der Kurs der ausländischen Währung gestiegen und damit der aufzuwendende DM-Betrag ebenfalls größer geworden ist (Abschn. 37 Abs. 2 EStR).
3. An den Bilanzstichtagen 31.12.01 und 31.12.02 muß die jeweilige Lieferantenschuld mit dem niedrigeren Teilwert (höheren TW) ausgewiesen werden. Er beträgt für die Wareneinkäufe vom 25.11.01 am 31.12.01 14 000,- DM, die auch am 31.12.02 bilanziert werden können. (§ 6 Abs. 1 Nr. 3 iVm Nr. 2 EStG) Für die Wareneinkäufe vom 20.2.02 beträgt der niedrigere Teilwert am 31.12.02 6900,- DM.
4. **Entwicklung des Bilanzpostens**

Verbindlichkeiten	31.12.01	31.12.02	31.12.03
lt. StB	45 800,-	70 200,-	63 100,-
+ Teilwertangleichung	400,-	400,-	-
+ Teilwertangleichung	-	200,-	-
lt. PB	46 200,-	70 800,-	63 100,-
Differenz	+ 400,-	+ 600,-	-
Gewinnauswirkungen	./. 400,-	+ 400,-	-
	-	./. 600,-	+ 600,-
insgesamt	./. 400,-	./. 200,-	+ 600,-

FALL 37

Diverse Rückstellungen

Sachverhalt:

Bilanzübersicht	StB 31.12.01	StB 31.12.02	StB 31.12.03
1. Rückstellung für Instandhaltung:			
a) Fabrikgebäude	22 800,-	9 120,-	-,-
b) Betriebsanlage	-,-	16 000,-	18 000,-
2. Rückstellungen für Patentverletzung	-,-	40 000,-	80 000,-
insgesamt	22 800,-	65 120,-	98 000,-

1. a) Der Auftrag für die Erneuerung einer schadhaften Außenwand des Fabrikgebäudes wurde im November des Wj 01 vergeben und im Februar des Wj 02 ausgeführt. Die Bezahlung erfolgte im Wj 02. Gebucht wurde:

Wj 01: Grundstücksaufwendungen 20 000,- DM
Vorsteuer 2 800,- DM
an Rückstellung
für Instandhaltung 22 800,- DM

Wj 02: Rückstellung für
Instandhaltung an Verbindlichkeiten 22 800,- DM

Verbindlichkeiten an Bank 22 800,- DM

b) Außerdem wurde der Auftrag zur Beseitigung eines schadhaften Shed-Daches am Fabrikgebäude im Dezember des Wj 02 vergeben und im Mai des Wj 03 ausgeführt. Es wurde in den Wj 02 und 03 gebucht:

Wj 02: Reparatur 8 000,- DM
Vorsteuer 1 120,- DM
an Rückstellung
für Instandhaltung 9 120,- DM

Wj 03: Rückstellung für
Instandhaltung 9 120,- DM
an Verbindlichkeiten 9 120,- DM

Die Bezahlung der Rechnung erfolgte erst im Januar des Wj 04.

c) Alle anfallenden Reparaturen an der Betriebsanlage wurden von der betriebseigenen Werkstatt vorgenommen. Derartige regelmäßig wiederkehrende Aufwendungen sind in Höhe von 15 000,- bis 20 000,- DM üblich. Bei den zurückgestellten Beträgen handelt es sich um Aufwendungen für die Zeiträume von Januar bis März des jeweils folgenden Jahres.

Gebucht wurde:

Wj 02: Reparaturen an Rückstellung für
Instandhaltung 16 000,- DM

Wj 03: Rückstellung für
Instandhaltung an Einlagen 16 000,- DM

Reparaturen an Rückstellung für
Instandhaltung 18 000,- DM

2. Im Februar des Wj 04 teilt der Erfinder dem Stpfl. mit, daß er bei der Herstellung von Fertigungsmaschinen sein Patent verletzt habe. Er beanspruche die ihm bisher entgangenen Lizenzeinnahmen für die Wj 02 und Wj 03 in Höhe von je 40 000,- DM. Erforderlichenfalls werde er Klage erheben. Im zu erwartenden Zivilprozeß ist es nicht ausgeschlossen, daß der Stpfl. mit dem vollen Betrag von 80 000,- DM in Anspruch genommen wird. Bei Kenntnis dieser Sachlage wurde gebucht:

Wj 02: sonst. betriebl. Aufwand   an Rückstellungen für
                                      Patentverletzung   40 000,- DM
Wj 03: sonst. betriebl. Aufwand   an Rückstellung für
                                      Patentverletzung   40 000,- DM

Die Bilanzen der Wj 02 und Wj 03 wurden erst im März des Wj 04 aufgestellt.

Frage: Mit welchen Werten sind die Wirtschaftsgüter in der PB anzusetzen? Welche Auswirkungen ergeben sich für Gewinn, Umsatzsteuer und Privat?

▶ **Lösung**

1. Zum 31.12.01 ist eine Rückstellung für unterlassene Instandhaltungen gerechtfertigt, da es sich um Instandhaltungsarbeiten handelt, die vor dem Bilanzstichtag bereits erforderlich gewesen waren (§ 249 Abs. 1 Nr. 2 HGB). Sie ist zulässig, denn die Arbeiten wurden fristgerecht abgeschlossen (Abschn. 31c Abs. 12 EStR). Die Vorsteuer ist nicht rückstellungsfähig. Sie fällt erst im Wj 02 an.

2. Zum 31.12.02 ist eine Rückstellung für unterlassene Instandhaltung nicht möglich. Grundsätzlich sind zwar die Voraussetzungen gegeben, jedoch mangelt es an der fristgerechten Ausführung der Reparaturarbeiten (Abschn. 31c Abs. 12 EStR).

3. Für die jährlich wiederkehrende und in ungefähr gleicher Höhe anfallenden Reparaturarbeiten kann aus zwei Gründen keine Rückstellung für unterlassene Instandhaltung gebildet werden. Einerseits sind die Reparaturen durch die eigenen Arbeitskräfte ausgeführt worden, andererseits sind bei den Fremdarbeiten die Voraussetzungen nicht erfüllt (Abschn. 31c Abs. 12 EStR).

4. Die Bildung der Rückstellungen für Patentverletzungen zum 31.12.02 und 31.12.03 ist zutreffend, denn der Grund für die Rückstellung (Patentverletzung) war gegeben. Entsprechend den Grundsätzen der »besseren Erkenntnis bei Bilanzaufstellung« (BFH, BStBl 1968 II S. 5; BFH, BStBl 1981 II S. 121) ist die Rückstellung in der Höhe anzusetzen, die nach vernünftiger kaufmännischer Beurteilung notwendig ist. Die Rückstellung ist

Berichtigung der Schlußbilanz 177

handelsrechtlich zwingend zu bilden (§ 249 HGB), sie muß auch steuerlich gebildet werden (BFH, BStBl 1970 II S. 15 und S. 802, BStBl 1982 II S. 748; § 5 Abs. 3 EStG iVm Abschn. 31c Abs. 8 EStR).

5. **Entwicklung des Bilanzpostens**

	31.12.01	31.12.02	31.12.03
lt. StB	22 800,-	65 120,-	98 000,-
lt. PB	20 000,-	40 000,-	80 000,-
Differenz	./. 2 800,-	./. 25 120,-	./. 18 000,-
Gewinnauswirkungen	-	+ 24 000,-	+ 18 000,-
	-	-	+ 16 000,-
Privatkonto: Einlagen	-	-	./. 16 000,-
USt-Schuldkonto	+ 2 800,-	+ 1 120,-	-

FALL 38
Rückstellung für Pensionsverpflichtung

Sachverhalt:

Bilanzübersicht	StB 31.12.01	StB 31.12.02	StB 31.12.03
Rückstellung für Pensionsverpflichtung	21 000,-	32 000,-	43 000,-

Der Stpfl. erteilte seinem langjährigen Prokuristen, der auch jetzt noch in der Firma tätig ist, im Januar des Wj 00 eine rechtsverbindliche Pensionszusage. Der Prokurist ist nicht an der Firma beteiligt.
Im Januar des Wj 01 schloß der Stpfl. zur Teilfinanzierung mit einer Versicherungsgesellschaft einen Rückdeckungs-Versicherungsvertrag ab, aus dem er bezugsberechtigt ist.
Die Prämieneinzahlungen an die Versicherungsgesellschaft betrugen seit dem Wj 01 jährlich 9 000,- DM.
Im Wj 00 ist weder eine Buchung noch eine Bilanzierung »Rückstellung für Pensionsverpflichtung« erfolgt. In den Wj 01, 02 und 03 wurden folgende Buchungen vorgenommen:
a) freiwillige soziale
    Aufwendungen   an Rückstellung
                                  für Pensions-
                                  verpflichtung   30 000,- DM

b) Rückstellung für
Pensionsverpflichtung   an Bank   9 000,- DM

Der Teilwert der Pensionsverpflichtung beträgt:

zum 31.12.00	13 100,- DM
zum 31.12.01	27 500,- DM
zum 31.12.02	42 700,- DM
zum 31.12.03	55 600,- DM

Nach den Angaben der Versicherungsgesellschaft betragen die Rückdeckungsversicherungen:

	Deckungskapital	**Rückkaufswert**
31.12.01	6 400,- DM	-,-
31.12.02	12 800,- DM	7 500,- DM
31.12.03	19 200,- DM	11 200,- DM

Der Stpfl. beabsichtigte zu keiner Zeit, den bestehenden Versicherungsvertrag aufzukündigen bzw. aufzulösen. Guthaben aus Beitragsrückerstattungen bestanden nicht.

Frage: Mit welchen Werten ist das Wirtschaftsgut in der PB anzusetzen? Welche Gewinnauswirkungen ergeben sich daraus?

▶ **Lösung**

1. Durch die rechtsverbindliche Zusage kann nach § 6a EStG eine Rückstellung für Pensionsverpflichtung gebildet werden. Nach § 249 HGB iVm § 6a Abs. 4 EStG iVm Abschn. 41 Abs. 21 S. 2 EStR darf sie jährlich nur in Höhe des Unterschiedsbetrages zwischen dem Teilwert der Pensionsverpflichtung am Schluß des Wirtschaftsjahres und dem Teilwert am Schluß des vorangegangenen Wirtschaftsjahres gewinnmindernd zugeführt werden.
2. Die im Wirtschaftsjahr 00 unterlassene Zuführung zur Rückstellung für Pensionsverpflichtung kann nicht mehr nachgeholt werden (Abschn. 41 Abs. 21 S. 3 EStR).
3. Der Versicherungsanspruch (Rückdeckungsanspruch) ist als Aktivposten anzusetzen (§ 246 Abs. 2 HGB); hier bedeutet dies: Ansatz des Deckungskapitals (Abschn. 41 Abs. 26 S. 2 EStR).

Berichtigung der Schlußbilanz 179

4. Die Voraussetzungen für den Ansatz des niedrigeren Rückkaufswertes (Abschn. 41 Abs. 26 S. 3 EStR) sind nicht gegeben, da zu den Bilanzstichtagen nicht ernsthaft mit der Auflösung des Versicherungsvertrages zu rechnen war.
5. Die für die Rückdeckungsversicherung an die Versicherungsgesellschaft gezahlten Prämien sind als Betriebsausgaben (§ 4 Abs. 4 EStG) abzugsfähig.
6. Der Anspruch aus der Rückdeckungsversicherung (sonstige Forderung) und die Rückstellung für Pensionsverpflichtung sind getrennt zu bilanzieren (Abschn. 41 Abs. 26 S. 1 EStR; § 246 Abs. 2 HGB).
7. **Entwicklung der Bilanzposten**

a) Sonstige Forderungen

	31.12.01	31.12.02	31.12.03
lt. StB	-,-	-,-	-,-
lt. PB	6 400,-	12 800,-	19 200,-
Differenz	+ 6 400,-	+ 12 800,-	+ 19 200,-
Gewinnauswirkungen	+ 6 400,-	./. 6 400,-	-
	-	+ 12 800,-	./. 12 800,-
	-	-	+ 19 200,-
insgesamt	+ 6 400,-	+ 6 400,-	+ 6 400,-

b) Rückstellung für Pensionsverpflichtung

	31.12.01	31.12.02	31.12.03
lt. StB	21 000,-	32 000,-	43 000,-
lt. PB			
für 01: 27 500–13 100	14 400,-	14 400,-	14 400,-
für 02: 42 700–27 500	-	15 200,-	15 200,-
für 03: 55 600–42 700	-	-	12 900,-
lt. PB	14 400,-	29 600,-	42 500,-
Differenz	./. 6 600,-	./. 2 400,-	./. 500,-
Gewinnauswirkungen	+ 6 600,-	./. 6 600,-	-
	-	+ 2 400,-	./. 2 400,-
	-	-	+ 500,-
insgesamt	+ 6 600,-	./. 4 200,-	./. 1 900,-

Gewinnauswirkungen gesamter Fall	+ 13 000,-	+ 2 200,-	+ 4 500,-

FALL 39

Rückstellung für Garantieverpflichtung

Sachverhalt:

Bilanzübersicht	StB 31.12.01	StB 31.12.02	StB 31.12.03
Garantierückstellung	135 000,-	132 000,-	162 000,-

Der Stpfl. leistet für auftretende Mängel an den von ihm erstellten Bauten eine Garantie von zwei Jahren. Er hat 6% des garantiebehafteten Sollumsatzes zweier Wirtschaftsjahre als Rückstellung passiviert. Die Rückstellung wurde wie folgt berechnet:

	31.12.01	31.12.02	31.12.03
Soll-Umsätze (zweier Wj) (ohne USt)	2,25 Mio	2,20 Mio	2,70 Mio
davon 6% = Wert lt. StB	112 500,-	110 000,-	135 000,-

In den Wj 01 und 03 haben Subunternehmer für die Bauvorhaben des Stpfl. in folgender Höhe Lieferungen und Leistungen ohne USt erbracht:

WJ 00/01	Wj 01/02	Wj 02/03
250 000,-	200 000,-	300 000,-

Die im Jahr der Fertigstellung der einzelnen Bauvorhaben bereits geltend gemachten und abgewickelten Garantieleistungen (ohne USt) haben betragen:

Wj 01	Wj 02	Wj 03
10 500,-	16 000,-	13 000,-

Diese Garantieleistungen sind auf einem besonderen Aufwandskonto gebucht worden.

Nach Abwägung aller Umstände dürfte eine Rückstellung in Höhe von 4% des garantieverpflichteten Sollumsatzes zur Berücksichtigung des Risikos ausreichend sein.

Frage: Mit welchen Werten ist das Wirtschaftsgut in der PB anzusetzen? Welche Gewinnauswirkungen ergeben sich?

Berichtigung der Schlußbilanz

Lösung

1. Rückstellungen sind als besonders geartete Verbindlichkeiten nach § 6 Abs. 1 Nr. 3 EStG mit den Anschaffungskosten zu bilanzieren (§ 249 Abs. 1 HGB). Bei Stpfl., die ihren Gewinn nach § 5 Abs. 1 EStG ermitteln, muß iVm § 6 Abs. 1 Nr. 2 EStG der niedrigere (höhere) Teilwert beachtet werden.

   Eine Gewährleistungsverpflichtung ist der Höhe nach so zu bemessen, daß Verluste, die mit an Sicherheit grenzender Wahrscheinlichkeit eintreten können, abgedeckt sind (BFH, BStBl 1958 III S. 293, BStBl 1960 III S. 495, BStBl 1968 II S. 533, BStBl 1983 II S. 104, BStBl 1984 II S. 263; Abschn. 31c Abs. 7 EStR).

2. Bei den Leistungen durch Subunternehmer besteht grundsätzlich ein vertragliches Rückgriffsrecht des Generalunternehmers auf den Subunternehmer, so daß für den Generalunternehmer keine Belastung entsteht.
   Die Rückstellung ist darüber hinaus der Höhe nach unter Beachtung der bereits geleisteten Aufwendungen zu bilden.

3. **Ermittlung der zulässigen Garantierückstellung**

	31.12.01	31.12.02	31.12.03
Soll-Umsatz (zweier Wj)	2 250 TDM	2 200 TDM	2 700 TDM
./. Umsatz Subunternehmer	250 TDM	200 TDM	300 TDM
= garantieverpflichteter Soll-Umsatz	2 000 TDM	2 000 TDM	2 400 TDM

Unter Beachtung des BFH-Urteils, BStBl 1983 II S. 104 mindert sich der Ausgangshundertsatz in dem Folgejahr. Die tatsächlich bewirkten Garantieleistungen sind sofort abziehbare Betriebsausgaben (§ 4 Abs. 4 EStG); sie mindern die Rückstellung nicht.

	31.12.01	31.12.02	31.12.03
Soll-Umsatz	2 000 TDM	2 000 TDM	2 400 TDM
davon 4%	= 80 000,- DM	= 80 000,- DM	= 96 000,- DM
	-	2 000 TDM	2 000 TDM
davon 2%		= 40 000,- DM	= 40 000,- DM
insgesamt:	80 000,- DM	120 000,- DM	136 000,- DM

4. **Entwicklung der Bilanzansätze**

Garantierückstellung	31.12.01	31.12.02	31.12.03
lt. StB	135 000,-	132 000,-	162 000,-
lt. PB	80 000,-	120 000,-	136 000,-
Differenz	./. 55 000,-	./. 12 000,-	./. 36 000,-
Gewinnauswirkungen	+ 55 000,-	./. 55 000,-	-
	-	+ 12 000,-	./. 12 000,-
	-	-	+ 36 000,-
insgesamt	+ 55 000,-	./. 43 000,-	+ 24 000,-

FALL 40

Rentenverpflichtung

Sachverhalt:

Bilanzübersicht	StB 31.12.01	StB 31.12.02	StB 31.12.03
Grund und Boden	44 800,-	44 800,-	44 800,-
Rentenverpflichtung	40 650,-	39 240,-	38 500,-

Am 10.1. des Wj 01 erwarb der Stpfl. das unbebaute Grundstück auf Rentenbasis. Die Anschaffungskosten betrugen 40 000,- DM einschließlich der Erwerbsnebenkosten. Seit Erwerb diente das Grundstück dem Betrieb als Lagerplatz. Aufgrund einer vertraglich vereinbarten Wertsicherungsklausel wurde die monatlich vorschüssige Rentenzahlung von 200,- DM ab 1.10. des Wj 01 auf 250,- DM erhöht. Die entsprechende Erhöhung des versicherungsmathematischen Barwertes um 4800,- DM wurde im Wj 01 zu Lasten des Kontos »Grund und Boden« gebucht.

Das Konto »Rentenverpflichtung« entwickelte sich in den Wj 01–03 wie folgt:

Versicherungsmathematischer **Barwert 10.1.01**	36 500,- DM
Rentenverpflichtung an sonst. betriebl. Aufwand	650,- DM
Grund und Boden an Rentenverpflichtung	4 800,- DM
Barwert 31.12.01	40 650,- DM
Rentenverpflichtung an Einlagen	1 410,- DM
Barwert 31.12.02	39 240,- DM
Rentenverpflichtung an sonst. betriebl. Aufwand	740,- DM
Barwert 31.12.03	38 500,- DM

Berichtigung der Schlußbilanz 183

Die monatlichen Rentenzahlungen wurden im Wj 01 mit 2 550,- DM dem Konto sonst. betriebl. Aufwand, im Wj 02 mit 3 000,- DM dem Konto Entnahmen und im Wj 03 mit 3 000,- DM dem Konto Rentenaufwand belastet.

Frage: Mit welchem Wert ist das Wirtschaftsgut anzusetzen? Welche Auswirkungen ergeben sich für Gewinn und Privat?

Lösung

1. Das Grundstück ist als nicht abnutzbares Anlagevermögen notwendiges Betriebsvermögen (Abschn. 14 Abs. 1 EStR) und mit den Anschaffungskosten zu bilanzieren (§ 6 Abs. 1 Nr. 2 EStG).
   Zu den Anschaffungskosten gehört der nach versicherungsmathematischen Grundsätzen errechnete Barwert (BFH, BStBl 1965 III S. 663, BStBl 1969 II S. 334) im Zeitpunkt der Anschaffung (BFH, BStBl 1985 II S. 320). Erhöhungen von Rentenzahlungen infolge einer Wertsicherungsklausel sind keine nachträglichen Anschaffungskosten (BFH, BStBl 1967 III S. 699). Der Barwert der Rente kann für die steuerliche Gewinnermittlung nach § 12 ff BewG ermittelt werden (BFH, BStBl 1980 II S. 491).

2. Nach § 246 Abs. 1, § 253 Abs. 1 S. 2 HGB iVm § 5 Abs. 1 EStG besteht die Verpflichtung der Passivierung des Schuldpostens »Rentenverpflichtung« solange, wie eine Schuldverpflichtung besteht.

3. Laufende Rentenzahlungen sind als Aufwand, Verminderungen der versicherungsmathematischen Rentenbarwerte als Ertrag zu behandeln.

4. **Entwicklung der Bilanzposten**

	StB	PB	Auswirkung Gewinn
a) **Grund und Boden**			
10.1.01	40 000,-	40 000,-	
+ Erhöhung Rentenbarwert	4 800,-	-	./. 4 800,-
31.12.01	44 800,-	40 000,-	
31.12.02	44 800,-	40 000,-	-
31.12.03	44 800,-	40 000,-	-

b) Rentenverpflichtung 31.12.01 31.12.02 31.12.03
  lt. StB   40 650,-   39 240,-   38 500,-
  lt. PB   40 650,-   39 240,-   38 500,-

Privatkonten: Einlagen   –   ./. 1 410,-   –
      Entnahmen –   ./. 3 000,-   –
Gewinnauswirkungen: –   + 1 410,-   –
            –   ./. 3 000,-   –

FALL 41
Wertberichtigungen für Forderungen

Sachverhalt:

Bilanzübersicht	StB 31.12.01	StB 31.12.02	StB 31.12.03
Wertberichtigungen für Forderungen	13 680,-	10 010,-	17 100,-

Die Bilanzposten sind wie folgt ermittelt worden:

	31.12.01	31.12.02	31.12.03
Forderungen aus Lieferungen und Leistungen	240 000,-	180 000,-	300 000,-
zuzügl. 14% USt	33 600,-	25 200,-	42 000,-
	273 600,-	205 200,-	342 000,-
davon 5% = Wert lt. StB	13 680,-	10 260,-	17 100,-

Alle wertmindernden Umstände sind mit 4% der Forderungen ohne USt angemessen berücksichtigt.

In den Forderungen auf den 31.12.02 ist eine im Wj 02 uneinbringlich gewordene Forderung von 6 000,- DM zzgl. 840,- DM USt enthalten. Der Stpfl. hat den betrieblich bedingten Forderungsausfall erst im Wj 03 berücksichtigt.

Außerdem erhielt der Stpfl. im Februar des Wj 04 die Mitteilung, daß wider Erwarten am 10. Januar des Wj 04 ein Kunde Konkurs angemeldet hatte. Da die Bilanz des Wj 03 noch nicht aufgestellt war, buchte der Stpfl. die Forderung in Höhe von 2 280,- DM unter Berichtigung der Umsatzsteuer im Wj 03 gewinnmindernd aus.

Frage: Mit welchem Wert sind die Wirtschaftsgüter in der PB anzusetzen? Welche Auswirkungen ergeben sich für Gewinn, Umsatzsteuer und andere Bilanzposten?

Lösung

1. Forderungen sind als Umlaufvermögen nach § 6 Abs. 1 Nr. 2 EStG mit den Anschaffungskosten oder dem niedrigeren Teilwert zu bewerten. Die Bewertung muß vorrangig einzeln erfolgen, soweit konkrete Anhaltspunkte gegeben sind. Darüber hinaus können nicht für das gleiche Wirtschaftsgut (Forderung) etwaige Wertminderungen durch die Bildung eines Passivpostens »Wertberichtigung für Forderungen« berücksichtigt werden (Hinweis: bei Kapitalgesellschaften nicht zulässig (§ 266 HGB).

2. Die am 31.12.02 uneinbringlich gewordene Forderung ist im Wj 02 abzuschreiben. Die USt-Schuld ist gem. § 17 UStG zu berichtigen. Auch unter Beachtung der retrospektiven Methode ist die Ausbuchung der Forderung von 2280,-DM unzutreffend. Der Ausfall durch Konkurs muß als Geschäftsvorfall des Wj 04 berücksichtigt werden.

3. Von dem berichtigten Netto-Forderungsbestand sind die wertmindernden Umstände (Ausfallwagnis, innerbetrieblicher Zinsverlust, Kosten der Einziehung, Skonto) mit 4% zu berücksichtigen; dies ist der Ausweis des niedrigeren Teilwerts (§ 253 Abs. 3 iVm § 6 Abs. 1 Nr. 2 EStG).

4. **Entwicklung der Bilanzposten**

Forderungen

	31.12.02	31.12.03
lt. StB	205 200,-	342 000,-
Forderungsausfall	./. 6 840,-	+ 2 280,-
lt. PB	198 360,-	344 280,-
Differenz	./. 6 840,-	+ 2 280,-
Gewinnauswirkungen	./. 6 000,-	+ 6 000,-
	-	+ 2 000,-
USt-Schuldkonto	./. 840,-	+ 280,-

Wertberichtigung für Forderungen

	31.12.01	31.12.02	31.12.03
lt. StB	13 680,-	10 260,-	17 100,-
lt. PB	9 600,-	6 960,-	12 080,-
Differenz	./. 4 080,-	./. 3 300,-	./. 5 020,-
Gewinnauswirkungen	+ 4 080,-	./. 4 080,-	-
	-	+ 3 300,-	./. 3 300,-
	-	-	+ 5 020,-
insgesamt	+ 4 080,-	./. 780,-	+ 1 720,-

FALL 42

Rücklage für Ersatzbeschaffung

Sachverhalt:

Bilanzübersicht	StB 31.12.00	StB 31.12.01	StB 31.12.02
Betriebs- und Geschäftsausstattung	30 000,-	8 000,-	6 000,-
Rücklage für Ersatzbeschaffung	-,-	-,-	-,-

An einem Teil einer EDV-Anlage, die am 31.12. des Wj 00 mit 30 000,-DM zu Buch stand und deren Anschaffungskosten 60 000,- DM betrugen, entstand am 30. März des Wj 01 durch Kurzschluß ein Brand. Dabei wurde die Anlage teilweise völlig unbrauchbar und konnte in ihrer Zusammensetzung nicht mehr verwendet werden. Entsprechend ihrer betriebsgewöhnlichen Nutzungsdauer wurde sie mit jährlich 10% abgeschrieben.

Am 15. Mai des Wj 01 überwies die Versicherung des Stpfl. 48 000,- DM auf das betriebliche Bankkonto und fügte folgende Abrechnung hinzu:

Lt. Versicherungsvertrag zu erstattender Betrag   50 000,- DM
./. Vereinnahmung aus Schrottverkauf   2 000,- DM
    48 000,- DM

Von diesem Erstattungsbetrag entfallen 12 000,- DM auf Folgeschäden, die durch den Ausfall der EDV-Anlage entstanden. Bei Eingang der Versicherungsentschädigung wurde gebucht:

Bank   48 000,- DM   an Maschinen   30 000,- DM
    an RfE   18 000,- DM

Der Stpfl. veräußerte Ende Mai des Wj 01 die noch brauchbaren Teile der Anlage an einen Hobbybastler in Holland (ustfreie Lieferung) und erzielte dafür 2 000,- DM, für die er zwei neue Schreibmaschinen anschaffte. Gebucht wurden lediglich:

Betriebs- und Geschäftsausstattung   1754,- DM
Vorsteuer   246,- DM   an Einlage   2000,- DM

Die Schreibmaschinen wurden zutreffend mit jährlich 20% abgeschrieben.
Erst am 15. Juli des Wj 01 war der Stpfl. in der Lage, eine neue EDV-Anlage zu erwerben. Es handelt sich um die neueste Entwicklung am Markt, mit der

doppelt soviel Arbeitsvorgänge bewältigt werden können wie mit der zerstörten.

Die Rechnung lautete über		28 000,- DM	
zzgl. 14% USt		3 920,- DM	
		31 920,- DM	

Gebucht wurde im Juli des Wj 01:

Betriebs- und Geschäftsausstattung	10 000,- DM		
Rücklage für Ersatzbeschaffung	18 000,- DM		
Vorsteuer	3 920,- DM	an sonstige Verbindlichkeiten	31 920,- DM

Die betriebsgewöhnliche Nutzungsdauer beträgt fünf Jahre.

Entwicklung des Bilanzpostens

EDV-Anlage	28 000,- DM
./. RfE	18 000,- DM
	10 000,- DM
./. AfA	2 000,- DM
31.12.01	8 000,- DM
./. AfA	2 000,- DM
31.12.02	6 000,- DM

Frage: Mit welchem Wert ist das Wirtschaftsgut in der PB anzusetzen? Welche Auswirkungen ergeben sich für Gewinn und Privat?

Lösung ◄

1. Infolge höherer Gewalt ist gegen Entschädigung die EDV-Anlage aus dem Betriebsvermögen ausgeschieden, und sie wurde durch ein funktionsgerechtes Wirtschaftsgut ersetzt. Damit sind grundsätzlich die Voraussetzungen des Abschn. 35 EStR zur Übertragung aufgelöster stiller Reserven auf das Ersatzwirtschaftsgut erfüllt (vgl. auch BFH, BStBl 1983 II S. 371, BFH, BStBl 1982 II S. 568).
2. Die stillen Reserven errechnen sich durch die Gegenüberstellung des Buchwertes des ausgeschiedenen Wirtschaftsgutes und dem Teil der Ent-

schädigungssumme, der für die zerstörte EDV-Anlage gezahlt wurde. Die für die Folgeschäden vergüteten 12 000,- DM sind im Wj 01 sonst. betriebl. Ertrag und erhöhen den laufenden gewerblichen Gewinn (Abschn. 35 Abs. 3 Ziff. 1 EStR). Als betrieblicher Vorgang ist die Veräußerung der unbrauchbar gewordenen Teile der EDV-Anlage zu behandeln.

3. Eine volle Übertragung der aufgelösten stillen Reserven kann nicht in Betracht kommen, denn nur teilweise (38 000,- DM zu 28 000,- DM = 73,68%) wurde die Entschädigungssumme zum Erwerb des Ersatzwirtschaftsgutes verwendet (Abschn. 35 Abs. 6 EStR).

Eine Übertragung des nicht ausgenutzten Teils der stillen Reserve auf die erworbenen Schreibmaschinen ist mangels »Ersatzwirtschaftsgut« nicht möglich.

4. **Entwicklung des Bilanzpostens**

	StB	PB	Auswirkungen Gewinn
Betriebs- und Geschäftsausstattung			
1.1.01	30 000,-	30 000,-	
./. AfA f. 3 Monate	-	1 500,-	./. 1 500,-
	30 000,-	28 500,-	
./. Schrottwert	-	2 000,-	
Buchwert	30 000,-	26 500,-	
./. Abgang	30 000,-	26 500,-	
	-,-	-,-	
Buchwert im Zeitpunkt des Ausscheidens	30 000,-	26 500,-	
./. Entschädigung	48 000,-	36 000,-	+ 12 000,-
stille Reserve	18 000,-	9 500,-	
Betriebs- und Geschäftsausstattung			
15.7.01	28 000,-	28 000,-	
./. stille Reserve	18 000,-	7 000,-	+ 2 500,- (tatsächliche stille Reserve 9 500,-; Übertragung 7 000,- DM)
	10 000,-	21 000,-	
./. AfA ½ Jahr 20%	2 000,-	2 100,-	./. 100,-
31.12.01	8 000,-	18 900,-	
./. AfA 20%	2 000,-	4 200,-	./. 2 200,-
31.12.02	6 000,-	14 700,-	

Der Verkauf des Schrottes an den Hobbybastler hat folgende Auswirkungen:
Einlagen des Wj 01 ./. 2 000,- DM Gewinn + 2 000,- DM; gem. § 4 Ziff. 1 UStG ist die Lieferung umsatzsteuerfrei.

FALL 43
Rücklage gemäß § 6b EStG
Sachverhalt:

Bilanzübersicht	StB 31.12.01	StB 31.12.02	StB 31.12.03
Gebäude	-,-	395 000,-	385 000,-
Maschinen	-,-	-,-	50 004,-
Rücklage gem. § 6b EStG	1 200 000,-	-,-	-,-

Am 20. September des Wj 01 hat der Stpfl. Grund und Boden und Gebäude (10jährige Betriebszugehörigkeit) seines Gewerbebetriebs, der mitten in einem Wohngebiet lag, an eine Wohnungsbaugesellschaft veräußert. Lt. notariellem Kaufvertrag erhielt er für den Grund und Boden 1,2 Mio DM und für das Fabrikgebäude 800 000,- DM. Die Buchwerte im Zeitpunkt der Veräußerung betrugen: Grund und Boden 200 000,- DM und Fabrikgebäude 100 000,- DM.

Nach dem Kaufvertrag war es dem Stpfl. gegen Pachtentgelt gestattet, in den nächsten zwei Jah-ren, gerechnet ab Verkauf, das Betriebsgrundstück für seine Zwecke zu nutzen, bis er an anderer Stelle einen neuen Gewerbebetrieb aufgebaut hat.

Am 10. April des Wj 01 hatte der Stpfl. ein bebautes Grundstück für 500 000,- DM umsatzsteuerfrei erworben. Vom Kaufpreis entfielen 60% auf den Grund und Boden und 40% auf das Gebäude. Neben 2% Grunderwerbsteuer fielen noch 9 600,- DM (ohne USt) Notar- und Grundbuchkosten an. Diese Aufwendungen wurden privat getragen und nicht gebucht.

Im Herbst des Wj 01 wurde mit dem Umbau des Gebäudes begonnen. Die Umbauaufwendungen von 400 000,- DM (ohne USt) wurden zutreffend als Herstellungskosten behandelt. Die Arbeiten waren am 1.7. des Wj 02 beendet. Das Gebäude hat eine betriebsgewöhnliche Nutzungsdauer von 40 Jahren ab Erwerbszeitpunkt.

Am 1.6. des Wj 02 wurden drei Fertigungsanlagen für 530 000,- DM (ohne USt) angeschafft. Die Frachtkosten von 32 104,- DM (ohne USt) und die Fundamentierungsarbeiten von 15 200,- DM (ohne USt) wurden als Aufwendungen gebucht. Diese Maschinenanlagen wurden am 15.6. des Wj 02 unter Abzug eines Skontos von 3% vom Rechnungsbetrag durch Banküberweisung bezahlt. Der Skonto wurde als sonst. betriebl. Ertrag gebucht. Die betriebsgewöhnliche Nutzungsdauer beträgt 12 Jahre.

Außerdem hatte der Stpfl. am 10.1. des Wj 02 Wertpapiere im Werte von 350 000,- DM angeschafft.

Im April des Wj 03 wurde eine weitere Betriebsanlage für 380 000,- DM (ohne USt) mit einer betriebsgewöhnlichen Nutzungsdauer von 12 Jahren erworben. Fracht- und Fundamentierungskosten fielen nicht an.

Den durch die Veräußerung angefallenen sonst. betriebl. Ertrag in Höhe von 1 700 000,-DM hat der Stpfl. in einer Rücklage gem. § 6b EStG eingestellt. Diese Rücklage löste er wie folgt auf:

31.12.01		Grund und Boden	Gebäude
		300 000,-	200 000,-
./. Rücklage § 6b		300 000,-	200 000,-
		-,-	-,-

31.12.02		Wertpapiere	Fertigungsanlagen
		350 000,-	530 000,-
./. Rücklage § 6b		350 000,-	530 000,-
		-,-	-,-

31.12.03		Betriebsanlage	
		380 000,-	
./. Rücklage § 6b		320 000,-	
		60 000,-	
./. AfA (8,33% degr.)		6 996,-	
		50 004,-	

Die in den Wj 01/02 angefallenen Umbauaufwendungen wurden wie folgt behandelt:

Entwicklung des Bilanzpostens:

Gebäude:	Zugang 1.7.02	400 000,-
	./. AfA 2,5% f. ½ Jahr	5 000,-
	31.12.02	395 000,-
	./. AfA 2,5%	10 000,-
	31.12.03	385 000,-

Berichtigung der Schlußbilanz 191

Frage: Mit welchen Werten sind die Wirtschaftsgüter in der PB anzusetzen? Welche Auswirkungen ergeben sich für Gewinn und Privat?

Lösung ◀

1. Die Voraussetzungen zur Bildung einer steuerfreien Rücklage gem. § 6b EStG sind zum 31.12.01 grundsätzlich erfüllt. Nach § 6b Abs. 1 Satz 2 EStG ist der Abzug von aufgelösten stillen Reserven von den steuerlichen Anschaffungskosten der im § 6b Abs. 1 EStG aufgeführten Wirtschaftsgüter zulässig. Die Anschaffungskosten des erworbenen bebauten Grundstücks betragen (Kaufpreis 500 000,- DM zzgl. Erwerbsnebenkosten 19 600,- DM) 519 600,- DM und die der drei Fertigungsanlagen (530 000,-DM abzüglich 3% Skonto 15 900,- DM zzgl. Fracht und Fundamentierungskosten von 47 304,- DM) 561 404,- DM.

2. Bei stillen Reserven, die aus der Veräußerung von Grund und Boden und Gebäuden aufgelöst werden, besteht die volle Übertragungsmöglichkeit, während bei anderen Wirtschaftsgütern lediglich in Höhe von 80 v. H. eine steuerfreie Übertragung zulässig ist (§ 6b Abs. 1 S. 1 EStG). Die restlichen 20 v. H. sind laufender gewerblicher Gewinn. Für aufzulösende Rücklagen gem. § 6b EStG ist nach Ablauf der Reinvestitionsfrist eine jährliche Verzinsung von 6 v. H. eingeführt worden (§ 6b Abs. 6 EStG). Diese Gewinnhinzurechnung hat außerhalb der Bilanz zu erfolgen.

3. Die Übertragung der stillen Reserven auf die Wirtschaftsgüter Grund und Boden, Gebäude einschließlich des Umbaus im Wj 02 ist in unbeschränktem Umfang möglich.

steuerliche Anschaffungskosten

Wj 01	Grund und Boden	Gebäude	insgesamt übertragen:
	311 760,-	207 840,-	
./. Rücklage gem. § 6b EStG	311 759,-	207 839,-	519 598,- DM
	1,-	1,-	

Nach Abschn. 41a Abs. 3 EStR ist die Übertragungsmöglichkeit von stillen Reserven auch bei nachträglichen Umbauaufwendungen gegeben.

Wj 02	**Umbau**		
	400 000,-		
./. Rücklage gem.			
§ 6b EStG	400 000,-		400 000,- DM
	0,-		919 598,- DM

4. Eine Übertragung der stillen Reserven auf die im Wj 02 erworbenen Wertpapiere ist nicht zulässig. Nach § 6b Abs. 1 Satz 2 Nr. 5 EStG können nur solche stillen Reserven auf Anteile an Kapitalgesellschaften übertragen werden, die aus der Veräußerung von Anteilen an Kapitalgesellschaften entstanden sind.

5. Stille Reserven sind auf die drei Fertigungsanlagen bis zur Grenze eines geringwertigen Wirtschaftsgutes gem. § 6 Abs. 2 EStG zu übertragen. Diese Behandlung ist nach § 6b Abs. 5 EStG iVm Abschn. 40 Abs. 6 EStR rechtens.

6. **Entwicklung der Bilanzposten**

Die günstigste Übertragungsmöglichkeit mit den dementsprechenden Auswirkungen ergibt sich aus der nachfolgenden Entwicklung:

			Auswirkungen	
Wj 01	StB	PB	*Gewinn*	*Privat*
a) **Grund und Boden**	300 000,-	300 000,-		
+ Nebenkosten	-	11 760,-	-	NE + 11 760,-
	300 000,-	311 760,-		
./. Rücklage				
§ 6 b EStG	300 000,-	311 759,-		
31.12.01–03	-,-	1,-		
b) **Gebäude**	200 000,-	200 000,-		
+ Nebenkosten	-	7 840,-	-	NE + 7 840,-
	200 000,-	207 840,-		
./. Rücklage				
§ 6 b EStG	200 000,-	207 839,-		
31.12.01	-,-	1,-		
c) **Rücklage § 6 b EStG**				
	1 700 000,-	1 700 000,-		
./. Abgang	500 000,-	519 598,-		
31.12.01	1 200 000,-	1 180 402,-		

Berichtigung der Schlußbilanz

		StB	PB	Auswirkungen Gewinn	Privat
d)	**Wertpapiere**	350 000,-	350 000,-		
	./. Rücklage	350 000,-	-		
	31.12.02-03	-,-	350 000,-		
e)	**Gebäude**	-,-	1,-		
	Zugang: Umbau	400 000,-	400 000,-		
		400 000,-	400 001,-		
	./. Rücklage § 6 b EStG	-	400 000,-		
		400 000,-	1,-		
	./. AfA	5 000,-	-	+ 5 000,-	-
	31.12.02	395 000,-	1,-		
	./. AfA	10 000,-	-	+ 10 000,-	
	31.12.03	385 000,-	1,-		
f)	**Fertigungsanlagen**	530 000,-	530 000,-		
	./. 3% Skonto	-	15 900,-	./. 15 900,-	-
	+ Frachtkosten	-	32 104,-	+ 32 104,-	-
	+ Fundamentierung	-	15 200,-	+ 15 200,-	-
		530 000,-	561 404,-		
	./. Rücklage § 6 b EStG	530 000,-	559 004,-		
	./. § 6 (2) EStG (GWG)	-,-	2 400,-		
		-	2 397,-	./. 2 397,-	
	31.12.02-03	-,-	3,-		
g)	**Rücklage § 6 b EStG**				
	1.1.02	1 200 000,-	1 180 402,-		
	./. Abgang	-	400 000,-		
		1 200 000,-	780 402,-		
	./. Abgang	880 000,-	559 004,-	-	-
	31.12.02	320 000,-	221 398,-		
	Wj 03				
h)	**Betriebsanlage**	380 000,-	380 000,-		
	./. Rücklage § 6 b EStG	320 000,-	221 398,-		
		60 000,-	158 602,-		
	./. AfA (25%) degr. iVm Abschn. 43 Abs. 8 EStR	9 996,-	39 650,-	./. 29 654,-	-
	31.12.03	50 004,-	118 952,-		

6. Zusammenstellung

	StB 31.12.01	PB	StB 31.12.02	PB
Grund und Boden	–	1,–	–	1,– DM
Gebäude/Umbau	–	1,–	395 000,–	1,– DM
Maschinenanlagen	–	–	–	3,– DM
Wertpapiere	–	–	–	350 000,– DM
Rücklage gem. § 6b EStG	1 200 000,–	1 180 402,–	320 000,–	221 398,– DM

	StB 31.12.03	PB
Grund und Boden	–	1,–
Gebäude	385 000,–	1,–
Maschinenanlage	50 004,–	118 955,–
Wertpapiere	–	350 000,–
Rücklage gem. § 6b EStG	–	–

3. Personengesellschaften / Betriebsvermögen und Gewinnermittlung

a) Allgemeine Vorbemerkung

Die Personengesellschaften sind Gemeinschaften zur gesamten Hand; gem. § 718 Abs. 1 BGB und § 105 Abs. 2, § 161 Abs. 2 HGB stellt das Gesellschaftsvermögen »gemeinschaftliches Vermögen der Gesellschafter« dar, das in der Handelsbilanz auszuweisen ist (§ 242 HGB).

Einkommensteuer- und körperschaftsteuerrechtlich ist die Personengesellschaft nicht existent; es wird nur der Gesellschafter, wenn er die Eigenschaft eines **Mitunternehmers** erfüllt, zur Einkommensteuer veranlagt (§ 15 Abs. 1 Nr. 2 EStG), denn Steuersubjekt ist der einzelne Gesellschafter. Der Gewinn bzw. Verlust der Personengesellschaft wird einheitlich und gesondert festgestellt (§ 179, 180 AO). Darüber hinaus sind in diese Feststellung auch die Vergütungen, die der Gesellschafter von der Personengesellschaft für seine Tätigkeit im Dienst der Gesellschaft oder für die Hingabe von Darlehn oder die Überlassung von Wirtschaftsgütern bezogen hat, einzubeziehen (§ 15 Abs. 1 Nr. 2 EStG).

b) Voraussetzung der Mitunternehmerschaft

Mitunternehmer i.S.v. § 15 Abs. 1 Nr. 2 EStG ist, wer im Rahmen eines Gesellschaftsverhältnisses oder eines Gemeinschaftsverhältnisses ein Unternehmerrisiko trägt und Unternehmerinitiative entfalten kann (BFH, BStBl 1984 II S. 751; BStBl 1985 II S. 85, § 363; BStBl 1986 II S. 10, S. 599, S. 798, S. 802, S. 891, S. 896; BStBl 1987 II S. 54, S. 60, S. 111; BFH v. 10.11.1987, FR 1988, S. 248; BFH, BStBl 1988 II S. 62).

Unternehmerinitiative: Geschäftsführungsbefugnis, Vertretungsbefugnis, Teilnahme an unternehmerischen Entscheidungen, Kontroll- und Überwachungsrechte, Einflußnahme auf Geschicke des Unternehmens, Mitspracherechte, Widerspruchsrechte, Zustimmungsbefugnisse, Mitarbeit, Stimmrecht
Unternehmerrisiko: Verpflichtung zur Beteiligung an der für die Förderung des Gesellschaftszwecks erforderlich werdenden Kosten, Beteiligung am Vermögen, an den stillen Reserven, am Geschäftswert, am Gewinn und Verlust, Haftung für Schulden der Gesellschaft, Entnahmerecht, das am Geschäftserfolg orientiert ist.

c) Umfang des steuerlichen Betriebsvermögens

Der steuerlich maßgebende Gesamtgewinn einer Personengesellschaft (Mitunternehmerschaft) aus der »konsolidierten Gesamtbilanz« stellt sich wie folgt dar:

Steuerbilanz der Mitunternehmerschaft
+ Sonderbilanzen der Mitunternehmer
+ Ergänzungsbilanzen der Mitunternehmer
= »konsolidierte Gesamtbilanz«

↓

Gesamtgewinn der Mitunternehmerschaft

aa) Steuerbilanz der Mitunternehmerschaft
Die Steuerbilanz wird aus der Handelsbilanz abgeleitet. Nur Gesellschaftsvermögen (Gesamthandsvermögen) nach § 718 BGB kann in der Handelsbilanz dargestellt werden.

Hinweis: Die atypisch stille Gesellschaft hat kein Gesellschaftsvermögen im eigentlichen Sinne (BFH, BStBl 1984 II S. 820).

bb) Sonderbilanzen
Zum steuerlichen Betriebsvermögen der Mitunternehmerschaft gehören als notwendiges bzw. gewillkürtes Betriebsvermögen die Wirtschaftsgüter, die zwar nicht Gesamthandsvermögen sind, aber einem oder mehreren Mitunternehmern zuzurechnen sind.

In den Sonderbilanzen sind damit die aktiven und passiven Wirtschaftsgüter des Sonderbetriebsvermögens einzelner Mitunternehmer sowie deren Vergütungen i.S.d. § 15 Abs. 1 Nr. 2 EStG und die sonstigen Betriebseinnahmen und Betriebsausgaben zu erfassen.

cc) Ergänzungsbilanzen
Ergänzungsbilanzen nehmen Korrekturen zu den Wertansätzen in der (gesamthänderischen Haupt-) Bilanz der Personengesellschaft auf (z.B. Umwandlung gem. § 24 UmwStG, Aufpreis bei Anteilserwerb, neg. Wertberichtigung bei Sonder-AfA durch personenbezogene Vergünstigung, z.B. § 6b EStG bei PersG).

d) Verträge zwischen Gesellschaft und Gesellschafter
Zivilrechtlich werden Dienstverträge, Darlehensverträge und Beraterverträge zwischen dem Gesellschafter und der Personengesellschaft anerkannt. Bilanz-

steuerrechtlich müssen die Vergütungen aus derartigen Vertragsverhältnissen als Teile des gewerblichen Gewinns behandelt werden (§ 15 Abs. 1 Nr. 2 EStG – Sonderbetriebsvermögen –).

Bei zivilrechtlich anzuerkennenden Kaufverträgen, Werklieferungsverträgen und Werkverträgen zwischen dem Gesellschafter und der Personengesellschaft ist steuerrechtlich eine differenzierte Beurteilung vorzunehmen. Nach dem BFH-Urteil vom 8.1.1975, BStBl II S. 437 werden grundsätzlich steuerrechtlich echte Schulden und Forderungen zwischen Gesellschafter und Personengesellschaft und umgekehrt nicht anerkannt. **Ausnahmen** von dieser Grundregelung sind durch die Rechtsprechung bisher nur in folgenden Fällen zugelassen worden:

- BFH, BStBl 1960 III S. 443
  (Gewährung eines üblichen Lieferantenkredites)
- BFH, BStBl 1969 II S. 480, BStBl 1970 II S. 43, BStBl 1981 II S. 427
  (Warenlieferungen im üblichen Geschäftsverkehr)
- BFH, BStBl 1973 II S. 630
  (Bauarbeiten eines Gesellschafters für die Personengesellschaft)
- BFH, BStBl 1975 II S. 437
  (Angestelltenpensionszusage an eine Person, die später Gesellschafter durch Rechtsnachfolge wird)
- BFH, BStBl 1977 II S. 145
  (Veräußerung eines Wirtschaftsgutes des Anlagevermögens an einen Gesellschafter)
- BFH, BStBl 1979 II S. 673
  (Forderungen aus früheren Warenlieferungen an die Personengesellschaft)
- BFH, BStBl 1985 II S. 6
  (Forderung aus einem betrieblich veranlaßten Geschäftsvorfall)
- BFH, BStBl 1981 II S. 84 und S. 433
  (Veräußerung eines Wirtschaftsgutes des Anlagevermögens an einen Gesellschafter)

Zusammenfassend ist die »Besteuerung der Mitunternehmer von Personengesellschaften« durch Erlaß des BdF vom 20.12.1977 IV B 2 – S 2241 – 231/77, BStBl 1978 I S. 8 – 16 und zwischenzeitlich dazu aufgrund der Entwicklung der BFH-Rechtsprechung erlassenen weiteren Erlassen erläutert. Diese Grundsätze sind inzwischen durch die Rechtsprechung des BFH weiterentwickelt worden.

e) **Gesetzliche Gewinn- bzw. Verlustverteilung**

Gesellschaft des bürgerlichen Rechts	Offene Handelsgesellschaft	Kommanditgesellschaft	Atypische stille Gesellschaft
§ 722 BGB ↓	§ 121 HGB ↓	§ 168 HGB ↓	§ 231 HGB ↓
1. Der Gewinn wird nach Köpfen verteilt.	1. Kapitalverzinsung in Höhe von 4 v. H. des Kapitalanteils.	1. Kapitalverzinsung in Höhe von 4 v. H. des Kapitalanteils.	1. Der Gewinn wird angemessen verteilt.
2. Der Verlust wird nach Köpfen verteilt.	2. Der Restgewinn wird nach Köpfen verteilt.	2. Der Restgewinn wird angemessen verteilt.	2. Der Verlust wird angemessen verteilt.
	3. Der Verlust wird nach Köpfen verteilt.	3. Der Verlust wird angemessen verteilt.	

Mehrgewinne, die durch Außenprüfungen festgestellt werden, sind nach dem vertraglich vereinbarten Gewinnverteilungsschlüssel allen Gesellschaftern zuzurechnen (BFH, BStBl 1957 III S. 35).

Mehrgewinne bestimmter Gesellschafter sind dem zuzurechnen, der sie tatsächlich erhalten hat. In späteren Veranlagungszeiträumen kann ein Ausgleich berücksichtigt werden, wenn dies erforderlich werden sollte (BFH vom 1.8.1968, BStBl 1978 II S. 740).

Angemessenheit: Neben der steuerlichen Anerkennung von Familienmitgliedern als Mitunternehmer (z. B. BFH, BStBl 1975 II S. 141 und S. 488; BFH, BStBl 1976 II S. 328; BFH, BStBl 1976 II S. 324, BFH, BStBl 1976 II S. 332, BFH, BStBl 1976 II S. 374, BFH, BStBl 1979 II S. 405, BStBl 1981 II S. 210, S. 310, BStBl 1982 II S. 342, S. 389, S. 546 und BStBl 1979 S. 768, BFH v. 10.11.1987, FR 1988 S. 248) ist die Frage der Angemessenheit der Gewinnverteilung von entscheidender Bedeutung. Allgemeiner Maßstab für die Angemessenheit ist eine unter Fremden übliche Gestaltung und die Beachtung vernünftiger wirtschaftlicher Gründe. Als Faktoren für die Gewinnverteilung können von Gewicht sein: Kapitaleinsatz, Arbeitseinsatz, Risiko, persönliche Eigenschaften, Einbringung eines gewinnträchtigen Unternehmens.

Folgende grundlegende Urteile sind z. B. dazu ergangen:

- BFH, BStBl 1973 II S. 5, BStBl 1973 III S. 489, 1974 II S. 51 (15% durchschnittlicher Rendite bezogen auf den tatsächlichen Wert des schenkweise eingeräumten Kapitalanteils)

- BFH, BStBl 1973 II S. 14 (überhöhte Gewinnbeteiligung bei schenkweiser Einräumung eines KG-Anteils)
- BFH, BStBl 1973 II S. 295 (bis zu 25% Gewinnbeteiligung bei typisch stiller Beteiligung)
- BFH, BStBl 1973 II S. 389 (keine rückwirkende Änderung einer Gewinnverteilung)
- BFH, BStBl 1982 II S. 387 (35% durchschnittlicher Rendite bezogen auf den tatsächlichen Wert, nicht schenkweise eingeräumt).
- BFH, BStBl 1984 II S. 53 (Grundlage ist gesellschaftsrechtlicher Gewinn- bzw. Verlustverteilungsschlüssel; nicht bei Mißbrauch (BMF v. 30.1.1984 IV B 2 - S 2241 - 10/83)

Die steuerliche Folge einer unangemessenen Gewinnverteilung ist die Zurechnung des überhöhten Gewinnanteils beim Schenker bzw. Geschäftsherrn (BFH, BStBl 1974 II S. 51).

Erfolgt keine Berichtigung in der Handelsbilanz der Personengesellschaft, liegen fortlaufende Schenkungen vor, die nach dem Erbschaftsteuergesetz zu beurteilen sind.

Eine rückwirkende Änderung der Gewinnverteilung wird steuerlich nicht anerkannt (BFH, BStBl 1980 II S. 723; BFH, BStBl 1984 II S. 53).

Durch eine Bilanzberichtigung kann eine fehlerhafte Gewinnverteilung bei einer Personengesellschaft korrigiert werden (BFH, BStBl 1988 II S. 825).

FALL 44

Dienstvertrag zwischen Gesellschafter und Personengesellschaft

Sachverhalt: Der Gesellschafter A erhält von der Personengesellschaft, mit der er ordnungsgemäß ein Arbeitsverhältnis als Gesellschafter-Geschäftsführer abgeschlossen hat, einen monatlichen Betrag von 5000,- DM vergütet, der nicht sozialversicherungspflichtig ist.

Die Vergütung wurde von der Personengesellschaft in folgenden Alternativen buchmäßig behandelt:

a) Buchung: Gehälter an Kasse 60 000,- DM
b) Buchung: Entnahmen an Kasse 60 000,- DM

c) Buchung: Gehälter an Einlagen 60 000,- DM
d) Buchung: Gehälter an Rückstellungen 60 000,- DM
e) Buchung: Entnahmen an Rückstellungen 60 000,- DM
f) Buchung: Einlagen an Aufwand 60 000,- DM
g) keine Buchung; keine Zahlung im betreffenden Wirtschaftsjahr.

Frage: Welche Auswirkungen ergeben sich auf Gewinn, Entnahmen, Einlagen und andere Bilanzposten?
Wie wirken sich die Korrekturen auf die Gewinnverteilung lt. StB aus?

▶ **Lösung**

1. In der Buchführung der Personengesellschaft und damit in der Handelsbilanz sind folgende Korrekturbuchungen vorzunehmen, denn der Gehaltsanspruch ist Aufwand in der handelsrechtlichen Rechnungslegung.
   Buchung b: Gehälter an Entnahmen 60 000,- DM
   Buchung c: Einlagen an so. Verbindlichkeiten 60 000,- DM
   Buchung d: Rückstellungen an so. Verbindlichkeiten 60 000,- DM
   Buchung e: Rückstellungen an Entnahmen 60 000,- DM
               Gehälter an so. Verbindlichkeiten 60 000,- DM
   Buchung f: Aufwand an Einlagen 60 000,- DM
               Gehälter an so. Verbindlichkeiten 60 000,- DM
   Buchung g: Gehälter an so. Verbindlichkeiten 60 000,- DM
2. In den Fällen a)–g) sind Sonderbetriebseinnahmen in der G.u.V.-Rechnung zur Sonderbilanz des Gesellschafters A zu erfassen (§ 15 Abs. 1 Nr. 2 EStG).
   In allen Fällen ist der Gehaltsanspruch als Forderung in der Sonderbilanz zu erfassen, wobei in den Fällen a) und b) gleichzeitig Entnahmen vorliegen.
3. In der handelsrechtlichen Gewinnverteilung ist das Dienstverhältnis nicht zu berücksichtigen. Bei der Ermittlung des Gewinns aus Gewerbebetrieb nach § 15 EStG muß in allen Fällen der Betrag von 60 000,- DM dem handelsrechtlich ermittelten Gewinnanteil des Gesellschafters A hinzugerechnet werden (§ 15 Abs. 1 Nr. 2 2. Halbsatz EStG). Das »Gehalt« unterliegt ebenfalls der Gewerbesteuer und ist im Gewerbeertrag zu erfassen.
4. Zu der Behandlung der Vergütungen an Mitunternehmer von Personengesellschaften hat der BFH in den Urteilen BStBl 1979 II S. 757, 763 und 767 grundlegend Stellung genommen.

FALL 45

Gewinnverteilung bei einer offenen Handelsgesellschaft

Sachverhalt: An einer oHG sind die Gesellschafter A, B und C zu je 33⅓% beteiligt. Für das Wj 01 wurden folgende Handels- und Steuerbilanzen aufgestellt:

	HB/StB 1.1.01	HB/StB 31.12.01
Sonstige Aktiva	1 460 000,-	1 565 960,-
Kapital A	420 000,-	429 320,-
Kapital B	560 000,-	627 320,-
Kapital C	480 000,-	509 320,-
	1 460 000,-	1 565 960,-

Der für das Wj 01 festgestellte Handels- und Steuerbilanzgewinn betrug 357 960,- DM; er wurde zu je ⅓ auf die Gesellschafter A, B und C verteilt.

Aus der Buchführung der OHG ergeben sich folgende Entnahmen und Einlagen:

Gesellschafter A	110 000,-	-,-
Gesellschafter B	100 000,-	48 000,-
Gesellschafter C	90 000,-	-,-

Für das Wj 01 hat eine Außenprüfung folgende Feststellungen getroffen:
a) Lt. Gesellschaftsvertrag besteht zwischen den Gesellschaftern eine vertragliche Vereinbarung, wie der Gewinn gleichermaßen nach Handels- und Steuerrecht zu verteilen ist:

Zur Abgeltung ihrer Tätigkeit für die Gesellschaft erhalten die Gesellschafter folgende Vorabvergütungen:

Gesellschafter A	72 000,- DM	Buchung: Gehälter an Bank
Gesellschafter B	48 000,- DM	Buchung: Gehälter an Einlagen
Gesellschafter C	48 000,- DM	nicht gebucht; nicht gezahlt.

b) Die HB-Kapitalien der Gesellschafter werden mit 6% verzinst. Dabei ist als Bemessungsgrundlage das Mittel zwischen dem Kapital 1.1.01 und dem um die Entnahmen geminderten bzw. um die Einlagen erhöhten Kapital zum 31.12.01 zugrunde zu legen. Die Gewinngutschrift des jeweiligen Wirtschaftsjahres bleibt außer acht. Die Zinsen sind von der Personengesellschaft wie folgt gebucht:

Gesellschafter A   Zinsen an Wareneinkauf (im Wj 01)
Gesellschafter B   Entnahmen an Zinserträge (im Wj 02)
Gesellschafter C   Entnahmen an Bank (im Wj 02)

c) Der Restgewinn wird nach Köpfen aufgeteilt.

Frage: Kapitalentwicklung lt. HB/StB?
Höhe der Verzinsung der HB-Kapitalien?
Ermittlung des steuerlichen Gewinns?
Steuerliche Gewinnverteilung?
Kapitalentwicklung lt. PB? PB 31.12.01?

▶ **Lösung**

1. **Kapitalentwicklung lt. HB/StB**

	A	B	C	Gesamt
Kapital 1.1.01	420 000,-	560 000,-	480 000,-	1 460 000,-
./. Entnahmen	110 000,-	100 000,-	90 000,-	300 000,-
+ Einlagen	-	48 000,-	-	48 000,-
+ Gewinn	119 320,-	119 320,-	119 320,-	357 960,-
Kapital 31.12.01	429 320,-	627 320,-	509 320,-	1 565 960,-

2. **Höhe der Vorabverzinsung der HB/StB-Kapitalien**

	A	B	C
Kapital 1.1.01	420 000,-	560 000,-	480 000,-
+ Kapital 31.12.01 (ohne Gewinn)	310 000,-	460 000,-	390 000,-
	730 000,-	1 020 000,-	870 000,-
davon das Mittel	365 000,-	510 000,-	435 000,-
davon 6 % Zinsen	21 900,-	30 600,-	26 100,-

3. Ermittlung des steuerlichen Gewinns

HB + StB-Gewinn	357 960,- DM
./. Gehaltsanspruch Gesellschafter C	48 000,- DM
berichtigter HB-Gewinn	309 960,- DM
+ Gehalt A 72 000,- ⎱ Sonderbetriebs-	
+ Gehalt B 48 000,- ⎬ einnahmen	
+ Gehalt C 48 000,- ⎰	168 000,- DM
Steuerlicher Gewinn (§ 15 Abs. 1 Nr. 2 EStG)	477 960,- DM

4. Steuerliche Gewinnverteilung

	Gesamt	A	B	C
HB-Gewinn	309 960,-			
./. Verzinsung	78 600,-	21 900,-	30 600,-	26 100,-
Restgewinn (33 ⅓ %)	231 360,-	77 120,-	77 120,-	77 120,-
Gewinnverteilung lt. HB		99 020,-	107 720,-	103 220,-
+ Sonderbetriebseinnahmen	168 000,-	72 000,-	48 000,-	48 000,-
= Gewinnverteilung lt. StB (477 960,-)		171 020,-	155 720,-	151 220,-

5. Kapitalentwicklung lt. PB der OHG

	A	B	C	Gesamt
Kapital 1.1.01	420 000,-	560 000,-	480 000,-	1 460 000,-
./. Entnahmen	110 000,-	100 000,-	90 000,-	300 000,-
+ Gewinn	99 020,-	107 720,-	103 220,-	309 960,-
	409 020,-	567 720,-	493 220,-	1 469 960,-

6. Prüferbilanz zum 31.12.01 der OHG

Aktiva:

sonstige Aktiva	1 565 960,- DM

Passiva:

So. Verbindlichkeiten	96 000,- DM
Kapital A	409 020,- DM
Kapital B	567 720,- DM
Kapital C	493 220,- DM
	1 565 960,- DM

7. Sonderbilanz der Gesellschafter A, B, C
31. 12. 01

Forderungen	96 000,-	Gewinn	168 000,-
		./. Entnahmen	72 000,-
		Kapital A	0,-
		Kapital B	48 000,-
		Kapital C	48 000,-
	96 000,-		96 000,-

G. u. V. zur Sonderbilanz

Gewinn	168 000,-	Ertrag	168 000,-
	168 000,-		168 000,-

FALL 46

Gewinn-, Verlustverteilung bei einer offenen Handelsgesellschaft

Sachverhalt: An einer OHG ist der Gesellschafter A mit 66 ⅔ % und der Gesellschafter B mit 33⅓ % beteiligt. In diesem Verhältnis nehmen die Gesellschafter auch an den stillen Reserven des Betriebsvermögens teil. Jeder Gesellschafter ist zur Geschäftsführung berechtigt.

Für das Wj 01 wurden folgende Handels- und Steuerbilanzen aufgestellt:

	1.1.01	31.12.01
sonstige Aktiva	500 000,-	400 000,-
sonstige Passiva	350 000,-	340 000,-
Kapital A	100 000,-	41 000,-
Kapital B	50 000,-	19 000,-
	500 000,-	400 000,-

Kapitalentwicklung	A	B	Gesamt
Kapital 1.1.01	100 000,-	50 000,-	150 000,-
./. Entnahmen	15 000,-	9 000,-	24 000,-
./. Verlust (2 :1)	44 000,-	22 000,-	66 000,-
Kapital 31.12.01	41 000,-	19 000,-	60 000,-

Für das Wj 01 der OHG ergab sich lt. Gewinn- und Verlustrechnung ein Verlust in Höhe von 66 000,- DM.

Die Gewinn- bzw. Verlustverteilung ist nach dem Gesellschaftsvertrag zwischen den Gesellschaftern wie folgt geregelt worden:

1. Verzinsung des jeweiligen Anfangskapitals des Wj in Höhe von 4% vorab.
2. Für die Tätigkeit als Gesellschafter-Geschäftsführer erhalten die Gesellschafter A und B je 10 000,- DM als Vorwegvergütung.
3. Am Restgewinn bzw. -verlust sind die Gesellschafter im Verhältnis ihrer Kapitalbeteiligung (2 : 1) beteiligt.
4. Soweit sich durch etwaige Außenprüfungen der Finanzbehörde Gewinn- bzw. Verluständerungen ergeben, sind diese im Rahmen einer zu berichtigenden Gewinnverteilung bei dem betreffenden Gesellschafter vorab zu berücksichtigen.

Für das Wj 01 hat eine Außenprüfung der Finanzbehörde folgende Feststellungen getroffen:

Tz 1. Die Verzinsung des HB/StB-Kapitals

beim Gesellschafter A 4% von 100 000,- = 4000,- DM

beim Gesellschafter B 4% von 50 000,- = 2000,- DM

war gebucht worden: »Zinsen an Bank 6000,- DM«

Tz 2. Die nach dem Gesellschaftsvertrag den Gesellschaftern zustehenden Tätigkeitsvergütungen (nicht sozialversicherungspflichtig) waren gebucht:

»Gehälter an Kasse 20 000,- DM«

Tz 3. Eine vorhergehende Außenprüfung hatte in der Prüferbilanz zum 31.12.00 die Gewerbesteuerrückstellung in zutreffender Höhe von 19 000,- DM passiviert. Die OHG hat ihre in der HB/StB zum 31.12.00 gebildete Rückstellung für Gewerbesteuer in Höhe von 10 000,- DM unverändert in die Anfangsbilanz zum 1.1.01 übernommen. Die Gewerbesteuerzahlung erfolgte im Dezember des Wj 01 in Höhe von 19 500,- DM. Gebucht wurde:

»Rückstellung   10 000,- DM
Betriebssteuern   9 500,- DM   an Bank   19 500,- DM«

Tz 4. Die von der OHG für eine Fertigungsmaschine vorgenommene AfA wurde für das Wj 01 um 3000,- DM erhöht.

Tz 5. Eine von der OHG bei der Bewertung des Warenbestandes zum 31.12.01 vorgenommene Teilwertabschreibung in Höhe von 30 000,-DM wurde nur zur Hälfte als begründet anerkannt.

Tz 6. Für die zur privaten Nutzung den Gesellschaftern überlassenen betrieblichen Kraftfahrzeuge hat die Außenprüfung einen Betrag von 2400,-DM als nicht abzugsfähig angesehen. Die Kürzung des Kfz-Aufwandes war zu einem Drittel erforderlich, weil für Fahrten zwischen Wohnung und Betriebsstätte die tatsächlich angefallenen Kosten als Aufwand gebucht worden waren. Die Gesellschafter sind in gleichem Verhältnis von den Kürzungen betroffen.

Tz 7. Auf dem Konto »allgemeine Geschäftsunkosten« war im Dezember des Wj 01 ein Betrag in Höhe von 2400,- DM als »Weihnachtsgeschenke für Geschäftsfreunde« gebucht. Es handelt sich um eine Warenlieferung Spirituosen (15,- DM bis 30,- DM) je Flasche ohne Firmenbezeichnung des Gebers), die in unterschiedlichem Umfang als Präsente an Geschäftsfreunde verteilt wurden. Name und Anschrift der Empfänger waren nicht festgehalten.

Anmerkung: Die Veranlagung des Kj ist bestandskräftig und kann nach den Vorschriften der AO nicht berichtigt werden.

Frage: Ermittlung des steuerlichen Gewinns bzw. Verlustes?
Gewinn- bzw. Verlustverteilung?
Darstellung von Entnahmen bzw. Einlagen?
Kapitalentwicklung lt. Prüferbilanz?
Erstellen der Prüferbilanzen zum 1.1.01 und 31.12.01?

Lösung

1. Ermittlung des steuerlichen Gewinns bzw. Verlustes
Erläuterungen zu:

Tz 1. Nach § 15 Abs. 1 Nr. 2 EStG stellt die Darlehnsverzinsung des Kapitals einen Teil des steuerlichen Gewinns dar. Da die Zinsen ausgezahlt wurden, sind für jeden Gesellschafter in gleicher Höhe Sonderbetriebseinnahmen und Entnahmen i.S. von § 4 Abs. 1 S. 2 EStG gegeben.

Tz 2. Gleichfalls sind gem. § 15 Abs. 1 Nr. 2 EStG die für die Tätigkeit der Gesellschafter für die Gesellschaft gezahlten Vergütungen Teile des gewerblichen Gewinns als Sonderbetriebseinnahmen und Entnahmen i.S. von § 4 Abs. 1 S. 2 EStG.

Tz 3. Der sich aus § 4 Abs. 1 S. 1 iVm § 5 Abs. 1 EStG ergebende Bilanzenzusammenhang wurde nicht beachtet. Das festgestellte Betriebsvermögen lt. PB 31.12.00 ist als Anfangsbetriebsvermögen des Wj 01 zugrunde zu legen. In der PB 1.1.02 ist die Gewerbesteuerrückstellung mit 19 000,–DM zu passivieren.

Tz 6. Die Kosten für die private Pkw-Nutzung dürfen den gewerblichen Gewinn der OHG nicht mindern. Für Fahrten zwischen Wohnung und Arbeitsstätte (Betrieb) sind gem. § 4 Abs. 5 EStG nur insoweit Aufwendungen gewinnmindernd zu berücksichtigen, als sie den Pauschbeträgen gem. § 9 Abs. 1 Ziff. 4 EStG entsprechen. In Höhe der bei der Gewinnermittlung auszuscheidenden Betriebsausgaben liegt Eigenverbrauch nach § 1 Abs. 1 Nr. 2c UStG vor. Bei den übrigen Privatfahrzeugen ist durch die Gebrauchsüberlassung der Kraftfahrzeuge durch die OHG der Tatbestand des umsatzsteuerlichen Eigenverbrauchs nicht erfüllt. Es handelt sich um eine sonstige Leistung gem. § 3 Abs. 8 UStG, für die das vereinbarte Entgelt anzusetzen ist (§ 10 Abs. 1 UStG).

Tz 7. Gem. § 4 Abs. 5 EStG dürfen die »Weihnachtsgeschenke« den Gewinn aus zwei Gründen nicht mindern. Einmal erfüllen die Geschenke nicht die Voraussetzungen eines »Werbeträgers«, weil sie nicht als solche gekennzeichnet sind. Andererseits wurde insbesondere gegen die Aufzeichnungspflicht nach § 4 Abs. 6 EStG verstoßen (BFH, BStBl 1980 II S. 745 – Erfordernisse der besonderen Aufzeichnungspflicht nach § 4 Abs. 6 EStG). Umsatzsteuerlicher Eigenverbrauch gem. § 1 Abs. 1 Nr. 2c UStG liegt vor.

Zusammenstellung

Verlust lt. HB/StB für das Wj 01	66 000,- DM
+ Rückstellung	9 000,- DM
./. AfA	3 000,- DM
+ Teilwert-Abschreibung	15 000,- DM
+ private Pkw-Nutzung	2 400,- DM
+ nicht abzugsfähige Ausgaben	2 400,- DM
Verlust lt. PB für das Wj 01	40 200,- DM
+ Sonderbetriebseinnahmen	
Zinsen 6 000,-	
Gehälter 20 000,-	26 000,- DM
= steuerlicher Verlust (§ 15 EStG)	14 200,- DM

2. Gewinn- bzw. Verlustverteilung
Bei der steuerlichen Gewinnverteilung ist lt. Gesellschaftsvertrag zu beachten, daß die im Rahmen einer Außenprüfung sich ergebenden Gewinn- bzw. Verluständerungen vorab dem jeweiligen Gesellschafter zu berücksichtigen sind.

	Gesamt	A	B
Verlust	40 200,-		
./. 4 % Verzinsung vom Kapital 141 000,-	5 640,-	3 760,-	1 880,-
	45 840,-		
./. private Pkw-Nutzung	2 400,-	1 200,-	1 200,-
Restverlust (²/₃ zu ¹/₃)	48 240,-	./. 32 160,-	./. 16 080,-
Verlustanteil lt. PB		27 200,-	13 000,-
+ Sonderbetriebseinnahmen: Zinsen		4 000,-	2 000,-
Gehälter		10 000,-	10 000,-
Verlustanteil (§ 15 Abs. 1 Nr. 2 EStG)		13 200,-	1 000,-

3. Darstellung von Entnahmen bzw. Einlagen

Entnahmen	A	B
lt. HB/StB	15 000,-	9 000,-
+ Pkw-Nutzung	1 368,-	1 368,-
+ n. abzfg. Ausgaben	1 824,-	912,-
(wie PE behandelt)	18 192,-	11 280,-

4. **Kapitalentwicklung lt. PB**

	A	B	Gesamt
Kapital 1.1.01	94 000,-	47 000,-	141 000,-
./. Entnahmen	18 192,-	11 280,-	29 472,-
	75 808,-	35 720,-	111 528,-
./. Verlust	27 200,-	13 000,-	40 200,-
Kapital 31.12.01	48 608,-	22 720,-	71 328,-

5. **Prüferbilanzen 1.1.01 und 31.12.01**

Aktiva:	1.1.01		21.12.01
sonstige Aktiva	500 000,-	400 000,-	
./. AfA-Berichtigung	-	3 000,-	
+ Waren-Berichtigung	-	15 000,-	412 000,-
	500 000,-		412 000,-

Passiva:			
sonstige Passiva	350 000,-		340 000,-
+ Rückstellung	9 000,-		-
USt-Schuld	-		672,-
Kapital A	94 000,-		48 608,-
Kapital B	47 000,-		22 720,-
	500 000,-		412 000,-

FALL 47

Gewinnverteilung bei einer Familienpersonengesellschaft

Sachverhalt: Bis zum 31.12. des Wj 05 hat A seinen Gewerbebetrieb als Einzelunternehmen geführt. Ab. 1.1. des Wj 06 gründete er mit seinem 16jährigen Sohn eine steuerlich anzuerkennende Kommanditgesellschaft, an der er als Komplementär und sein Sohn B als nicht mitarbeitender Kommanditist beteiligt sind.

A brachte in die Kommanditgesellschaft sein bisheriges Einzelunternehmen mit allen Aktiven und Passiven unter Fortführung der Buchwerte ein. B erhielt seine Kommanditeinlage von A im Wege der vorweggenommenen Erbschaft geschenkt. Dies geschah in der Weise, daß 200 000,- DM (Nennwert) vom Kapitalkonto des A auf ein Kapitalkonto für B gutgeschrieben wurden.

A ist an der KG zu 85% und B zu 15% beteiligt. Lt. Gesellschaftsvertrag nehmen die Gesellschafter auch in diesem Verhältnis an den stillen Reserven des Betriebsvermögens teil. Beschränkungen in irgendeiner Weise wurden nicht vereinbart.

Der Gewinn der KG wurde nach Berücksichtigung einer Tätigkeitsvergütung für A vorab im Verhältnis A = 75% und B = 25% zugewiesen.

Für das Wj 06 ergab sich folgende Gewinnverteilung:

	A	B	Gesamt
Vorabvergütung	36 000,-	-	36 000,- DM
Restgewinn	405 000,-	135 000,-	540 000,- DM
Gewinnanteil	441 000,-	135 000,-	576 000,- DM

Der Einheitswert des Betriebsvermögens der KG betrug zum 1.1.06 2 200 000,-DM. Darin ist ein Betriebsgrundstück mit einem Einheitswert von 300 000,-DM enthalten. Der Verkehrswert des Grundstücks betrug 860 000,- DM.

A hat als Einzelunternehmer folgende Gewinne erzielt:
Wj 01 = 450 000,- DM; Wj 02 = 480 000,- DM; Wj 03 = 550 000,- DM; Wj 04 = 500 000,- DM; Wj 05 = 520 000,- DM.

Frage: Ist die vorgenommene Gewinnverteilung steuerlich anzuerkennen? In welcher Höhe ergeben sich ggf. für die Gesellschafter A und B steuerlich anzuerkennende Gewinnanteile auch für die Zukunft?

▶ **Lösung**

1. Familienpersonengesellschaften, bei denen minderjährigen Kindern Kommanditanteile schenkweise zugewendet worden sind, sind steuerrechtlich grundsätzlich anzuerkennen (BFH v. 10.11.1987, FR 1988 S. 248). Jedoch ist nur in Höhe von 15% des **tatsächlichen** Wertes ihres Gesellschaftsanteils der Gewinnanteil nicht mitarbeitender minderjähriger Kinder steuerrechtlich angemessen, wenn eine steuerlich anzuerkennende Kommanditgesellschaft gegründet wird, in die der Komplementär seinen Gewerbebetrieb einbringt und seinen Kindern als Kommanditisten schenkweise Anteile überträgt (BFH-Beschluß v. 29.5.1972 GrS 4/71, BStBl 1973 II S. 5; BFH, BStBl 1980 II S. 437).

2. Unter Beachtung der BFH-Urteile, BStBl 1960 III S. 509 iVm BStBl 1973 II S. 489 ist der tatsächliche Wert der Gesellschaftsanteile wie folgt zu ermitteln:

Nachhaltig zu erwartender Gewinn (Durchschnittsgewinn der letzten fünf Jahre)		500 000,- DM
Wert der Gesellschaft bei einer angemessenen Verzinsung von 10%		5 000 000,- DM
		5 500 000,- DM
abzüglich:		
tatsächlicher Wert des Betriebsvermögens unter Berücksichtigung des Verkehrswertes des Betriebsgrundstücks		
Einheitswert des BV	2 200 000,-	
./. EW des Grundstücks	420 000,-	
mit 140%iger Wertigkeit	1 780 000,-	
+ Verkehrswert des Grundstücks	860 000,-	
		./. 2 640 000,- DM
= innerer Wert der Gesellschaft		2 360 000,- DM
./. 50% Unsicherheitsabschlag		1 180 000,- DM
Wert der immateriellen Wirtschaftsgüter		1 180 000,- DM
+ Wert des Betriebsvermögens		2 640 000,- DM
= tatsächlicher Wert der Gesellschaft (steuerlicher Unternehmenswert)		3 820 000,- DM
KG-Anteil von Gesellschafter B = 15% =		573 000,- DM

3. Im Beispielsfall kann infolge der gleichbleibenden Gewinnentwicklung vom Durchschnittsgewinn der letzten fünf Jahre (= 500 000,- DM) für die Angemessenheitsprüfung ausgegangen werden. Entsprechend den BFH-Urteilen, BStBl 1973 II S. 489, BStBl 1973 II S. 650 ist bei nicht wesentlicher Änderung der Verhältnisse folgende Gewinnberechnung durchzuführen:

Tatsächlicher Wert des KG-Anteils von B	573 000,- DM
davon 15% des Wertes	85 950,- DM
nachhaltig zu erwartender Gewinn	500 000,- DM
höchstmöglicher Gewinnanteil	

$$\frac{85\,950,\text{-} \times 100}{500\,000,\text{-}} = 17,19\,\% \quad \underline{\text{rd. 17,2 v. H.}}$$

Der angemessene Gewinnanteil für den Gesellschafter B beträgt 17,2% von 540 000,- DM = 92 880,- DM.

Der über diesen Gewinnanteil hinausgehende Betrag ist dem Gesellschafter A zuzurechnen.

Berichtigte Gewinnverteilung

	A	B	Gesamt
Tätigkeitsvergütung	36 000,-	–	36 000,- DM
Restgewinn	447 120,-	92 880,-	540 000,- DM
Gewinnanteil	483 120,-	92 880,-	576 000,- DM

4. Nach dem BFH-Urteil, BStBl 1973 II S. 5 bleibt für den Gesellschafter B der mit 17,2 v. H. ermittelte Gewinnsatz solange maßgebend, bis eine wesentliche Änderung in bezug auf die Gesellschaftsstruktur eintritt, die auch unter fremden Gesellschaftern zu einer Änderung des Gewinnverteilungsschlüssels führen würde.

Erfolgt keine entsprechende Berichtigung der HB-Kapitalien der Gesellschafter, liegen fortlaufende Schenkungen des Gesellschafters A an den Gesellschafter B in Höhe der überhöhten Gewinnbeteiligung vor, die nach dem ErbStG zu beurteilen sind.

FALL 48

Sonderbetriebsvermögen eines Gesellschafters

Sachverhalt: Auf den 1.1. des Wj 01 errichteten die Gesellschafter A und B eine offene Handelsgesellschaft. Der Geschäftsbetrieb wird ab diesem Zeitpunkt in dem bebauten Grundstück ausgeübt, dessen Eigentümer der Gesellschafter B ist. Mit der OHG hat B einen Mietvertrag über deren Nutzung von 15 Jahren abgeschlossen.

Die nach diesem Vertrag jeweils am 15. eines Monats vorschüssig zu zahlende Miete in Höhe von 2000,- DM zzgl. 280,- DM USt hat die OHG immer pünktlich entrichtet. Sie buchte die monatlichen Zahlungen: »Miete und Vorsteuer an Bank«.

Alle durch das bebaute Grundstück anfallenden Kosten hat der Eigentümer, Gesellschafter B, zu tragen. Im Wj 01 sind folgende Ausgaben angefallen, die von der OHG nicht gebucht wurden:

Hypothekenzinsen 7% von 40 000,- DM 2 800,- DM
Hypothekentilgung 3% von 40 000,- DM 1 200,- DM
Reparaturen (1000,- DM zzgl. 140,- DM USt) 1 140,- DM
sonstige Grundstücksabgaben 1 000,- DM
insgesamt 6140,- DM

Die Jahres-AfA für das Gebäude beträgt 3 000,- DM.

Das bebaute Grundstück hatte am 1.1.01 folgenden Wert:
Grund und Boden 30 000,- DM
Gebäude 150 000,- DM

Es ist mit einer Hypothek von 40 000,- DM belastet, die im November des Wj 00 aufgenommen wurde, um das Gebäude zum Zwecke der anschließenden Vermietung renovieren zu lassen. Die Renovierungsarbeiten waren Ende Dezember des Wj 00 abgeschlossen. Die Hypothek ist ab dem Wj 01 zu tilgen.

Die Handels- und Steuerbilanzen der OHG, an der die Gesellschafter A und B zu je 50% beteiligt sind, weisen folgende Bilanzposten aus:

	1.1.01	31.12.01
Sonstige Aktiva	900 000,- DM	1 020 000,- DM
Sonstige Passiva	90 000,- DM	90 000,- DM
USt-Schuld	10 000,- DM	10 000,- DM
Kapital A	400 000,- DM	480 000,- DM
Kapital B	400 000,- DM	440 000,- DM
	900 000,- DM	1 020 000,- DM

Der für das Wj 01 festgestellte Gewinn betrug 120 000,- DM. Lt. Gesellschaftsvertrag ist er auf die Gesellschafter in folgendem Verhältnis zu verteilen:
A = 66 ⅔ %
B = 33 ½ %

Entnahmen und Einlagen sind für beide Gesellschafter bei der OHG nicht gebucht worden.

Frage: Welche bilanzsteuerrechtlichen Folgen ergeben sich aus der Grundstücksvermietung des Gesellschafters B an die OHG?
Wie sind die Aufwendungen und Erträge ertragsteuerlich zu behandeln?
Mit welchem Inhalt ist die einheitliche und gesonderte Gewinnfeststellung aufzustellen?
Zutreffende Darstellung des Betriebsvermögens zum 1.1.01 und 31.12.01?

▶ **Lösung**

1. Im Gegensatz zum Handelsrecht stellt steuerrechtlich das vom Gesellschafter B an die OHG vermietete Grundstück Betriebsvermögen des Gesellschafters dar. Es ist nicht in der Hauptbilanz der Personengesellschaft, sondern zur Klarstellung der Eigentumsverhältnisse in der für den Gesellschafter B neben der Steuerbilanz der OHG aufzustellenden Sonderbilanz auszuweisen. Eine gesetzliche Verpflichtung zur Errichtung einer Sonderbilanz besteht nicht; auch ist eine bestimmte Form nicht vorgeschrieben. Es ist aber zwischenzeitlich auch in der BFH-Rechtsprechung zur Übung geworden, Wirtschaftsgüter des Sonderbetriebsvermögens in Sonderbilanzen darzustellen (BFH, BStBl 1976 II S. 88, S. 180, BStBl 1977 II S. 150 und Tz 13–16 des Mit.U.-Erl.). Aktivierungen bzw. Passivierungen von Wirtschaftsgütern in der Sonderbilanz haben nach den Vorschriften des § 5 Abs. 1–5 EStG zu erfolgen.

2. Gem. § 15 Abs. 1 Nr. 2 EStG sind die monatlichen Pachtzahlungen der OHG an den Gesellschafter B steuerlich nicht Betriebsausgaben der Gesellschaft; sie stellen auch beim Gesellschafter B keine Einnahmen aus Vermietung und Verpachtung dar. Es handelt sich vielmehr um Gewinnanteile, die vorab dem Gesellschafter B zuzurechnen sind (§ 15 Abs. 1 Nr. 2 2. Halbs. EStG). Die Reparaturkosten (netto), sonstigen Grundstücksabgaben und Absetzungen für Abnutzung sind Aufwendungen, die den gewerblichen Gewinnanteil mindern.

3. Gem. § 19 Abs. 1 UStG ist der Gesellschafter B »Kleinunternehmer«. Unter Beachtung des § 19 Abs. 3 Nr. 2 UStG berechnet sich seine Umsatzsteuerverpflichtung wie folgt:

Einnahmen aus Vermietung:	24 000,– DM
x 14 v. H. USt-Satz =	3 360,– DM
./. Vorsteuer gem. § 15 Abs. 1 UStG	140,– DM
vorläufige Zahllast	3 220,– DM
./. Kürzungsbetrag gem. § 19 Abs. 3 Nr. 2 = 73%	2 351,– DM
Umsatzsteuerschuld	869,– DM

Der Kürzungsbetrag ist als gewerbliche Einnahme in der Sonderbilanz – G.u.V. auszuweisen.

4. In der einheitlichen und gesonderten Gewinnfeststellung für die offene Handelsgesellschaft sind die Aufwendungen und Erträge einschließlich des Kürzungsbetrages nach § 19 Abs. 3 UStG für das an die Personengesellschaft vom Gesellschafter B vermietete Grundstück dem Gesellschafter B vorab zuzurechnen, denn insoweit leistet B einen wirtschaftlichen Beitrag zur Erfüllung seines Gesellschaftszwecks.

5. Nach dem Grundsatz der Bilanzklarheit sind betriebliche Vorgänge, die nicht das Gesamthandsvermögen betreffen, aber steuerlich dem Betriebsvermögensbereich zuzurechnen sind, gesondert festzuhalten. Zur Darstellung und Weiterentwicklung für mehrere Wirtschaftsjahre bietet sich die »Sonderbilanz« mit dazugehöriger Gewinn- und Verlustrechnung an. Da eine bestimmte Form nicht vorgeschrieben ist, wird für den Beispielsfall folgende Möglichkeit der Darstellung angeboten:

Sonderbilanz B zum 1. 1. 01

Grund und Boden	30 000,-	Hypothek	40 000,-
Gebäude	150 000,-	Kapital	140 000,-
	180 000,-		180 000,-

6. Gewinn- und Verlustrechnung zur Sonderbilanz B

Zinsen	2 800,-	Mieterträge	24 000,-
Reparaturen	1 000,-	Kürzungsbetrag gem.	
Grundstücksabgaben	1 000,-	§ 19 Abs. 3 UStG	2 351,-
AfA	3 000,-		
Gewinn	18 551,-		
	27 351,-		27 351,-

7. **Einheitliche und gesonderte Gewinnfeststellung**

	A	B	Gesamt
HB/StB-Gewinn	80 000,-	40 000,-	120 000,-
+ Gewinn aus Sonderbilanz	-	18 551,-	18 551,-
steuerlicher Gewinn	80 000,-	58 551,-	138 551,-

8.   Sonderbilanz B 31. 12. 01

Grund und Boden		30 000,-	Hypothek	40 000,-	
Gebäude	150 000,-		./.		
./. AfA	3 000,-	147 000,-	Tilgung	1 200,-	38 800,-
			USt-Schuld		869,-
			Kapital 1.1.01	140 000,-	
			+ Gewinn	18 551,-	
			+ NE	6 140,-	
			./. PE	27 360,-	
			Kapital 31.12.01		137 331,-
		177 000,-			177 000,-

9.   Steuerbilanz der oHG zum 31. 12. 01

sonstige Aktiva	1 020 000,-	Verbindlichkeiten		90 000,-
		USt-Schuld		10 000,-
		Kapital A	400 000,-	
		+ Gewinn	80 000,-	480 000,-
		Kapital B	400 000,-	
		+ Gewinn	40 000,-	440 000,-
	1 020 000,-			1 020 000,-

FALL 49

Gründung einer offenen Handelsgesellschaft

Sachverhalt: Lt. notariell beurkundetem Gesellschaftsvertrag gründete der Gesellschafter A mit seinen volljährigen Kindern B und C eine offene Handelsgesellschaft. Die Gesellschaft wurde mit Wirkung vom 1.1.01 errichtet.

In die Gesellschaft brachte der Gesellschafter A sein bisheriges Einzelunternehmen mit allen Aktiven und Passiven ein und schenkte seinen volljährigen Kindern B und C je 125 000,- DM seines Kapitals.

Die OHG führte die Buchwerte des eingebrachten Einzelunternehmens fort. Ihre Umsätze versteuerte sie in gleicher Weise wie die Einzelfirma nach vereinbarten Entgelten.

Die Geschäfte der OHG führt lt. Gesellschaftsvertrag der Gesellschafter A. Die Gesellschafter B und C sind aber nicht von der Geschäftsführung ausgeschlossen. Der Gewinn wird nach Abzug der Tätigkeitsvergütung für den Gesellschafter A mit je 20% auf die Gesellschafter C und B und mit 60% auf den Gesellschafter A verteilt.

Die Gründung der OHG ist bürgerlich-rechtlich und steuerrechtlich wirksam.

Folgende Handels- und Steuerbilanzen wurden für das Wj 01 aufgestellt:

	1.1.01	31.12.01
Sonstige Aktiva	1 000 000,- DM	1 120 000,- DM
Aktive RAP	-,-	8 000,- DM
	1 000 000,- DM	1 128 000,- DM
Verbindlichkeiten	400 000,- DM	290 000,- DM
USt-Schuld	10 000,- DM	8 000,- DM
Sonstige Verbindlichkeiten	90 000,- DM	80 000,- DM
Darlehn	-,- DM	100 000,- DM
Kapital A	250 000,- DM	340 000,- DM
Kapital B	125 000,- DM	145 000,- DM
Kapital C	125 000,- DM	165 000,- DM
	1 000 000,- DM	1 128 000,- DM

Der HB/StB-Gewinn betrug für das Wj 01 200 000,- DM.

Die Kapitalien der Gesellschafter stellen sich wie folgt dar:

	A	B	C	Gesamt
Kapital 1.1.01	250 000,-	125 000,-	125 000,-	500 000,-
./. Entnahmen	30 000,-	20 000,-	-,-	50 000,-
+ Gewinn	120 000,-	40 000,-	40 000,-	200 000,-
Kapital 31.12.01	340 000,-	145 000,-	165 000,-	650 000,-

Für das Wj 01 hat eine »abgekürzte« Außenprüfung folgende Feststellungen getroffen:

Tz 1. Die für den Gesellschafter A monatlich nachträglich gezahlte Vergütung in Höhe von 5 000,- DM, die nicht sozialversicherungspflichtig ist, wurde für die Monate Januar bis Dezember des Wj 01 vereinbarungsgemäß als Aufwand gebucht. Zum 31.12. des Wj 01 wurde eine sonstige Verbindlichkeit in Höhe von 10 000,- DM gebildet, weil die Auszahlung der November- und Dezembervergütung erst am 10. Januar des Wj 02 erfolgte.

Tz 2. Mit Wirkung vom 1.1. des Wj 01 haben die Gesellschafter B und C ein unbebautes Grundstück, das ihnen als Miteigentümer je zur Hälfte gehört, als

Parkplatz für Kunden an die OHG vermietet. Der monatliche Mietzins betrug 1000,- DM zzgl. 140,- DM USt. Die Umsatzsteuer wurde offen der OHG in Rechnung gestellt. Die OHG überwies jeweils am 15. eines Monats, beginnend mit dem 15.1. des Wj 01, den Mietzins auf ein gemeinsames Sparbuch der Gesellschafter B und C. Bei der Auszahlung buchte sie:

Mietaufwand   1 000,- DM
Vorsteuer   140,- DM   an Bank   1 140,- DM

Dieses Grundstück hatten die Miteigentümer B und C fünf Jahre zuvor aus einer Erbschaft erhalten. Im Falle einer Wiederbeschaffung des Grundstücks am 1.1. des Wj 01 hätten sie 60 000,- DM einschließlich aller Nebenkosten zahlen müssen.

Noch im Januar des Wj 01 ließen die Miteigentümer auf eigene Rechnung zur besseren Abstellung von Kraftfahrzeugen das Grundstück mit einer Teerdecke überziehen. Die Kosten betrugen 15 000,- DM zzgl. 2 100,- DM USt; sie wurden aus privaten Mitteln der Gesellschafter B und C bezahlt. Eine Buchung erfolgte bei der OHG nicht. Die betriebsgewöhnliche Nutzungsdauer der Teerdecke beträgt 10 Jahre.

Die laufenden Grundstücksunterhaltungskosten für das Wj 01 betrugen 800,- DM zzgl. 50,- DM USt. Lt. Mietvertrag trugen diese Kosten die Gesellschafter B und C persönlich. Die Zahlungen erfolgten vom gemeinsamen Sparbuch im Wj 01. Außer der Buchung der monatlich zu zahlenden Miete zuzüglich der in Rechnung gestellten USt erfolgte keine Berücksichtigung der weiter angefallenen Kosten bei der Gewinnermittlung der OHG. Die Grundstücksgemeinschaft B und C ist nicht »Kleinunternehmer« i.S.d. § 19 UStG.

Tz 3. Der Gesellschafter A gewährte der OHG am 1.7. des Wj 01 ein Darlehn in Höhe von 100 000,- DM mit einer Verzinsung von 12%. Das Darlehn ist lt. Vertrag in den ersten fünf Jahren tilgungsfrei und in den folgenden fünf Jahren in gleichen Raten zurückzuzahlen. Die für das Wj 01 fälligen Zinsen in Höhe von 6000,- DM wurden am 20.1. des Wj 02 an den Gesellschafter A ausgezahlt. Im Zuge der Abschlußarbeiten für die Bilanzerstellung für das Wj 01 buchte die OHG: »Zinsaufwand an sonstige Verbindlichkeiten 6000,-DM«.

Frage: Umfang des steuerlichen Betriebsvermögens?
Darstellung des Sonderbetriebsvermögens?
Einheitliche und gesonderte Gewinnfeststellung?

Lösung

1. Gem. § 24 Abs. 2-4 UmwStG ist die OHG berechtigt, die Buchwerte des eingebrachten Betriebsvermögens fortzuführen. Zum steuerlichen Betriebsvermögen gehört das Gesamthandsvermögen, ausgewiesen in der OHG-Bilanz, und das als Sonderbetriebsvermögen zu behandelnde Grundstück der Gesellschafter B und C, auszuweisen in einer Sonderbilanz.
2. Zu den Einkünften aus Gewerbebetrieb gehören auch die Vergütungen, die der Gesellschafter A für seine Tätigkeit im Dienste der Gesellschaft bezogen hat (§ 15 Abs. 1 Nr. 2 EStG). Sie stellen Sonderbetriebseinnahmen (60 000,- DM) dar; soweit Auszahlungen erfolgten (50 000,- DM), sind Entnahmen nach § 4 Abs. 1 S. 4 EStG gegeben. Der Gehaltsanspruch in Höhe von 10 000,-DM ist als so. Forderung in der Sonderbilanz zu erfassen.
3. Das von den Gesellschaftern B und C an die OHG vermietete Grundstück ist notwendiges Betriebsvermögen und als Sonderbetriebsvermögen in einer Sonderbilanz auszuweisen.

Sonderbilanz für B und C zum 1.1.01

Grundstück	60 000,-	Kapital B	30 000,-
		Kapital C	30 000,-
	60 000,-		60 000,-

Ein Ausweis dieses Grundstücks in der Handelsbilanz der OHG ist unzulässig, da es sich nicht um Gesamthandsvermögen aller an der Personengesellschaft beteiligten Personen handelt.

In Höhe von 60 000,- DM (Teilwert) tätigen die Gesellschafter B und C eine Einlage gem. § 4 Abs. 1 S. 5 EStG. Die Befestigung des Grundstücks mit einer Teerdecke ist als selbständig zu bewertendes Wirtschaftsgut abnutzbares Anlagevermögen gem. § 6 Abs. 1 Nr. 1 EStG, das in der Sonderbilanz abzüglich AfA gem. § 7 Abs. 1 EStG auszuweisen ist. Auch in Höhe von 15 000,- DM zzgl. 2 100,- DM USt liegen Einlagen nach § 4 Abs. 1 S. 5 EStG vor. Der zivilrechtlich anzuerkennende Mietvertrag zwischen der OHG und den Gesellschaftern B und C wird steuerrechtlich unter § 15 Abs. 1 Nr. 2 EStG subsumiert, mit der Folge, daß er steuerlich nicht anerkannt werden kann. Deshalb liegt in Höhe von 12 000,- DM kein Aufwand vor. Es handelt sich um Sonderbetriebseinnahmen und Entnahmen gem. § 4 Abs. 1 S. 2 EStG. Die Grundstücksunterhaltungskosten von 800,- DM sind Sonderbetriebsausgaben gem. § 4 Abs. 4 EStG. In Höhe von 850,- DM haben die Gesellschafter B und C Einlagen gem. § 4 Abs. 1 S. 5 EStG getätigt. Die auf die Mieten entfallende Umsatzsteuer würde von der OHG zutreffend als Vorsteuer gem. § 15 Abs. 1 UStG erfaßt. In Höhe von 1 680,-DM ist die Umsatzsteuer eine betriebliche Schuld der Grundstücksgemeinschaft, bestehend aus den Gesellschaftern B und C. Gem. § 15 Abs. 1 UStG hat die Grundstücksgemeinschaft als Unternehmerin gem. § 2 UStG einen Vorsteuerabzug von 2 150,- DM (2 100,- DM und 50,-DM).

4. Der zivilrechtlich wirksame Darlehnsvertrag zwischen dem Gesellschafter A und der Personengesellschaft wird steuerrechtlich nicht anerkannt. Er fällt unter § 15 Abs. 1 Nr. 2 EStG und ist steuerrechtlich als gesellschaftlicher Beitrag von A zur Förderung des Gesellschaftszwecks zu bewerten. In der Sonderbilanz ist eine Darlehnsforderung in Höhe von 100 000,- DM zu aktivieren; gleichzeitig tätigt der Gesellschafter A in dieser Höhe eine Einlage gem. § 4 Abs. 1 S. 5 EStG. Außerdem ist eine Zinsforderung von 6 000,- DM (Sonderbetriebseinnahmen) zum 31.12.01 in der Sonderbilanz zu erfassen. Entnahmen in dieser Höhe liegen erst im Wj 02 vor.

5.   Sonderbilanz A, B u. C 31. 12. 01

Grund und Boden		60 000,-	Gewinn A	66 000,-	
Befestigung	15 000,-		./. PE	50 000,-	
			+ NE	100 000,-	
./. AfA	1 500,-	13 500,-	**Kapital A**		116 000,-
Darlehnsforderung		100 000,-	**Kapital B**	30 000,-	
Zinsforderung		6 000,-	+ Gewinn	4 850,-	
			+ NE	8 975,-	
Vorsteuer	2 150,-		./. PE	6 840,-	36 985,-
./. USt	1 680,-	470,-	**Kapital C**	30 000,-	
			+ Gewinn	4 850,-	
so. Forderung		10 000,-	+ NE	8 975,-	
			./. PE	6 840,-	36 985,-
		189 970,-			189 970,-

G. u. V. zur Sonderbilanz

Grundstückskosten	800,-	Gehälter	60 000,-
AfA	1 500,-	Mieten	12 000,-
Gewinn	75 700,-	Zinsen	6 000,-
	78 000,-		78 000,-

Gewinnverteilung:	A	B	C
Gewinnanteil	66 000,-	4 850,-	4 850,-

4. Einheitliche und gesonderte Gewinnfeststellung

	A	B	C	Gesamt
HB/StB-Gewinn	120 000,-	40 000,-	40 000,-	200 000,-
Gewinn lt. Sonderbilanz	66 000,-	4 850,-	4 850,-	75 700,-
steuerlicher Gewinn	186 000,-	44 850,-	44 850,-	275 700,-

FALL 50

Ausscheiden aus einer offenen Handelsgesellschaft

Sachverhalt: An der A-B-C-OHG waren die Gesellschafter A, B und C zu je einem Drittel beteiligt. Mit Wirkung vom 1.1.02 ist der Gesellschafter B aus der OHG ausgeschieden. Für die Aufgabe seiner Beteiligungsrechte erhielt er eine Abfindung von 500 000,- DM. Diese wurde wie folgt finanziert:

a) Übereignung des Grundstücks Nr. 2 mit einem Wert von 250 000,- DM (der Tag des wirtschaftlichen Übergangs wurde mit Ablauf des 31.12.01 vereinbart).

b) Barzahlung von 250 000,- DM; fällig am 20.1.02.

Die OHG wird dem Gesellschaftsvertrag entsprechend von A und C fortgeführt (§ 138 HGB). Sie ermittelt den Gewinn nach § 5 EStG; das Wirtschaftsjahr entspricht dem Kalenderjahr.

Folgende Bilanzen wurden der Finanzbehörde eingereicht:

Aktiva	StB 31.12.01	StB 1.1.02
Grundstück Nr. 1	100 000,- DM	100 000,- DM
Grundstück Nr. 2	150 000,- DM	-,-
Grundstück Nr. 3	200 000,- DM	200 000,- DM
nicht abnutzbares Anlagevermögen	100 000,- DM	100 000,- DM
abnutzbares Anlagevermögen	300 000,- DM	300 000,- DM
Umlaufvermögen	250 000,- DM	250 000,- DM
	1 100 000,- DM	950 000,- DM

Passiva

Kapital A 1.1.01	300 000,- DM		
./. Entnahmen	60 000,- DM		
+ Gewinnanteil	50 000,- DM	290 000,- DM	290 000,- DM
Kapital B 1.1.01	240 000,- DM		
./. Entnahmen	140 000,- DM		
+ Gewinnanteil	50 000,- DM	150 000,- DM	-,-
Kapital C 1.1.01	180 000,- DM		
./. Entnahmen	30 000,- DM		
+ Gewinnanteil	50 000,- DM	200 000,- DM	200 000,- DM
übrige Passiva		460 000,- DM	460 000,- DM
		1 100 000,- DM	950 000,- DM

Der für das Wj 01 ermittelte steuerliche Gewinn der OHG betrug 150 000,- DM. Er wurde lt. Gewinnverteilungsbeschluß zu je einem Drittel den Kapitalien der Gesellschafter gutgeschrieben und mittels einheitlicher und gesonderter Feststellung in diesem Verhältnis bei den einzelnen Gesellschaftern der Besteuerung zugrunde gelegt.

Eine Außenprüfung der Finanzbehörde hat zu dem Ausscheiden des Gesellschafters B folgende Feststellungen getroffen:

Tz 1. Nach einem Gutachten eines amtlichen Sachverständigen ruhen in dem Unternehmen der OHG zum 31.12.01 stille Reserven in Höhe von 750 000,- DM. Diese entfallen zu 60 v. H. gleichmäßig auf die Grundstücke Nr. 1–3, zu 20 v. H. auf das abnutzbare Anlagevermögen und zu je 10 v. H. auf das nicht abnutzbare Anlage- und das Umlaufvermögen.

Tz 2. Mit Ablauf des 31.12.01 ist der frühere Gesellschafter B wirtschaftlicher Eigentümer des Grundstücks Nr. 2 geworden. Die restliche Abfindungssumme in Höhe von 250 000,- DM wurde am 20.1.02 auf ein Bankkonto des B überwiesen.

Frage: Welche steuerlichen Folgen treten durch das Ausscheiden des Gesellschafters B ein?

Welchen Veräußerungsgewinn hat B erzielt?

Wie hoch ist der für die A-B-C-OHG einheitlich und gesondert festzustellende Gewinn für das Wj 01?

Welche Buchungen sind für die Ausscheidungsvorgänge erforderlich?

Mit welchen Werten sind die PB 31.12.01 und 1.1.02 aufzustellen?

Lösung ◄

1. Durch das Ausscheiden des Gesellschafters B aus der OHG besteht die Gesellschaft unter den verbleibenden Gesellschaftern A und C fort. Der Geschäftsanteil von B wächst den verbleibenden Gesellschaftern im Verhältnis ihrer Beteiligung zu (§ 105 Abs. 2 HGB, § 738 BGB). A und C haben B für sein Ausscheiden abzufinden.

2. Die von A und C über die OHG für das Ausscheiden von B erbrachten Gegenleistungen, die handelsrechtlich unter dem Begriff des »Anwachsens des Anteils des ausscheidenden Gesellschafters« verstanden werden, sind steuerlich Leistungsaustausch und somit als Anschaffung durch die verbleibenden Gesellschafter zu behandeln (BFH, BStBl 1974 II S. 50, BFH, BStBl 1984 II S. 584). Gegenstand der Anschaffung ist der steuerrechtliche Anteil des B an den einzelnen Wirtschaftsgütern des Gesellschaftsvermögens (BFH, BStBl 1974 II S. 352).

3. In Höhe des Abfindungsanspruchs von 500 000,- DM sind Anschaffungskosten für die anteilig erworbenen Wirtschaftsgüter gegeben. Der das Kapitalkonto des B übersteigende Betrag ist zu aktivieren und führt zu einer Erhöhung der Buchwerte derjenigen Wirtschaftsgüter, die stille Reserven enthalten. Zwecks Darstellung des Vorgangs ist eine Abschichtungsbilanz zum 31.12.01 aufzustellen:

Abschichtungsbilanz zum 31.12.01

	Buchwert	Verkehrswert	stille Reserven	Anteil B 1/3
Grundstück Nr. 1	100 000,-	250 000,-	150 000,-	50 000,-
Grundstück Nr. 2	150 000,-	300 000,-	150 000,-	50 000,-
Grundstück Nr. 3	200 000,-	350 000,-	150 000,-	50 000,-
n. abn. Anlagevermögen	100 000,-	175 000,-	75 000,-	25 000,-
abn. Anlagevermögen	300 000,-	450 000,-	150 000,-	50 000,-
Umlaufvermögen	250 000,-	325 000,-	75 000,-	25 000,-
Geschäftswert	-	300 000,-	300 000,-	100 000,-
				350 000,-

Der Geschäftswert ergibt sich aus der Differenz von der Abfindung an B in Höhe von 500 000,- DM und den stillen Reserven von 250 000,- DM abzüglich des Wertes des buchmäßigen Kapitals von B in Höhe von 150 000,- DM.

4. Der Gesellschafter B hat für die Aufgabe seines Geschäftsanteils folgenden Veräußerungsgewinn erzielt:

Veräußerungspreis	500 000,- DM
./. Betriebsvermögen des B im Zeitpunkt des Ausscheidens (Buchkapital)	150 000,- DM
Veräußerungsgewinn (§ 16 Abs. 1 Nr. 2 EStG)	350 000,- DM

5. Neben einer Barzahlung von 250 000,- DM erhält der Gesellschafter B das Grundstück Nr. 2 im Werte von 250 000,- DM, damit ein Wirtschaftsgut, das stille Reserven beinhaltet. Somit veräußern die Gesellschafter A und C das Grundstück Nr. 2 an B und erhalten als Gegenleistung die Übertragung der Gesellschaftsrechte von B im Wege des Tausches. In derartigen Fällen sind Anschaffungskosten in Höhe des gemeinen Wertes des hingegebenen Wirtschaftsgutes (Grundstück) gegeben (BFH, BStBl 1960 III S. 492, BFH, BStBl 1984 II S. 422). Nach Aufdeckung der stillen Reserven beträgt der Buchwert des Grundstücks Nr. 2 200 000,- DM. Unter Beachtung des gemeinen Wertes von 250 000,-DM entsteht für die Gesellschafter A und C ein laufender Gewinn aus der Veräußerung in Höhe von 50 000,- DM. Eine Realteilung ist nicht gegeben (BFH, BStBl 1973 II S. 655, vgl. auch BFH, BStBl 1982 II S. 456).

6. Der einheitlich und gesondert festzustellende Gewinn für das Wj 01 beträgt:

Laufender Gewinn	150 000,- DM
sonst. betriebl. Ertrag aus Grundstücksverkauf	50 000,- DM
Veräußerungsgewinn B	350 000,- DM
insgesamt	550 000,- DM

Dieser Gewinn verteilt sich wie folgt:

	A	B	C
Lfd. Gewinn	50 000,-	50 000,-	50 000,-
sonst. betriebl. Ertrag	25 000,-	-	25 000,-
Veräußerungsgewinn	-	350 000,-	-
	75 000,-	400 000,-	75 000,-

7. Der Ausscheidungsvorgang hätte gebucht werden müssen:

Kapital B	150 000,-		
Grundstück Nr. 1	50 000,-		
Grundstück Nr. 2	50 000,-		
Grundstück Nr. 3	50 000,-		
n. abn. A.V.	25 000,-		
abn. A.V.	50 000,-		
Umlaufvermögen	25 000,-		
Geschäftswert	100 000,-	an Grundstück Nr. 2	200 000,-
		sonst. betriebl. Ertrag	50 000,-
		an Abfindungsanspruch	250 000,-
	500 000,-		500 000,-

8. Bilanzen

Aktiva	StB 31.12.01/1.1.02		PB 31.12.01/1.1.02	
Grundstück Nr. 1	100 000,-	100 000,-	150 000,-	150 000,-
Grundstück Nr. 2	150 000,-	-	250 000,-	-
Grundstück Nr. 3	200 000,-	200 000,-	250 000,-	250 000,-
n. abn. Anlagevermögen	100 000,-	100 000,-	125 000,-	125 000,-
abnutzb. Anlagevermögen	300 000,-	300 000,-	350 000,-	350 000,-
Umlaufvermögen	250 000,-	250 000,-	275 000,-	275 000,-
Geschäftswert	-	-	100 000,-	100 000,-
	1 100 000,-	950 000,-	1 500 000,-	1 250 000,-
Passiva				
Kapital A	290 000,-	290 000,-	315 000,-	315 000,-
Kapital B	150 000,-	-	-	-
Kapital C	200 000,-	200 000,-	225 000,-	225 000,-
übrige Passiva	460 000,-	460 000,-	460 000,-	460 000,-
Abfindungsanspruch	-	-	500 000,-	250 000,-
	1 100 000,-	950 000,-	1 500 000,-	1 250 000,-

FALL 51

Ausscheiden eines lästigen Gesellschafters

Sachverhalt: Die Schlußbilanz der Fröhlich OHG zum 31.12.10 enthält folgende Werte:

Aktiva		Passiva	
Grund und Boden	100 000,-	Verbindlichkeiten	360 000,-
Gebäude	240 000,-	Kapital »Fröhlich«	240 000,-
Maschinen	190 000,-	Kapital »Ernst«	250 000,-
Geschäftseinrichtung	70 000,-	Kapital »Spaß«	150 000,-
Waren	110 000,-		
sonstige Aktiva	290 000,-		
	1 000 000,-		1 000 000,-

Zum 31.12.10 sind stille Reserven in folgenden Wirtschaftsgütern nach einer durchgeführten Unternehmensbewertung vorhanden:

Grund und Boden	90 000,- DM
Maschinen	51 000,- DM
Waren	12 000,- DM
Firmen- und Geschäftswert	60 000,- DM

Der steuerliche Gewinn des Wj 10 beträgt 120 000,- DM; hieran sind die Gesellschafter zu je einem Drittel beteiligt.

Lt. Gesellschaftsvertrag hat bei einem vorzeitigen freiwilligen Ausscheiden aus der Gesellschaft der ausscheidende Gesellschafter keinen Anspruch auf Abfindung am Geschäftswert.

Seit der Gründung der OHG sind die Gesellschafter zu je einem Drittel an dem Gesellschaftsvermögen und den stillen Reserven beteiligt.

Seit ungefähr zwei Jahren hat der Gesellschafter »Spaß« die ihm aufgetragenen geschäftlichen Angelegenheiten nicht mehr wahrgenommen und sowohl durch sein Privatleben als auch in geschäftlichen Dingen ein gesellschaftsschädigendes Verhalten gezeigt. Im Wj 10 konnte er von seinen Mitgesellschaftern nach schwierigen Verhandlungen dazu bewogen werden, zum Ende des Wj 10 gegen eine Abfindung von 250 000,- DM aus der Gesellschaft auszuscheiden.

Am 30.1.11 wurde die Abfindung unter Aufnahme eines Bankdarlehns an »Spaß« ausgezahlt; gebucht hat die OHG: »sonstiger betrieblicher Aufwand

250 000,- DM, an Bank 50 000,- DM und Darlehn 200 000,- DM«. In der Schlußbilanz zum 31.12.10 hat sie den Sachverhalt des Ausscheidens nicht berücksichtigt.

Frage: Wie ist der Vorgang steuerlich zu werten? Welche bilanzsteuerrechtlichen Folgen und welche Gewinnauswirkungen ergeben sich?

Lösung

1. »Spaß« ist »lästiger« Gesellschafter. Er hat durch sein Verhalten über einen längeren Zeitraum – Vernachlässigung geschäftlicher Obliegenheiten, gesellschaftsschädigendes Verhalten, Zerstörung der Vertrauensgrundlage zwischen den Gesellschaftern – eine Schädigung der wirtschaftlichen Leistungsfähigkeit der Gesellschaft verursacht oder ernsthaft befürchten lassen. Sein Ausscheiden ist aus der Sicht der verbleibenden Gesellschafter aus betrieblichen Gründen veranlaßt; nur dadurch konnte eine weitere Beeinträchtigung des Geschäftsbetriebs zukünftig verhindert werden.

2. Die Abfindung an einen »lästigen« Gesellschafter wird für bewertungsfähige Wirtschaftsgüter des Gesellschaftsvermögens gezahlt, und sie stellt insoweit Anschaffungskosten der Beteiligung »Spaß« für die verbleibenden Gesellschafter »Fröhlich und Ernst« dar (BFH, BStBl 1960 III S. 509, BFH, BStBl 1961 III S. 365, BFH, BStBl 1963 III S. 59). Hinsichtlich des Betrages, der den wirklichen Wert des Gesellschaftsanteils des »Lästigen« übersteigt, ist eine gewinnmindernde Betriebsausgabe nach § 4 Abs. 4 EStG gegeben.

3. Für die steuerliche Beurteilung der Abfindung errechnet sich der tatsächliche Wert des Gesellschaftsanteils »Spaß« wie folgt:

Buchwert des Kapitalkontos		150 000,- DM
+ ⅓ stille Reserven:		
Grund und Boden	30 000,-	
Maschinen	17 000,-	
Waren	4 000,-	
Firmen-, Geschäftswert	20 000,-	71 000,- DM
Wert des Gesellschaftsanteils		221 000,- DM

Anmerkung: Der Nichtanspruch von »Spaß« auf Abfindung des anteiligen Firmen- und Geschäftswerts rechtfertigt nicht, daß dieser nicht in die Berechnung einbezogen wird (BFH, BStBl 1970 II S. 740). Der Sonderfall der Liquidation liegt nicht vor, denn nur dann wäre eine andere Behandlung vorzunehmen (BFH, BStBl 1979 II S. 74).

4. Die über den Wert des Gesellschaftsanteils hinaus gezahlte Abfindung ist eine sofort abzugsfähige Betriebsausgabe, die den steuerlichen Gesamtgewinn des Wj 10 um (250 000,- DM ./. 221 000,- DM =) 29 000,- DM mindert. Gleichermaßen sind die Gewinnanteile von »Fröhlich« und »Ernst« um je 14 500,- DM zu mindern.

5. Berichtigte Schlußbilanz der Fröhlich oHG zum 31.12.10

Aktiva					Passiva
Grund und Boden	100 000,-		Verbindlichkeiten		360 000,-
+ stille Reserven	30 000,-	130 000,-	Kapital Fröhlich	240 000,-	
Gebäude		240 000,-	./. BA	14 500,-	225 500,-
Maschinen	190 000,-		Kapital Ernst	250 000,-	
+ stille Reserven	17 000,-	207 000,-	./. BA	14 500,-	235 500,-
Geschäftseinrichtung		70 000,-	Kapital Spaß	150 000,-	
Waren	110 000,-		./. Abgang	150 000,-	-,-
+ stille Reserven	4 000,-	114 000,-	Sonstige Verbindlichkeit »Abfindung Spaß«		250 000,-
Firmen- und Geschäftswert		20 000,-			
sonstige Aktiva		290 000,-			
		1 071 000,-			1 071 000,-

6. Der Gewinn des Wj 11 ist durch die falsche Buchung der OHG um 250 000,-DM zu erhöhen. Die richtige Buchung hätte lauten müssen: Abfindung Gesellschafter »Spaß« 250 000,- DM an Bank 50 000,- DM und Darlehn 200 000,- DM.

FALL 52

Atypisch stiller Gesellschafter an einem Handelsgewerbe

Sachverhalt: Bei der Überprüfung eines Einzelhandelsunternehmens stellte eine Außenprüfung folgendes fest:

Tz 1. Vertrag über eine stille Gesellschaft

Mit Wirkung vom 1.1.09 hat der Stpfl. mit seinem 22jährigen Sohn Willibald einen Vertrag über eine stille Gesellschaft geschlossen, durch den er seinen Sohn als stillen Gesellschafter an dem Handelsgewerbe seiner Firma beteiligt. Steuerlich hat er die Stellung eines atypisch stillen Gesellschafters; die Einlage beträgt 100 000,- DM, der Gewinnanteil 15 v. H. des Handelsbilanzgewinns der Einzelfirma. Bei Auflösung der stillen Gesellschaft steht Willibald entsprechend seinem Anteil die Vergütung der vorhandenen stillen Reserven zu. Der an Willibald jeweils zu Lasten des Gewinns des Stpfl. gebuchte Gewinnanteil - 09 = 36 000,- DM; 10 = 27 000,- DM - wurde auf dem Darlehnskonto »stille Gesellschaft« gutgeschrieben. Die Höhe der Gewinnanteile wurde durch die BP nicht beanstandet. Willibald, der noch unverheiratet ist und im Haushalt seiner Eltern lebt, hat sich am 12.1.11 die Gewinnanteile 09 und 10 auf sein privates Sparbuch überweisen lassen.

Das Konto »Darlehn Stiller Gesellschafter« entwickelt sich wie folgt:

Zugang 1.1.09	100 000,- DM
+ Gewinnanteil 09	36 000,- DM
StB-Wert 31.12.09	136 000,- DM
+ Gewinnanteil 10	27 000,- DM
StB-Wert 31.12.10	163 000,- DM

Tz 2. Anstellungsverhältnis

Ferner ist Willibald seit dem 1.1.09 als Angestellter in der Firma seines Vaters mit einem monatlichen Bruttogehalt von 1500,- DM (fällig am 15. des Monats) tätig. In den Wj 09 und 10 wurde das in der Höhe unveränderte Gehalt wie folgt gebucht:

Gehälter	18 000,- DM	an sonstige Verbindlichkeiten	3 000,- DM
		an Kasse	15 000,- DM
Soziale Abgaben		an sonstige Verbindlichkeiten	1 500,- DM
Sonstige Verbindlichkeiten		an Bank	4 500,- DM

Tz 3. Grundstück Steinfurter Straße 102

Am 2.1.09 hat der Stpfl. gemeinsam mit seinem Sohn Willibald das bebaute Grundstück zum Kaufpreis von 240 000,- DM erworben; davon entfallen 160 000,- DM auf den Grund und Boden und 80 000,- DM auf das vor 20 Jahren errichtete Gebäude. Die Bezahlung erfolgte vom betrieblichen Bankkonto des Stpfl.; gebucht wurde: »Grund u. Boden 160 000,- DM, Gebäude 80 000,- DM an Bank 240 000,- DM«.

Vater und Sohn sind je zur Hälfte als Eigentümer im Grundbuch eingetragen, da der Vater dem Sohn die Hälfte des Grundstücks schenkte.

Die beim Kauf zusätzlich zu Lasten der Eigentümer angefallenen Nebenkosten von 15 000,- DM wurden bisher nicht gebucht, da Sohn Willibald sie privat getragen hat. Der Vater ist nicht verpflichtet, dem Sohn die Übernahme der Kosten zu ersetzen. Im Wj 09 wurde der Grund und Boden wie folgt genutzt:

  100 qm bebaut mit dem Gebäude
  100 qm Eingang und Vorgarten
  600 qm Kundenparkplatz und Abstellplatz für eigene betriebliche Kraftfahrzeuge
1200 qm Vorratsgelände für eine spätere betriebliche Nutzung (vgl. Tz 4)

Das Gebäude wurde ab dem 2.1.09 zu 45 v. H. eigenbetrieblich (Erdgeschoß) und zu 55 v. H. für eigene Wohnzwecke genutzt.

Tz 4. Anbau

Nach dem Bebauungsplan der Stadt ist die Erweiterung des erworbenen Gebäudes um einen betrieblich zu nutzenden Anbau möglich. Deshalb wurde im Februar 10 mit dem Bau einer eingeschossigen Betriebshalle mit einer Grundfläche von 1200 qm begonnen, die am 1.12.10 fertiggestellt wurde. Die Halle ist an das Erdgeschoß des Gebäudes angebaut. Sie ist auf eigenen Fundamenten errichtet und hat eigene Außenmauern. Durch eine Klapptür sind im Erdgeschoß Gebäude und Halle miteinander verbunden. Über zwei gesonderte Außentüren kann die Betriebshalle außerdem betreten werden.

Die Herstellungskosten betrugen 150 000,- DM zzgl. 21 000,- DM USt. Sie wurden vom Stpfl. und seinem Sohn je zur Hälfte durch die Aufnahme eines hypothekarisch gesicherten Darlehns von 183 000,- DM getragen. Das Darlehn hat eine Laufzeit von zehn Jahren, ist mit 8 v. H. pro anno zu verzinsen und nach fünf tilgungsfreien Jahren in fünf gleichen Raten zu tilgen.

Unter Einbehaltung der bankspezifischen Gebühren wurden am 30.12.10 171 000,-DM auf das betriebliche Bankkonto des Stpfl. überwiesen, die sofort zur Begleichung der Bauschulden verwandt wurden. Gebucht wurde:

Bank	171 000,- DM	an Darlehn	171 000,- DM
Gebäude	150 000,- DM		
Vorsteuer	21 000,- DM	an Bank	171 000,- DM

Für das Kalenderjahr 10 hat die Bank auf die Berechnung von Zinsen verzichtet.

Tz 5. Geschäftsgebäude, Grevener Straße 16

Am 30.6.09 veräußerte der Stpfl. das bis zum 31.12.08 bilanzierte Geschäftsgebäude Grevener Straße 16 für 300 000,- DM umsatzsteuerfrei. Es war im Jahre 05 auf fremdem Grund und Boden errichtet worden und hatte unter Berücksichtigung einer jährlichen AfA von 6000,- DM am 31.12.08 einen Buchwert von 276 000,-DM. Der Abgang ist ordnungsgemäß buchtechnisch erfaßt. Der Kaufpreis sollte dem Erwerb weiteren Baugeländes dienen, deshalb wurde zum 31.12.09 eine Rücklage gem. § 6b EStG in Höhe von 24 000,-DM passiviert, die am 31.12.10 von den Herstellungskosten des Anbaus (s. unter Tz 4) abgezogen wurde.

Tz 6. Entwicklung der Bilanzposten lt. StB

Grund und Boden 31.12.09 und 31.12.10		160 000,- DM
Gebäude/Anbau		
Zugang 2.1.09		80 000,- DM
./. AfA 09 2 v. H.		1 600,- DM
StB-Wert 31.12.09		78 400,- DM
+ Zugang Anbau	150 000,- DM	
./. Rücklage (s. Tz 5)	24 000,- DM	126 000,- DM
		204 400,- DM
./. AfA 10 2 v. H. von (80 000,- + 126 000,- = 206 000,-)		4 120,- DM
StB-Wert 31.12.10		200 280,- DM

Tz 7. Mietvertrag – Mietwert eigene Wohnung

Gleichzeitig mit dem Kaufvertrag über das Grundstück Steinfurter Straße 102 (s. Tz 3) wurde am 2.1.09 zwischen dem Stpfl. und seinem Sohn Willibald ein Mietvertrag über die Nutzung des bürgerlich-rechtlichen Eigentumsanteils Willibalds an dem Grundstück durch den Betrieb des Stpfl. für zehn Jahre abgeschlossen. Die nach diesem Vertrag jeweils am 10. eines Monats vorschüssig zu zahlende Miete in Höhe von 1000,- DM zzgl. USt hat der Stpfl. immer pünktlich entrichtet. Ab dem 1. Dezember 10 wurde nach Fertigstellung des Anbaus (s. Tz 4) die Miete auf monatlich 1500,- DM zzgl. USt erhöht.

Der Stpfl. buchte die monatlich geleisteten Zahlungen: »Miete, Vorsteuer an Bank«.

Der vom Stpfl. für eigene Wohnzwecke genutzte Grundstücksteil des Grundstücks Steinfurter Straße 102 (s. Tz 3) würde bei einer Fremdvermietung monatlich 800,- DM (ortsüblicher Preis) erbringen. Eine Buchung des Mietwerts ist bisher unterblieben.

Tz 8. Personenkraftwagen

Am 2.1.09 erwarb Sohn Willibald einen Pkw zum Preis von 15 000,- DM (einschl. aller Nebenkosten) zzgl. 2100,- DM USt (betriebsgewöhnl. Nutzungsdauer fünf Jahre). Diesen Pkw vermietete er an den Stpfl. zum angemessenen Mietentgelt von monatlich 300,- DM zzgl. USt; der Stpfl. buchte: »Kfz-Kosten, Vorsteuer an Kasse«. Der Pkw wird ausschließlich von den Angestellten des Stpfl. zu betrieblichen Fahrten genutzt.

Am 1.4.10 wurde der Pkw auf einer Betriebsfahrt durch einen Unfall total zerstört. Die Versicherung des Schädigers überwies im April 10 12 800,- DM auf das private Bankkonto von Willibald.

Am 5.4.10 erwarb Willibald von einem Gebrauchtwagenhändler einen Pkw-Kombi zum Preis von 9600,- DM (einschl. aller Nebenkosten) zzgl. 1344,- DM USt (betriebsgewöhnl. Nutzungsdauer drei Jahre), den er zu denselben Bedingungen an den Stpfl. vermietete.

Außer den Mietzahlungen hat der Stpfl. keine Buchungen vorgenommen. Willibald behandelte die Kraftfahrzeuge als Privatvermögen.

Auszug aus den Steuerbilanzen des Stpfl.:

	StB 31.12.09	StB 31.12.10
Grundstück Steinfurter Straße 102		
Grund und Boden	160 000,- DM	160 000,- DM
Gebäude/Anbau	78 400,- DM	200 280,- DM
Darlehn stiller Gesellschafter	136 000,- DM	163 000,- DM
Darlehnsverbindlichkeit	-,-	171 000,- DM
Rücklage gem. § 6 b EStG	24 000,- DM	-,-

Frage: Mit welchen Werten sind die Wirtschaftsgüter in den PB anzusetzen? Welche Gewinnauswirkungen ergeben sich daraus? Wie stellt sich das Sonderbilanzvermögen einschl. Gewinn, Entnahmen, Einlagen und Umsatzsteuer dar?

Lösung ◄

Zu Tz 1:
Der zwischen dem Stpfl. und seinem Sohn Willibald nach § 230 ff HGB zustande gekommene Gesellschaftsvertrag über eine stille Gesellschaft ist zivilrechtlich und steuerrechtlich anzuerkennen. Willibald hat sich durch den Vertrag verpflichtet sich, an dem Handelsgewerbe des Steuerpflichtigen mit einer Vermögenseinlage von 100 000,- DM zu beteiligen (§ 230 Abs. 1 HGB). Dafür wird er mit 15 v. H. am Gewinn und Verlust des Handelsgewerbes des Stpfl. beteiligt. Außerdem ist er auf schuldrechtlichem Wege auch am Gesellschaftsvermögen beteiligt, so daß eine echte Wertbeteiligung an der Substanz eintritt. Damit ist Willibald in seiner Rechtstellung einem Mitunternehmer i.S. des § 15 Abs. 1 Nr. 2 EStG vergleichbar, er ist atypisch stiller Gesellschafter (BFH, BStBl 1975 II S. 141).

Bei der atypisch stillen Gesellschaft entspricht das Betriebsvermögen des Inhabers des Handelsgeschäfts dem Gesellschaftsvermögen einer Personengesellschaft mit Gesamthandsvermögen (OHG, KG, GbR). Außerdem kann Sonderbetriebsvermögen in Betracht kommen, wenn der atypisch stille Gesellschafter dem Inhaber des Handelsgewerbes Wirtschaftsgüter zur Nutzung überläßt (BFH, BStBl 1984 II S. 820).

Die stille Gesellschaft ist keine Handelsgesellschaft, sie hat kein Gesellschaftsvermögen (Gesamthandsvermögen), sondern eine sog. Innengesellschaft ohne Firma. Das Gesellschaftsverhältnis tritt nach außen nicht in Erscheinung. Der Stpfl. ist umsatzsteuerlich weiterhin Unternehmer, der eine gewerbliche oder berufliche Tätigkeit selbständig ausübt (§ 2 Abs. 1 UStG). Ertragsteuerlich ist die stille Gesellschaft als Mitunternehmerschaft (Stpfl. und Willibald) zu behandeln. Der Gewinn oder Verlust dieser Mitunternehmerschaft ist für alle Gesellschafter einheitlich und gesondert festzustellen und auf die Gesellschafter zu verteilen (§ 179, 180 AO).

Zu Tz 2:

Gem. § 15 Abs. 1 Nr. 2 EStG gehören die Gewinnanteile des Willibald zu den Einkünften aus Gewerbebetrieb (Tz 81 MUE). Buchtechnisch werden sie in einer Gewinn- und Verlust-Rechnung im Sonderbilanzbereich erfaßt.

Erträge: 09 = 36 000,- DM

10 = 27 000,- DM

Darüber hinaus ist für Willibald als Mitunternehmer in Höhe seiner stillen Beteiligung einschließlich der erfolgten Gewinngutschriften in den Wj 09 und 10 eine Darlehnsforderung in Sonderbilanzen zum 31.12.09 und 31.12.10 zu erfassen (Tz 81 MUE).

Darlehnsforderung:

31.12.09 = 136 000,- DM

31.12.10 = 163 000,- DM

Ferner sind die durch Willibald gegebenen 100 000,- DM als stille Beteiligung steuerlich eine Einlage gem. § 4 Abs. 1 S. 5 EStG.

Die Vergütungen an Willibald für die Dienstleistungen, die er für die Tätigkeit im Dienste der Mitunternehmerschaft bezogen hat, sind keine Einnahmen aus nichtselbständiger Arbeit, sondern gehören zu den Einkünften aus Gewerbebetrieb (§ 15 Abs. 1 Nr. 2 EStG). Sie sind ihm zuzurechnen, da er sie allein bezogen hat. Somit wird aus dem zivilrechtlich wirksamen schuldrechtlichen Dienstvertrag steuerrechtlich eine Gewinnverteilungsabrede (Tz 84 MUE). Die Erfassung der gewerblichen Gewinnanteile erfolgt in der G.u.V.-Rechnung im Sonderbilanzbereich. In Höhe der geleisteten Zahlungen liegen Entnahmen gem. § 4 Abs. 1 S. 2 EStG für Willibald vor.

Erträge, Entnahmen:

09 = 19 500,- DM

10 = 19 500,- DM

Zu Tz 3:

Der Stpfl. und Willibald sind zu Bruchteilen an dem Grundstück Eigentümer (§ 741 ff, § 1008 ff BGB). Erworben wurde von ihnen ein bebautes Grundstück, das, soweit es eigenbetrieblichen Zwecken dient, als notwendiges Betriebsvermögen zu behandeln ist. Inwieweit dies gilt, ist für den Grund und Boden und das Gebäude differenziert zu beurteilen (BFH, BStBl 1983 II S. 215 und Abschn. 15 Abs. 9 S. 1 und 2 EStR).

Soweit Willibald bürgerlich-rechtlicher und wirtschaftlicher Eigentümer des Grundstücks ist, hat die Darstellung seines Betriebsvermögens in Sonderbilanzen für die Wj 09 und 10 zu erfolgen.

Die steuerlichen Anschaffungskosten des Gesamtgrundstücks betragen:

```
              Kaufpreis      240 000,- DM
            + Nebenkosten     15 000,- DM
                             255 000,- DM
davon entfallen:
auf Grund und Boden    160 000,- DM   + ⅔ Nebenkosten
                                      = 10 000,- DM
                     = 170 000,- DM
auf Gebäude             80 000,- DM   + ⅓ Nebenkosten
                                      =  5 000,- DM
                     =  85 000,- DM
```

Grund und Boden

Grundsätzlich wird mangels genauerer Ermittlung der Grund und Boden in dem Verhältnis als Betriebsvermögen behandelt, wie sich der als Betriebsvermögen zu behandelnde Gebäudeteil zum Gesamtvermögen prozentual verhält (Abschn. 14 Abs. 1 S. 2-3 EStR).

Dies gilt dann nicht, wenn eine genaue Abgrenzung von Betriebsvermögen zu Privatvermögen bei der Nutzung eines Grund und Bodens möglich ist (Abschn. 14 Abs. 1 S. 4 EStR), wie im zu beurteilenden Sachverhalt. Nach Abschn. 13b iVm Abschn. 14 Abs. 1 EStR liegt ein Wirtschaftsgut des notwendigen Betriebsvermögens als auch ein Wirtschaftsgut des Privatvermögens vor. Das Wirtschaftsgut des notwendigen Betriebsvermögens umfaßt: 600 qm (Kundenparkplatz), 1200 qm (Vorratsgelände), 45 v. H. von 100 qm (Eingang/Vorgarten) und 100 qm (bebaut mit Gebäude) = 90 qm = insgesamt 1890 qm.

Dieses Wirtschaftsgut ist gem. § 6 Abs. 1 Nr. 2 EStG als nicht abnutzbares Anlagevermögen mit den Anschaffungskosten zu bewerten; 1890 qm x qm-Preis-Ak (170 000,- : 2000qm) = 85,- DM = 160 650,- DM (94,5 v. H. des anteiligen Gesamtkaufpreises); davon entfallen je ½ auf die Mitunternehmer Stpfl. und Willibald.

In den Prüferbilanzen und Sonderbilanzen zum 31.12.09 und 31.12.10 ist der Grund und Boden mit je 80 325,- DM zu erfassen.

Entnahmeberichtigung: 09 Stpfl. + 84 400,- DM
Einlageberichtigung: 09 Stpfl. + 4 725,- DM
09 Willib. + 80 325,- DM (Sonder-Bil)
Gebäude
Der eigenbetrieblich genutzte und der eigenen Wohnzwecken dienende Gebäudeteil stellen jeweils selbständige Wirtschaftsgüter dar (Abschn. 13b Abs. 2 S. 1 EStR), und zwar des notwendigen Betriebsvermögens (45 v. H.) und des notwendigen Privatvermögens (55 v. H.). Die Behandlung des eigenen Wohnzwecken dienenden Gebäudeteils als Betriebsvermögen ist nicht möglich (Abschn. 14 Abs. 1, Abs. 3 und 4 EStR). Das Gebäude ist deshalb nur zu 45 v. H. von 85 000,- DM = 38 250,- DM als abnutzbares Anlagevermögen auszuweisen (§ 6 Abs. 1 Nr. 1 EStG); die AfA ist gem. § 7 Abs. 4 EStG mit 2 v. H. linear vorzunehmen. Der bilanzielle Ausweis ist hälftig in den Prüferbilanzen und Sonderbilanzen zum 31.12.09 und 31.12.10 vorzunehmen.

Entnahmeberichtigung: 09 Stpfl. + 62 000,- DM
Einlageberichtigung: 09 Stpfl. + 1 125,- DM
09 Willibald + 19 125,- DM (Sonder-Bil.)

Zu Tz 4:

Bei dem im Dezember 10 fertiggestellten Anbau handelt es sich um ein selbständiges Wirtschaftsgut des abnutzbaren Anlagevermögens, da keine Verschachtelung mit dem bereits vorhandenen Gebäude gegeben ist (BFH, BStBl 1984 II S. 196 und Abschn. 42a Abs. 2 Nr. 2 EStR). Dieses Wirtschaftsgut ist gem. § 6 Abs. 1 Nr. 1 EStG mit den Herstellungskosten abzüglich AfA gem. § 7 Abs. 5 EStG (degr. AfA) iVm § 7 Abs. 5a EStG zu bewerten; die AfA ist für das gesamte Wirtschaftsjahr 10 mit 3,5 v. H. vorzunehmen. Die mit dem Anbau im wirtschaftlichen Zusammenhang stehende Darlehnsverbindlichkeit ist gem. § 6 Abs. 1 Nr. 3 EStG iVm Abschn. 37 Abs. 1 EStR mit den Anschaffungskosten in Höhe von 183 000,- DM zu passivieren. Die einbehaltenen Bankgebühren erfüllen die Voraussetzungen eines aktiven RAP gem. § 5 Abs. 4 EStG, der in Höhe von 12 000,- DM am 31.12.10 ausgewiesen werden muß. Der Ausweis des bürgerlich-rechtlichen und wirtschaftlichen Eigentums einschließlich der Darlehnsverbindlichkeit des Willibald ist in der Sonderbilanz 31.12.10 vorzunehmen, das gilt auch für den aktiven RAP. In Höhe der Hälfte der durch den Stpfl. geltend gemachten Vorsteuer hat Willibald eine sonstige Forderung in der Sonderbilanz 31.12.10 auszuweisen; eine entsprechende Verbindlichkeit in Höhe von 10 500,- DM hat der Stpfl. in der PB 31.12.10 zu passivieren.

Entwicklung der Bilanzansätze

	StB	PB und Sonder-Bilanz
Grund und Boden		
Zugang 2.1.09	160 000,- DM	80 325,- DM
31.12.09 - 31.12.10	160 000,- DM	80 325,- DM
Gebäude/Anbau		
Zugang 2.1.09	80 000,- DM	19 125,- DM
./. AfA	1 600,- DM	383,- DM
31.12.09	78 400,- DM	18 742,- DM
+ Anbau	150 000,- DM	75 000,- DM
./. Rücklage gem. § 6 b	24 000,- DM	-
	204 400,- DM	93 742,- DM
./. AfA Gebäude	-	383,- DM
./. AfA Anbau	4 120,- DM	2 625,- DM
31.12.10	200 280,- DM	90 734,- DM
Darlehn 31.12.10	171 000,- DM	91 500,- DM

	StB	PB und Sonder-Bilanz
Aktive RAP 31.12.10	-	6 000,- DM
Sonstige Verbindlichkeiten 31.12.10	-	10 500,- DM
Rücklage gem. § 6 b EStG 31.12.09	24 000,- DM	-

Gewinnauswirkungen:	Wj 09	Wj 10
Gebäude (AfA)	+ 1 217,- DM	+ 3 737,- DM
Anbau (AfA)	-	./. 2 625,- DM
Rücklage gem. § 6 b EStG	+ 24 000,- DM	-

Zu Tz 7:

Wie bereits unter Tz 3 festgestellt, ist der Vermögensanteil an dem Grundstück Steinfurter Straße 102 teilweise Betriebsvermögen, teilweise Privatvermögen des Willibald. Die aufgrund des Mietvertrages gezahlten Mieten sind gewerbliche Einkünfte des Sohnes gem. § 15 Abs. 1 Nr. 2 EStG und Entnahmen gem. § 4 Abs. 1 Satz 2 EStG; sie sind Willibald zuzurechnen.

Erhöhung des Gewinns und der Entnahmen (Sonder-Bil.)
09 = 12 000,- DM
10 = 12 500,- DM

Der Mietwert der eigenen genutzten Wohnung des Stpfl. stellt Einkünfte aus Vermietung und Verpachtung gem. § 21 Abs. 2 EStG dar, wenn er nicht die »Konsumgutlösung« wählt (BMF vom 12.11.1986, BStBl I S. 528).

Zu Tz 8:

Wirtschaftsgüter eines Mitunternehmers gehören zum Betriebsvermögen, wenn sie dem Betrieb überwiegend und unmittelbar dienen. Nach § 15 Abs. 1 Nr. 2 EStG muß deshalb der Pkw bei der Ermittlung des Gewinns aus Gewerbebetrieb für die Mitunternehmerschaft, bestehend aus dem Stpfl. und Willibald, berücksichtigt werden. Buchtechnisch ist der Pkw, der notwendiges Betriebsvermögen darstellt, aus Gründen der Bilanzklarheit in der Sonderbilanz des Willibald zu erfassen und fortzuentwickeln. Im Wege der Einlage ist der Pkw ins Betriebsvermögen der Mitunternehmerschaft zu überführen (§ 4 Abs. 1 Satz 5 EStG). Die Einlage ist gem. § 6 Abs. 1 Nr. 5 EStG mit dem Teilwert höchstens mit den Anschaffungskosten in diesem Fall zu bewerten. Die AfA ist gem. § 7 Abs. 2 EStG vorzunehmen.

Der zwischen dem Stpfl. und seinem Sohn geschlossene Mietvertrag über die Anmietung des Pkw ist zivilrechtlich anzuerkennen. Zu Recht wurden handelsrechtlich in Höhe der Vereinbarungen Aufwand gebucht. Bilanzsteuerrechtlich wird der Mietvertrag insoweit nicht anerkannt. Nach § 15 Abs. 1 Nr. 2 EStG gehören die Mieten als Vorwegvergütungen, die Willibald allein zuzurechnen sind, zu den Einkünften aus Gewerbebetrieb.

Der am 1.4.10 infolge höherer Gewalt aus dem Sonderbetriebsvermögen ausgeschiedene Pkw erfüllt grundsätzlich die Voraussetzungen des Abschn. 35 EStR zur Übertragung aufgelöster stiller Reserven auf ein Ersatzwirtschaftsgut. Die stille Reserve errechnet sich wie folgt:

Buchwert am 31.12.09	11 250,- DM
./. AfA für 3 Monate (degr.)	703,- DM
Buchwert im Zeitpunkt des Ausscheidens	10 547,- DM
Versicherungsentschädigung	12 800,- DM
= stille Reserve	2 253,- DM

Eine volle Übertragung der aufgelösten stillen Reserven als Rücklage für Ersatzbeschaffung kann nicht vorgenommen werden, denn nur teilweise (12 800,- DM zu 9600,- DM = 75 v. H.) wurde die Entschädigungssumme zum Erwerb des Ersatzwirtschaftsguts verwendet (Abschn. 35 Abs. 6 EStR).

In der Sonderbilanz zum 31.12.10 ist der am 5.4.10 erworbene Ersatz-Pkw wie folgt darzustellen:

Personengesellschaften / Betriebsvermögen und Gewinnermittlung

Anschaffungskosten	9 600,- DM
./. RfE (75 v. H. von 2 253,- DM)	1 690,- DM
	7 910,- DM
./. AfA für 1 Jahr (Abschn. 43 Abs. 8 EStR)	2 637,- DM
Wert 31.12.10	5 273,- DM

Der nicht übertragbare Teil der stillen Reserven von 563,- DM stellt laufenden Ertrag des Wirtschaftsjahres 10 für Willibald dar.
Die Ergebnisse des Sonderbilanzvermögens sind in den Sonderbilanzen und den G.u.V.-Rechnungen zur Sonderbilanz dargestellt.

Sonderbilanzen Wj 09 und Wj 10

Sonderbilanz (Willibald) 31.12.09

Darlehns-			Einlagen	216 550,-	
forderung	100 000,-		+ Gewinn	66 967,-	
+ Zugang	36 000,-	136 000,-	./.		
Grund und Boden		80 325,-	Entnahme	37 284,-	
Gebäude		18 742,-	Kapital 31.12.09		246 233,-
Pkw	15 000,-		USt-Schuld		2 184,-
./. AfA (degr.)	3 750,-	11 250,-			
Vorsteuer		2 100,-			
		248 417,-			248 417,-

G. u. V.-Rechnung 09

AfA Gebäude	383,-	Gewinnanteil	36 000,-
AfA Pkw	3 750,-	Gehälter	19 500,-
Gewinn	66 967,-	Mieten	12 000,-
		Miete Pkw	3 600,-
	71 100,-		71 100,-

Entnahmen 09 (Willibald)

Tz 2	19 500,-	Sonderbilanz	37 284,-
Tz 3	13 680,-		
Tz 8	4 104,-		
	37 284,-		37 284,-

Einlagen 09 (Willibald)

Sonderbilanz		216 550,-	Tz 1	100 000,-
			Tz 2	80 325,-
			Tz 3	19 125,-
			Tz 4	17 100,-
		216 550,-		216 550,-

Sonderbilanz (Willibald) 31.12.10

Darlehns-			Kapital		
forderung	136 000,-		1.1	246 233,-	
+ Zugang	27 000,-	163 000,-	+ Einlagen	10 944,-	
Grund und Boden		80 325,-	+ Gewinn	56 815,-	
Gebäude	90 734,-		./.		
Pkw	11 250,-		Entnahmen	50 654,-	263 338,-
./. AfA	703,-		Darlehn		91 500,-
./. Abgang	10 547,-	-,-	USt-Schuld	2 184,-	
+ Zugang Pkw	9 600,-		+ Zugang	2 254,-	4 438,-
./. RfE	1 690,-				
./. AfA	2 637,-	5 273,-			
Vorsteuer	2 100,-				
+ Zugang	1 344,-	3 444,-			
Sonstige Forderung	-	10 500,-			
Aktive RAP		6 000,-			
		359 276,-			359 276,-

G. u. V.-Rechnung 10

AfA Gebäude	383,-	Gewinnanteil	27 000,-
AfA Anbau	2 625,-	Gehälter	19 500,-
AfA Pkw	703,-	Mieten	12 500,-
AfA Pkw	2 637,-	Miete Pkw	3 600,-
Abgang Pkw	10 547,-	sonst. betriebl. Ertrag	12 800,-
sonst. betriebl. Ertrag	1 690,-		
Gewinn	56 815,-		
	75 400,-		75 400,-

		Entnahmen 10 (Willibald)		
Tz 2		19 500,-	Sonderbilanz	50 654,-
Tz 3		14 250,-		
Tz 8		12 800,-		
Tz 8		4 104,-		
		50 654,-		50 654,-

		Einlagen 10 (Willibald)		
Sonderbilanz		10 944,-	Tz 8	9 600,-
			Tz 8	1 344,-
		10 944,-		10 944,-

FALL 53

Berichtigung der Anfangs- und Schlußbilanz einer Personengesellschaft

Sachverhalt: Einer »abgekürzten« Außenprüfung lagen folgende Steuerbilanzen der Firma Fröhlich OHG zur Prüfung vor:

	StB 31.12.07	StB 31.12.08
Aktiva		
Grundstück Grüner Wall:		
Grund und Boden	100 000,- DM	100 000,- DM
Gebäude	252 000,- DM	246 000,- DM
sonstige Forderungen	48 000,- DM	63 000,- DM
sonstige Aktiva	2 000 000,- DM	2 100 000,- DM
	2 400 000,- DM	2 509 000,- DM
Passiva		
Darlehn	-,-	50 000,- DM
Rückstellungen	85 000,- DM	90 000,- DM
sonstige Verbindlichkeiten	200 000,- DM	216 000,- DM
USt-Schuld	15 000,- DM	18 000,- DM
sonstige Passiva	1 600 000,- DM	1 600 000,- DM
Kapital Fröhlich	260 000,- DM	280 000,- DM
Kapital Ernst	240 000,- DM	255 000,- DM
	2 400 000,- DM	2 509 000,- DM

Kapitalentwicklung

	Fr. Fröhlich	M. Ernst	Gesamt
Kapital 01.01.08	260 000,-	240 000,-	500 000,-
./. Entnahmen	80 000,-	85 000,-	165 000,-
+ Einlagen	-,-	-,-	-,-
+ Gewinn	100 000,-	100 000,-	200 000,-
Kapital 31.12.08	280 000,-	255 000,-	535 000,-

Anmerkung: Die OHG-Bilanz für das Wj 09 wurde am 25. April 09 aufgestellt. Die Firma Fröhlich OHG betreibt einen Großhandel mit Werkzeugmaschinen. Gesellschafter der OHG sind

> Friedolin Fröhlich und
> Max Ernst.

Am Gesellschaftsvermögen sind die beiden Gesellschafter zu je 50% beteiligt; in diesem Verhältnis sind sie auch an den stillen Reserven des Betriebsvermögens beteiligt. Beide Gesellschafter sind Geschäftsführer der Gesellschaft. Sie haben sich die Aufgabengebiete so aufgeteilt, daß Fröhlich u. a. für den Wareneinkauf und die Personalangelegenheiten und Ernst für den Verkauf und die Werbung zuständig ist.

Der Gewinn wird nach Abzug von Vorwegvergütungen auf die Gesellschaft je zur Hälfte aufgeteilt. Auf eine Kapitalverzinsung wurde lt. Gesellschaftsvertrag verzichtet. Die Gewinnverteilung ist angemessen.

Für das Wirtschaftsjahr 08 wurde die vorstehend aufgeführte Bilanz nebst beigefügter Kapitalentwicklung aufgestellt. Die OHG versteuert ihre Umsätze nach den Regelbestimmungen des Umsatzsteuergesetzes. Auf Steuerbefreiungen wurde nicht verzichtet; Vorsteuerbeträge sind, soweit erforderlich, nach § 15 Abs. 4 Nr. 2 UStG im Wege der Zuordnung nach wirtschaftlichen Gesichtspunkten aufzuteilen. Die umsatzsteuerlichen Aufzeichnungspflichten hat die OHG im Rahmen ihrer Buchführung durch Führung eines entsprechenden Sachkontos erbracht.

Die Außenprüfung hat für das Wirtschaftsjahr 08 folgende Feststellungen getroffen:

a) Tätigkeitsvergütungen

Die für die Gesellschafter vereinbarten monatlichen Vergütungen
- für Friedolin Fröhlich 5000,- DM (monatlich),
- für Max Ernst 3000,- DM (monatlich)

wurden für die Monate Januar bis Dezember 08 vereinbarungsgemäß als Aufwand gebucht; die Vergütungen Januar-Oktober 08 wurden gezahlt. Zum 31.12.08 wurde eine sonstige Verbindlichkeit in Höhe von 16 000,- DM gebildet, weil die Auszahlung der November- und Dezembervergütungen erst am 20. Januar 09 erfolgte. Die Tätigkeit ist nicht sozialversicherungspflichtig. Darüber hinaus steht vertragsgemäß dem Gesellschafter Max Ernst für seine Geschäftsführung eine Provision von 1% der Nettoverkaufserlöse in Höhe von 2 500 000,- DM = 25 000,- DM zu. Eine Buchung der Provision ist im Jahre 08 nicht erfolgt.

b) Grundstück Grüner Wall

Zum Gesamthandsvermögen der OHG gehört das in der Bilanz ausgewiesene bebaute Grundstück. Es wird seit dem Wj 00 zu 45% eigenbetrieblich (Ausstellungsräume in der Parterre), im übrigen für eigene Wohnzwecke des Gesellschafters Max Ernst genutzt. Die OHG hat das Grundstück im Jahre 00 angeschafft; die Anschaffungskosten des Grund und Bodens betrugen 100 000,- DM, die des Gebäudes 300 000,- DM. AfA ist in der Vergangenheit nach § 7 Abs. 4 S. 1 EStG in Höhe von jährlich 6000,- DM vorgenommen worden.

Die Teilwerte im Jahre 08 betrugen:

Grund und Boden 150 000,- DM, Gebäude 290 000,- DM.

Vereinbarungsgemäß hat Max Ernst eine monatliche Miete von 1000,- DM zu zahlen. Da die OHG ihm im Kalenderjahr 08 die Miete zinslos gestundet hat, wurde gebucht:

»sonstige Forderungen 12 000,- DM an Mietverträge 12 000,- DM«.

c) Darlehn

Der Gesellschafter Friedolin Fröhlich gewährte der OHG am 1.7.08 ein Darlehn in Höhe von 50 000,- DM mit einer Verzinsung von 8% jährlich. Erst nach Ablauf von drei Jahren ist eine Tilgung in zehn Halbjahresraten vereinbart. Die für das Wirtschaftsjahr 08 fälligen Zinsen wurden am 1.2.09 an den Gesellschafter Fröhlich ausgezahlt. Am 31.12.08 buchte die OHG: »Zinsen an sonstige Verbindlichkeiten 2000,- DM«.

d) Rückstellungen

Der Geschäftsbetrieb der OHG wird überwiegend in gemieteten Räumen ausgeübt. Laut Mietvertrag ist die OHG gegenüber dem Vermieter verpflichtet, die an dem gemieteten Gebäude notwendig werdenden Reparaturen auf eigene Rechnung ausführen zu lassen. Eine bereits im November 08 erforderliche Reparatur an der elektrischen Beleuchtungsanlage wurde erst im Mai 09 ausgeführt. Nach einem Kostenvoranschlag sollte sie ca. 2000,- DM zzgl. 280,- DM USt betragen. Im Zuge der Abschlußarbeiten für die Bilanz 31.12.08 buchte die OHG: »Grundstücksaufwand an Rückstellung für Instandhaltung 2280,-DM«.

Frage: Mit welchen Werten ist die PB aufzustellen?
Wie entwickelt sich das Kapital lt. PB für die OHG und die einzelnen Gesellschafter?
Welche Gewinnänderungen ergeben sich aus den Feststellungen?
Wie lautet die berichtigte einheitliche und gesonderte Gewinnfeststellung?

▶ **Lösung**

a) Zu den Einkünften aus Gewerbebetrieb gehören auch die Vergütungen, die die Gesellschafter für ihre Tätigkeit im Dienste der Gesellschaft bezogen haben (§ 15 Abs. 1 Nr. 2 EStG). Die zivilrechtlich ordnungsgemäß abgeschlossenen Dienstverträge werden steuerrechtlich nicht anerkannt. Die ausgezahlten Vergütungen in Höhe von 50 000,- DM bzw. 30 000,- DM sind Sonderbetriebseinnahmen und Entnahmen gem. § 4 Abs. 1 S. 2 EStG.

In der einheitlichen und gesonderten Gewinnfeststellung ist die vertragsmäßig vereinbarte Verkaufsprovision des Ernst als Gewinnverteilungsabrede darzustellen (1 % von 2 500 000,- DM = 25 000,- DM).

b) Der Umstand, daß ein Wirtschaftsgut zivilrechtlich zum Gesellschaftsvermögen i.S. des § 718 BGB (Gesamthandsvermögen) gehört, reicht nach dem BFH-Urteil vom 22.5.1975 (BStBl II S. 804) nicht aus, es zum Betriebsvermögen zu rechnen. Nach Tz 9 des Mitunternehmererlasses vom 20.12.1977 kann das nach Abschn. 13b Abs. 2 EStR vorliegende Wirtschaftsgut »zu eigenen Wohnzwecken genutzt« (55% des Gebäudes) nicht mehr als steuerliches Betriebsvermögen ausgewiesen werden (Abschn. 14 Abs. 9 EStR), weil es ausschließlich der privaten Lebensführung des Gesellschafters Ernst dient. Die Darstellung in der Steuerbilanz der OHG ist fehlerhaft. Nur 45% des Grund und Bodens und das Wirtschaftsgut »eigenbetrieblich genutzter Gebäudeteil« (45% des Gebäudes) sind notwendiges Betriebsvermögen (Abschn. 14 Abs. 8 EStR iVm Abschn. 14 Abs. 9 S. 3 EStR). Die Schlußbilanz der OHG ist zum 31.12.08 insoweit zu berichtigen (Abschn. 15 Abs. 1 S. 5 EStR). Die Berichtigung hat bei anteilmäßiger Verrechnung für die beiden Gesellschafter zum Buchwert zu erfolgen (Abschn. 14 Abs. 9 S. 8 EStR). Der Gewinn ist um 3300,- DM zu Unrecht dargestellter AfA für das nicht zum steuerlichen Betriebsvermögen gehörende Wirtschaftsgut »zu eigenen Wohnzwecken genutzt« zu erhöhen.

Die Mietforderung an den Gesellschafter Ernst kann kein steuerliches Betriebsvermögen sein, denn das vermietete Wirtschaftsgut ist dem außerbetrieblichen Bereich der OHG zuzurechnen. Der Bilanzposten »sonstige Forderungen« ist um 12 000,-DM zu vermindern, der Gewinn mindert sich um den gleichen Betrag.

c) Der zivilrechtlich wirksame Darlehnsvertrag zwischen dem Gesellschafter Fröhlich und der OHG wird gem. § 15 Abs. 1 Nr. 2 EStG steuerrechtlich nicht anerkannt (BFH, BStBl 1975 II S. 437). Er beinhaltet einen gesellschaftsrechtlichen Beitrag des Gesellschafters zur Förderung des Gesellschaftszwecks. Das Darlehn ist als Sonderbetriebsvermögen in der Sonderbilanz zu aktivieren.

Die Zinsvereinbarung ist gewerblicher Gewinnanteil gem. § 15 Abs. 1 Nr. 2 EStG. Für die Zurechnung dieser Vergütungen zu den Einkünften des Gesellschafters ist es unerheblich, ob ihm die Vergütungen während des Kalenderjahres 08 zugeflossen sind; sie sind Einkünfte des Kalenderjahres, in dem sie als Aufwand bei der OHG in Erscheinung treten (BFH-Urteil vom 23.5.1979, BStBl 1979 II S. 763). Die sonstigen Verbindlichkeiten sind ebenfalls Sonderbetriebsvermögen in der Sonderbilanz.

d) Rückstellungen für unterlassene Instandhaltungsaufwendungen sind steuerlich nur zulässig, wenn die Instandhaltungsarbeiten innerhalb von drei Monaten nach dem Bilanzstichtag nachgeholt werden (Abschn. 31c Abs. 12 EStR). Obwohl die notwendigen Instandhaltungsarbeiten erst nach Ablauf der 3-Monatsfrist durchgeführt wurden, ist eine Rückstellung deshalb geboten, weil die OHG durch Mietvertrag verpflichtet war, die Mietsache instand zu halten. In derartigen Fällen gelten die allgemeinen Grundsätze für die Bildung einer Rückstellung (§ 249 HGB). Danach muß die konkrete Möglichkeit der Inanspruchnahme bestehen, und die die künftige Belastung begründenden Tatsachen müssen am Bilanzstichtag bereits vorhanden sein. Diese Voraussetzungen liegen vor. Zurückzustellen ist der Betrag, der nach vernünftiger kaufmännischer Beurteilung notwendig ist, d. h. die voraussichtlich anfallenden Aufwendungen. Verrechenbare Vorsteuern, die bei der Inanspruchnahme im Wirtschaftsjahr 09 anfallen, können weder als Rückstellung, als Gewinnminderung, noch als noch nicht verrechenbare Vorsteuer berücksichtigt werden. Die Voraussetzungen des § 15 Abs. 1 Nr. 1 UStG liegen deshalb nicht vor, weil die OHG lediglich einen Kostenvoranschlag von einem Dritten erhalten hat. Zu einem Leistungsaustausch ist es im Wj 08 nicht gekommen. Der Gewinn ist um 280,- DM zu erhöhen, die Rückstellung um 280,- DM zu kürzen.

e) Gewinnermittlung

Gewinn der OHG lt. StB	200 000,- DM
./. Provision M. Ernst	25 000,- DM
Gewinn lt. HB	175 000,- DM
./. Mieterträge	12 000,- DM
+ AfA	3 300,- DM
+ Instandhaltungskosten	280,- DM
	166 580,- DM

Sonderbilanz (Fröhlich/Ernst) 31.12.08

Darlehnsforderung F.	50 000,-	**Kapital F:**	Gewinn 62 000,-	
so. Forderung F. u. E.	16 000,-		+ NE 50 000,-	
Zinsforderung F.	2 000,-		./. PE 50 000,-	62 000,-
		Kapital E:	Gewinn 61 000,-	
Provisionsforderung E.	25 000,-		./. PE 30 000,-	31 000,-
	93 000,-			93 000,-

G. u. V. zur Sonderbilanz

Gewinn	123 000,-	Gehälter	96 000,-
		Provisionen	25 000,-
		Zinsen	2 000,-
	123 000,-		123 000,-

Gewinnverteilung:	**Fröhlich**	**Ernst**
(Sonderbilanz)	62 000,-	61 000,-

f) steuerlicher Gesamtgewinn

berichtigter Gewinn lt. StB	166 580,- DM
Gewinn lt. Sonderbilanz	123 000,- DM
	289 580,- DM

g) Entwicklung der Bilanzen

	StB 31.12.07	StB 31.12.08	PB 31.12.08
Aktiva			
Grundstück Grüner Wall:			
Grund und Boden	100 000,-	100 000,-	45 000,-
Gebäude	252 000,-	246 000,-	110 700,-
sonstige Forderungen	48 000,-	63 000,-	51 000,-
sonstige Aktiva	2 000 000,-	2 100 000,-	2 100 000,-
	2 400 000,-	2 509 000,-	2 306 700,-
Passiva			
Darlehn	–	50 000,-	50 000,-
Rückstellungen	85 000,-	90 000,-	89 720,-
sonstige Verbindlichkeiten	200 000,-	216 000,-	216 000,-
USt-Schuld	15 000,-	18 000,-	18 000,-
sonstige Passiva	1 600 000,-	1 600 000,-	1 600 000,-
Kapital Fröhlich	260 000,-	280 000,-	166 490,-
Kapital Ernst	240 000,-	255 000,-	166 490,-
	2 400 000,-	2 509 000,-	2 306 700,-

h) Berichtigte Kapitalentwicklung

	Fr. Fröhlich	M. Ernst	Gesamt
Kapital 1.1.08	260 000,-	240 000,-	500 000,-
./. Berichtigung	96 800,-	96 800,-	193 600,-
./. Entnahmen	80 000,-	85 000,-	165 000,-
+ Gewinn	83 290,-	108 290,-	191 580,-
Kapital 31.12.08	166 490,-	166 490,-	332 980,-

i) Einheitliche und gesonderte Gewinnfeststellung

	Fr. Fröhlich	M. Ernst	Gesamt
HB-Gewinn	83 290,-	83 290,-	166 580,-
+ Gewinn lt. Sonderbilanz	62 000,-	61 000,-	123 000,-
insgesamt	145 290,-	144 290,-	289 580,-

4. Kapitalgesellschaften/Betriebsvermögen und Gewinnermittlung

a) Vorbemerkung

Im Gegensatz zu Einzelfirmen und Personengesellschaften haben Kapitalgesellschaften nur (notwendiges) Betriebsvermögen. Bei ihnen entfällt die wichtige Abgrenzung des Betriebsvermögens zum Privatvermögen. Alle im Eigentum einer Kapitalgesellschaft stehenden Wirtschaftsgüter sind handelsrechtlich und grundsätzlich auch steuerrechtlich Betriebsvermögen (§ 8 Abs. 2 KStG; BFH, BStBl 1970 II S. 470; BFH, BStBl 1977 II S. 96). Sonderbetriebsvermögen, wie bei Personengesellschaften möglich, ist bei Kapitalgesellschaften undenkbar, denn alle Schuldverhältnisse zwischen Kapitalgesellschaft und Gesellschafter werden vorbehaltlich der Beurteilung einer »verdeckten Gewinnausschüttung gem. § 8 Abs. 3 S. 2 KStG« auch steuerrechtlich anerkannt.

b) Jahresabschluß

Nach § 242, 264 iVm § 266 und § 275, 289 HGB hat die Kapitalgesellschaft den handelsrechtlichen Jahresabschluß, bestehend aus Bilanz, Gewinn- und Verlustrechnung, Anhang und Lagebericht, in der dafür im Gesetz vorgesehenen Form aufzustellen. Grundsätzliche Unterschiede zur Einzelfirma bzw. Personengesellschaft bestehen in folgenden Punkten:

- Entwicklung des Anlagevermögens in einem Anlagespiegel (§ 268 Abs. 2 HGB),
- Bilanzierungshilfe für die Ingangsetzung und Erweiterung des Geschäftsbetriebs (§ 269 HGB),
- Keine Privatkonten der Gesellschafter,
- besondere Darstellung des Eigenkapitals: Gezeichnetes Kapital (konstante Größe), Kapitalrücklage, Gewinnrücklagen, Gewinnvortrag/Verlustvortrag, Jahresüberschuß/Jahresfehlbetrag (§ 266 Abs. 3 HGB),
- Sonderposten mit Rücklageanteil (§ 273 HGB)
- Steuerabgrenzung (§ 274 HGB)

c) Jahresergebnis

Bei der Einzelfirma und bei der Personengesellschaft wird der Jahreserfolg durch die Gewinn- und Verlustrechnung festgestellt und direkt dem Kapitalkonto gutgeschrieben. Bei Kapitalgesellschaften wird der Gewinn (als Jahresüberschuß oder Jahresfehlbetrag) immer bilanziert, bis durch einen Gesellschafterbeschluß über seine Verwendung entschieden ist (vgl. § 42a GmbHG).

d) Steuerlicher Ausgleichsposten

Festgestellte steuerrechtliche Mehrgewinne werden bei der Einzelfirma bzw. Personengesellschaft im Kapitalkonto bei der Kapitalentwicklung direkt erfaßt. Dies ist bei Kapitalgesellschaften nicht möglich, denn das »Kapital« ist nur durch Beschlüsse durch die Gesellschafterversammlung änderbar. Es müssen deshalb die Unterschiede zwischen dem Kapital lt. HB und StB in dem steuerlichen Ausgleichsposten erfaßt werden. Dieser kann sowohl auf der Aktivseite wie auf der Passivseite der Bilanz stehen; er ist entsprechend einer Kapitalentwicklung zu führen. Der Ausgleichsposten ist solange fortzuführen, wie die Mehr- oder Mindergewinne gegenüber der Handelsbilanz vorhanden sind.

FALL 54

Endgültige Bilanz einer GmbH unter Berücksichtigung von Gewerbe- und Körperschaftsteuer-Rückstellung sowie Gewinnausschüttung

Sachverhalt: Die am 5.1.01 gegründete GmbH hat für die Wj 01 und 02 folgende vorläufige Jahresabschlüsse erstellt (zusammengefaßt):

	31.12.01	31.12.02
Aktiva	705 000,-	922 000,-
Passiva		
Gezeichnetes Kapital	300 000,-	300 000,-
andere Gewinnrücklagen	10 000,-	35 000,-
Verbindlichkeiten	300 000,-	377 000,-
vorläufiger Bilanzgewinn	95 000,-	115 000,-
Gewinnvortrag	-	95 000,-
	705 000,-	922 000,-

Der auf den 5.1.01 hilfsweise festgestellte Einheitswert (§ 23 GewStDV) beträgt 400 000,- DM, zum 1.1.02 beträgt der Einheitswert 420 000,- DM.

Entsprechend den Beschlüssen der Gesellschafterversammlungen soll der Bilanzgewinn 01 nicht ausgeschüttet, sondern als Gewinnvortrag ausgewiesen werden; vom Bilanzgewinn 02 sollen 110 000,- DM ausgeschüttet werden, dies erfolgte am 30.6.03.

Folgende Steuervorauszahlungen sind geleistet

	Wj 01	Wj 02
Gewerbesteuer	16 000,-	30 000,-
Körperschaftsteuer	60 000,-	80 000,-
Vermögensteuer	2 800,-	2 800,-

Der Hebesatz der Gemeinde beträgt 400% für 01 und 02; keine Hinzurechnungen/Kürzungen gem. § 8 und 9 GewStG.

Frage: In welcher Höhe ergeben sich die Gewerbe- und Körperschaftsteuerrückstellung für den 31.12.01 und 31.12.02?
Wie lautet die endgültige Bilanz der GmbH zum 31.12.01 und 31.12.02?
Wie gliedert sich das verwendbare Eigenkapital?
Anmerkung: Das Betriebsergebnis 01 wurde erst im Kj 03 veranlagt.

▶ **Lösung**

1. Ermittlung der Gewerbesteuer-Rückstellung:

	Wj 01	Wj 02
vorl. Bilanzgewinn	95 000,-	115 000,-
+ Einstellung Gewinnrücklage	10 000,-	25 000,-
+ Körperschaftsteuer-VZ	60 000,-	80 000,-
+ Vermögensteuer-VZ	2 800,-	2 800,-
+ Gewerbesteuer-VZ	16 000,-	30 000,-
	183 800,-	252 800,-
5 v. H. Meßbetrag	9 190,-	12 640,-
Einheitswert	400 000,-	420 000,-
./. Freibetrag	120 000,-	120 000,-
	280 000,-	300 000,-
2 ‰ Meßbetrag	560,-	600,-

	9 190,-	12 640,-
	+ 560,-	+ 600,-
	9 750,-	13 240,-
Hebesatz 400%	39 000,-	52 960,-
davon $^9/_{10}$ (Abschn. 22 Abs.2 EStR)	35 100,-	47 664,-
./. Vorauszahlungen	16 000,-	30 000,-
= Rückstellung	9 100,-	17 664,-

2. Ermittlung der Körperschaftsteuer-Rückstellung:

	Wj 01	Wj 02
vorl. Bilanzgewinn	95 000,-	115 000,-
+ n. abzf. Ausgaben	72 800,-	107 800,-
./. GewSt.-Rückstellung	9 100,-	17 664,-
steuerpfl. Einkommen	158 700,-	205 136,-
abgerundet auf volle DM	158 700,-	205 136,-
Tarifbelastung 56%	88 872,-	114 876,-
./. Tarifentlastung $^5/_{16}$ von 110 000,-	–	34 375,-
= Körperschaftsteuer	88 872,-	80 501,-
./. KSt-Vorauszahlung	60 000,-	80 000,-
= Körperschaftsteuerrückstellung	28 872,-	501,-

3. Endgültige Bilanzen:

	31.12.01	31.12.02
Aktiva	705 000,-	922 000,-
Passiva		
Gezeichnetes Kapital	300 000,-	300 000,-
Andere Gewinnrücklagen	10 000,-	35 000,-
Bilanzgewinn	57 028,-	96 835,-
Gewinnvortrag	–	57 028,-
Rückstellungen: KSt	28 872,-	29 373,-
GewSt.	9 100,-	26 764,-
Verbindlichkeiten	300 000,-	377 000,-
	705 000,-	922 000,-

4. Gliederung des verwendbaren Eigenkapitals:

		Gesamt	EK 56	EK 02
Stand 5.1.01		–	–	–
Zugang 01		–	–	–
Kstpfl. Einkommen 01	158 700,–			
./. tarifl. KSt 01	88 872,–			
./. VSt	2 800,–	67 028,–	67 028,–	–
Zugang 02		–	–	–
Kstpfl. Einkommen 02	205 136,–			
./. tarifl. KSt 02	114 876,–			
./. VSt	2 800,–	+ 87 460,–	87 460,–	–
Stand 31.12.02/1.1.03		154 488,–	154 488,–	–
+ KSt-Minderung $^5/_{16}$ von 110 000,–		+ 34 375,–	+ 34 375,–	–
Stand vor Gewinnausschüttung		188 863,–	188 863,–	–
./. Gewinnausschüttung		110 000,–	110 000,–	–
Stand 30.6.03 nach Gewinnausschüttung		78 863,–	78 863,–	–

FALL 55

Berichtigung der Bilanz einer GmbH für zwei Wirtschaftsjahre durch die Außenprüfung (steuerlicher Ausgleichsposten)

Sachverhalt: Eine GmbH hat für die Wj 31.12.01 und 31.12.02 folgende Handelsbilanzen aufgestellt:

Aktiva	31.12.01	31.12.02
Grundstücke	400 000,–	390 000,–
Fuhrpark	760 000,–	730 000,–
Betriebsvorrichtungen	240 000,–	230 000,–
Handelswaren	300 000,–	400 000,–
so. Aktiva	200 000,–	200 000,–
	1 900 000,–	1 950 000,–

Passiva

Gezeichnetes Kapital	600 000,-	600 000,-
Andere Gewinnrücklagen	125 000,-	145 000,-
Jahresüberschuß	260 000,-	280 000,-
Prozeßrückstellung	40 000,-	55 000,-
so. Passiva	875 000,-	870 000,-
	1 900 000,-	1 950 000,-

Eine Überprüfung der GmbH durch eine Außenprüfung führte zu folgenden Feststellungen:

1. Grundstücke

Im Wj 01 wurden 300 000,- DM Herstellungskosten über das Konto sonstiger betrieblicher Aufwand gebucht; die planmäßigen Abschreibungen müssen deshalb zum 31.12.01 um 30 000,- DM und zum 31.12.02 um 45 000,- DM erhöht werden.

2. Fuhrpark

Die von der GmbH vorgenommene Leistungs-AfA wurde bei mehreren Fahrzeugen geändert. Als Aufwand wurden zum 31.12.01 120 000,- DM und zum 31.12.02 100 000,- DM an AfA nicht anerkannt.

3. Betriebsvorrichtungen

Ein selbstgeschaffenes immaterielles Wirtschaftsgut des Anlagevermögens wurde zum 31.12.01 mit 80 000,- DM aktiviert; im Wj 02 wurde eine AfA von 20 000,- DM vorgenommen.

4. Handelswaren

Auf den 31.12.01 wurde unberechtigt eine Teilwertabschreibung von 100 000,-DM durchgeführt. Zum 31.12.02 wurde rollende Ware (§ 447 BGB) von 200 000,-DM (netto) inventurmäßig nicht erfaßt, dagegen waren Verbindlichkeiten und noch nicht verrechenbare Vorsteuer in der Bilanz aufgeführt.

5. Prozeßrückstellung

Durch die Außenprüfung konnten die gebildeten Rückstellungen per 31.12.01 und 31.12.02 nur mit 30 000,- DM als gerechtfertigt anerkannt werden.

6. Sonstiges

Im Wj 01 wurde eine verdeckte Gewinnausschüttung (§ 8 Abs. 3 S. 2 KStG) in Höhe von 90 000,- DM (Geldzahlung) festgestellt, während im Wj 02 nicht abzugsfähige Ausgaben (§ 4 Abs. 5 EStG) in Höhe von 10 000,- DM als sofortige betriebliche Aufwendungen gebucht waren.

Hinweis: Die Mehrgewinne sind mit 15 v. H. Gewerbesteuer belastet. In der »so. Passiva« sind die entsprechend den HB-Gewinnen zu bildenden Rückstellungen für Gewerbesteuer und Körperschaftsteuer enthalten.

Frage: Mit welchen Werten sind die PB 31.12.01 und 31.12.02 aufzustellen, einschließlich der steuerlichen Ausgleichsposten?
Entwicklung der Mehrgewinne lt. Mehr- und Weniger-Rechnung?
Ermittlung der Gewerbesteuer- und Körperschaftsteuerrückstellung?
Ergebnis lt. Prüferbilanzen?

 Lösung

1. Handels- und Prüferbilanzen

	31.12.01		31.12.02	
Aktiva	HB	PB	HB	PB
Grundstücke	400 000,-	670 000,-	390 000,-	615 000,-
Fuhrpark	760 000,-	880 000,-	730 000,-	950 000,-
Betriebsvorrichtungen	240 000,-	160 000,-	230 000,-	170 000,-
Handelswaren	300 000,-	400 000,-	400 000,-	600 000,-
So. Aktiva	200 000,-	200 000,-	200 000,-	200 000,-
	1 900 000,-	2 310 000,-	1 950 000,-	2 535 000,-
Passiva				
Gezeichnetes Kapital	600 000,-	600 000,-	600 000,-	600 000,-
Andere Gewinnrücklagen	125 000,-	125 000,-	145 000,-	145 000,-
Jahresüberschuß	260 000,-	260 000,-	280 000,-	280 000,-
Prozeßrückstellung	40 000,-	30 000,-	55 000,-	30 000,-
So. Passiva	875 000,-	875 000,-	870 000,-	870 000,-
Rückstellungen lt. Ap.	-	291 135,-	-	416 335,-
Steuerlicher Ausgleichsposten		128 865,-		193 665,-
	1 900 000,-	2 310 000,-	1 950 000,-	2 535 000,-

2. Mehr- und Weniger-Rechnung

	Wj 01		Wj 02	
	+	./.	+	./.
Grundstücke	300 000,-	30 000,-	–	45 000,-
Fuhrpark	120 000,-	–	100 000,-	–
Betriebs-Vorr.	–	80 000,-	20 000,-	–
Handelswaren	100 000,-	–	200 000,-	100 000,-
Prozeßrückstellung	10 000,-	–	25 000,-	10 000,-
	530 000,-	110 000,-	345 000,-	155 000,-
	./. 110 000,-		./. 155 000,-	
vorl. Ergebnis zur Ermittlung der Rückstellungen	420 000,-		190 000,-	
a) GewSt-Rückst.	./. 76 500,-		./. 30 000,-	
b) KSt-Rückst.	./. 214 635,-		./. 95 200,-	
Mehrgewinn:	128 865,-		64 800,-	
steuerl. Ausgleichsposten (Ap):	–		+ 128 865,-	
	128 865,-		193 665,-	

3. Ermittlung der Steuerrückstellungen

a) Gewerbesteuer

	Wj 01	Wj 02
vorläufiger Mehrgewinn	420 000,-	190 000,-
+ verdeckte G. A.	90 000,-	–
+ n. a. Ausgaben	–	10 000,-
	510 000,-	200 000,-
davon 15 % =	76 500,-	30 000,-

b) Körperschaftsteuer

	Wj 01	Wj 02
vorläufiger Mehrgewinn	420 000,-	190 000,-
+ VGA bzw. n. a. Ausgaben	90 000,-	10 000,-
./. Gewerbesteuerrückstellung	76 500,-	30 000,-
	433 500,-	170 000,-
Tarifbelastung 56 %	242 760,-	95 200,-
./. Tarifentlastung		
$5/16$ v. 90 000,-	28 125,-	–
	214 635,-	95 200,-

$\begin{matrix} 31.12.01/ \\ 31.12.02 \end{matrix} = \begin{matrix} \text{GewSt.} \\ \text{KSt.} \end{matrix}$ 76 500,-   106 500,-
          214 635,- 309 835,-

insgesamt   291 135,- 416 335,-

4. Ergebnis der Steuerbilanz:

	Wj 01	Wj 02
Jahresüberschuß	260 000,-	280 000,-
Mehrgewinn lt. Ap.	128 865,-	64 800,-
	388 865,-	344 800,-

III. Anlagen: Formulare

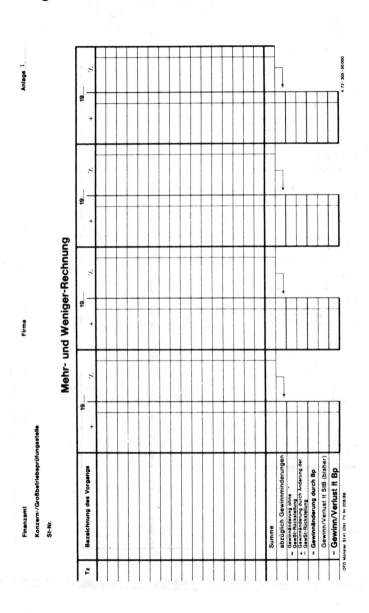

Steuer- und Prüferbilanz zum 31. 12. 19___

Aktiva	StB DM	PB DM	DM
Anlagevermögen			
1. Grundst. mit Geschäfts-, Fabrik- u. a. Bauten			
2. Grundstücke mit Wohnbauten			
3. Grundstücke ohne Bauten			
4. Bauten auf fremden Grundstücken			
5. Maschinen und maschinelle Anlagen			
6. Betriebs- und Geschäftsausstattung			
7. Anlagen im Bau und Anzahlungen auf Anl.			
8. Konzessionen, Schutzrechte, Lizenzen			
9. Beteiligungen			
10. Wertpapiere			
11. Langfristige Forderungen			
12.			
13.			
14.			
Umlaufvermögen			
1. Vorratsvermögen:			
Roh-, Hilfs- und Betriebsstoffe			
unfertige Erzeugnisse			
fertige Erzeugnisse, Waren			
2. Anzahlungen bei Lieferanten			
3. Forderungen auf Grund von Lieferungen und Leistungen			
4. Wechsel/Schecks			
5. Vorsteuerguthaben			
6. Kassenbestand			
7. Bankguthaben			
8. Postscheckguthaben			
9. sonstige Forderungen			
10.			
11.			
12.			
13.			
Rechnungsabgrenzungsposten			
Unterkapital			
Bilanzsumme			

III. Anlagen: Formulare

Anlage 2
zum Betriebsprüfungsbericht
ÜBNr.: .... / .... /19 ....
StNr.: .... / ....
Finanzamt:

Passiva	StB DM	PB DM	DM
Kapital/Festkonten der Gesellschafter			
1.			
2.			
3.			
4.			
Darlehnskonten der Gesellschafter			
1.			
2.			
3.			
4.			
5. Rücklagen			
6.			
Wertberichtigungen			
1. auf Kundenforderungen			
2. sonstige			
Rückstellungen			
1. Pensionsrückstellungen			
2. Garantierückstellungen			
3.			
Langfristige Verbindlichkeiten			
1. gegenüber Kreditinstituten			
2.			
3.			
Andere Verbindlichkeiten			
1. aus Lieferungen und Leistungen			
2. aus Wechseln			
3. gegenüber Kreditinstituten			
4. aus Anzahlungen			
5. sonstige Verbindlichkeiten			
6. USt-Schulden			
7.			
8.			
Rechnungsabgrenzungsposten			
Bilanzsumme			

Anlage 3
zum Betriebsprüfungsbericht
ÜBNr.: _____ / _____ /19____
StNr.: _____ / _____

Kapitalentwicklung

Finanzamt:

Kapital 1. 1. 19____ : ____ (lt letzter StB vor dem Prüfungszeitraum)
Gewinn/Verlust 19____ lt Mehr- und Weniger-Rechnung

Privatentnahmen 19____ lt StB
Änderungen lt Tz ____ :
„ lt Tz ____ :
„ lt Tz ____ :
„ lt Tz ____ :
„ lt Tz ____ :

Einlagen 19____ lt StB
Änderungen lt Tz ____ :
„ lt Tz ____ :

Kapital 31. 12. 19____ **lt Bp**
Gewinn/Verlust 19____ lt Mehr- und Weniger-Rechnung

Privatentnahmen 19____ lt StB
Änderungen lt Tz ____ :
„ lt Tz ____ :
„ lt Tz ____ :
„ lt Tz ____ :

Einlagen 19____ lt StB
Änderungen lt Tz ____ :
- lt Tz ____ :

Kapital 31. 12. 19____ **lt Bp**
Gewinn/Verlust 19____ lt Mehr- und Weniger-Rechnung

Privatentnahmen 19____ lt StB
Änderungen lt Tz ____ :
- lt Tz ____ :
„ lt Tz ____ :
„ lt Tz ____ :

Einlagen 19____ lt StB
Änderungen lt Tz ____ :
- lt Tz ____ :

Kapital 31. 12. 19____ **lt Bp**

OFD Münster 3i 41/43 (Juni 75) Nr 208/86

Stichwortverzeichnis

Die Zahlen verweisen auf die Seiten.

Abschichtungsbilanz 223
Abschlußtechnik 52
Anfangsbilanz 17, 57
Angleichung Anfangsbilanz
   an PB 57, 60, 65
Angleichungsbuchungen 62

Anlagevermögen 32
-, beweglich abnutzbar 36
-, unbeweglich abnutzbar 34
-, unbeweglich nicht abnutzbar 32

Arithmetische Reihe 139, 141
Atypisch stiller
   Gesellschafter 229
Ausscheiden aus OHG 221
Ausscheiden lästiger
   Gesellschafter 226
Außenprüfung 55
- abgekürzte 56

Barwert Rente 183
Berichtigung
- Anfangsbilanz 17, 57
- Schlußbilanz 19, 81
Berichtigungsgründe 19
Beteiligung an
   Kapitalgesellschaft 151
- Personengesellschaft 153
Betriebseröffnungsbilanz 58
- bei Erwerb 70
BpO/St 55
Betriebsvorrichtung 117, 118
Bilanzen 196

- Ergänzungsbilanz 196
- Sonderbilanz 196
Bilanzänderung 14, 15, 91
Bilanzberichtigung 15, 91
Bilanzkonto 53
Bilanzpostenmethode 22

Bilanzenzusammenhang 17
- Durchbrechung 17, 76
Bonus 48, 171
Bruttoprinzip
   M.u.W.-Rechnung 53

Dienstvertrag 199
Dividende 147, 169
Divisionskalkulation 161
Durchschnittsbwertung 157

Einbauten 115
Einzelfälle
   M.u.W.-Rechnung 57
Erkenntnis, »bessere« 185
Eröffnungsbilanz bei
   Betriebserwerb 70
Etagentausch 100
Ertragswert 73, 74

Familienpersonengesellschaft 208
- Gewinnverteilung 208
Fertigerzeugnisse 160
Festwert Anlagevermögen 137

Firmen- und Geschäftswert 70
Forderungen
–, Sonstige 171
–, Wertberichtigung 184
Fuhrpark 134

Gebäude auf fremdem Grund
 und Boden 119
Gebäudebestandteile,
– selbständig 107
– unselbständig 107
Gesellschaft mit beschränkter
 Haftung 249, 252
Gewalt, höhere 186
Gewinnauswirkungen 19
–, unterschiedliche 19
–, wechselseitig 19
Gewinnfeststellung, einheitlich
 und gesonderte 195
Gewinn- und Verlustmethode 26
Gewinnverteilung OHG, KG 201, 204
Gründung OHG 216
Grundmietzeit 140, 144
Grundstück 93, 98, 102

Halbfertige Arbeiten 158
Handelsbilanz 14
Handelswaren 163, 167
Herstellungskosten 158

Jahresabschluß 248
Jahresumsatzbonus 48

Kapitalangleichungs-
 buchungen 57, 60, 65, 85
Kapitalentwicklung 260
Kapitalgesellschaft 151
– Jahresabschluß 248
– steuerlicher
 Ausgleichsposten 249, 252
Kontrollmöglichkeiten 52
Kraftfahrzeug 36, 134
Kundenanzahlung 40

Leasing 139, 144

Maschinen 125
Maschinelle Anlagen 128
Mietereinbauten 112
Mieterumbauten 112
Mietkauf 131
Mietwert,
 eigene Wohnung 46
Mitunternehmer 195
Mitunternehmerschaft 195

Nutzungsrecht 122
Nutzungs- und Funktions-
 zusammenhang 118

Personengesellschaften 195
– Anerkennung von Verträgen 197
– Gewinnverteilung 198
– Umgang des BV 195
Prüferbilanz
– Angleichung 69

Querprobe 32

Rechnungsabgrenzungsposten 38

Rentenbarwert 73, 183
Rentenverpflichtung 182
Roh-, Hilfs- und Betriebsstoffe 156

Rohrpostanlage 118, 119
Rolltreppe 118, 119
Rücklage für Ersatzbeschaffung 187
Rücklage gem. § 6b EStG 189
Rückstellung
– Garantieverpflichtung 180
– Gebühren 50
– Gewerbesteuer 249
– Instandhaltung 174
– Körperschaftsteuer 249
– Patentverletzung 174
– Pensionsverpflichtung 177

Schlußbilanz,
 Berichtigung 19, 91

Stichwortverzeichnis 263

Sonderbetriebsvermögen 212
Staffelform 32
Steuerbilanz 14
Subunternehmer 180
Substanzwert 73

Tausch mit Baraufgabe 126
Tausch Grundstücksteile 100
Teilfertige Arbeiten 158
Technik, Abschluß 52
Technik M.u.W.-Rechnung 31
- methodische Einteilung 31
Telefonkosten 44

Üblicher Geschäftsverkehr 197
Umlaufvermögen 38

Unternehmerinitiative 195
Unternehmerrisiko 195

Valutaverbindlichkeiten 173
Verbindlichkeiten 173
Verträge von
 Mitunternehmern 196
Vorabverzinsung 201
Vordrucke, amtlich 54, 257, 258, 260

Warenbewertung 156, 163, 166
Warenverbindlichkeiten 173
Wertberichtigungsposten 184
Wertpapiere 147, 149, 169

Zweischneidigkeit der Bilanz 30
Zusage, verbindliche 56